本书获二〇二一年贵州省出版传媒事业发展专项资金资助
本书获贵州省孔学堂发展基金会资助

【阳明文库】

学术专著系列

《传习录》释读

【何善蒙 著】

孔學堂書局

本书获2021年贵州省出版传媒事业发展专项资金资助
本书获贵州省孔学堂发展基金会资助

图书在版编目（CIP）数据

《传习录》释读 / 何善蒙著. – 贵阳：孔学堂书局，2022.10
（阳明文库. 学术专著系列）
ISBN 978-7-80770-360-0

Ⅰ. ①传… Ⅱ. ①何… Ⅲ. ①心学－中国－明代②《传习录》－研究 Ⅳ. ①B248.25

中国版本图书馆CIP数据核字(2022)第123725号

阳明文库（学术专著系列）
《传习录》释读 何善蒙 著
CHUANXILU SHIDU

项目执行： 苏 桦
责任编辑： 曾 珍 杨翌琳
责任校对： 王紫玥 孟 红
书籍设计： 曹琼德
责任印制： 张 莹

出　　品：贵州日报当代融媒体集团
出版发行：孔学堂书局
地　　址：贵阳市乌当区大坡路26号
印　　刷：雅昌文化（集团）有限公司
开　　本：889mm × 1194mm　1/24
字　　数：240千字
印　　张：9.75
版　　次：2022年10月第1版
印　　次：2022年10月第1次
书　　号：ISBN 978-7-80770-360-0
定　　价：78.00元

阳明文库·学术专著系列

目录

第五章 致良知教

第六章 知行合一

第七章 本体工夫论

序

善蒙老弟近有大作问世，取名《〈传习录〉释读》，嘱我为序。我一看题目，眼前一片眩晕，我虽治理学有年，但一直视“阳明学”为“畏途”，私忖对阳明学只有学习了解的份，因此从来不敢置喙，至今无任何关于阳明学的文字发表。按阳明“格竹子”的说法，这就是“无他大力量去格物”。所以让我作序，真有点为难，但后来一想，觉得也无不可。

大家也许发现，近年来“阳明学”忽然就吃香起来了。我一直以为，学者讲讲阳明也就算了，现在一些当官的也在讲、一些老板和白领也都在讲，这当然不是什么坏事，但总让我觉得有点怪怪的。就好像前几年突然佛教吃香了，大家都去庙里烧香拜佛、打坐吃斋，一帮小知在那里嚷嚷什么“禅悦”“公案”“话头”……实际上统统狗屁不通！这么一想，与其让“山寨”的阳明充斥思想界，倒不如推荐一些路子较为正宗的说法，也可正正视听。于是始敢下笔。

对宋明理学有些了解的人都知道，阳明学本是应着“补偏救弊”而起的。孔子讲“学而时习之”、孟子讲“良知良能”（阳明的“知行合一”“致良知”实际不出孔孟的规矩），只是汉儒疏离了孔孟原旨，偏于“齐家”之方与“治平”之术，佛教东来后，“儒门淡泊，收拾不住，皆归释氏”。上至读书人、下到平头百姓正心修身的资源，多被释老二家夺去了。于是有“北宋五子”为思想代表的儒者奋起回应，在儒家道德理性形上本体化，以及做人精神、人生的信念上狠下气力与功夫。至南宋朱子学出而基本完成，但朱子也留了块短板，即儒家道德理性向主体性落实上没能点准、点透，于是就有陆象山（九渊）的反拨。但象山力量不够，于是在南宋中后期就出现了程朱之学的异化现象。如南宋周密的笔记《齐东野语》《癸辛杂识》中就非常生动形象地记载了当时所谓的“道学先生”的丑态，这就与程子、朱子的本意格格不入了。

进入明朝，朱元璋宣称“本朝以理学立国”，于是“此亦一述朱，彼亦一述朱”。朱子学彻底官学化后造成思想文化的僵化和伦理道德的衰败。读书人奔竞于八股路上，作时文、求功名，大多成为百无一用的“冬烘先生”，就如阳明所痛斥的：“耳目眩瞀，精神恍惑”“如病狂丧心之人”“终身从事于无用之虚文”，这批人“记诵之广，适以长其傲也；知识之多，适以行其恶也；闻见之博，适以肆其辨也；辞章之富，适以饰其伪也”（《传习录》卷中），是十足的“伪君子”“假道学”。

阳明早年曾笃信程朱理学，但按朱熹提出的“格物”方法他没有求得“天理”，而他所面对的社会现实却又“士风衰薄”“病革临绝”，这使他逐渐对“朱学”由尊信到怀疑。几经磨难，苦苦求索，始悟“格物”之旨，遂走上“吾性自足，不假外求”的“心学”之路。他继承发展了陆象山的“发明本心”思想，以拯救“世道”“人心”为己任，把“天理”移入“人心”，将传统儒家的道德伦理建立在简易的哲学基础上。提出了“心外无理”“知行合一”“致良知”等具有深刻理论意义和实践意义的新理学思想，克服了官学化的程朱理学的烦琐与僵化，使理学重新获得了生机和活力。

阳明的思想是他经过了三十多年酝酿、磨难、充实、提高而建立起来的，其间经历了所谓的“五溺三变”“从百死千难中得来”，这些情况大家应是熟悉的，这里就不必多言。最后他是“不得已与人一口说尽”这“千古圣圣相传一点滴骨血”，“圣门正法眼藏”或曰“学问大头脑，是圣人教人第一义”。可是，在阳明本人那里清楚明白的思想，在阳明后学那里真的就和乃师一样清楚明白了吗？阳明后学中最厉害的两大人物王龙溪和王心斋尚且都有程度不同的背离，其他人就不必说了。所以劝对阳明学感兴趣的诸君认真了解，不要人云亦云的“耳食”。

善蒙君1996年入复旦大学哲学系本科，以优异成绩而直升硕士生，后又直升博士生，所以十年间他都在复旦哲学系问学。在我的眼里，善蒙勤奋刻苦，好学深思。从本科开始，他就对中国哲学有着浓厚的兴趣，他在学术刊物上正式发表的第一篇学术论文就是关于王阳明的“心外无物”问题的讨论。在研究生就读期间，他对中国哲学领域有了更深广、更扎实的把握，尤契于在魏晋玄学、宋明理学和中国传统宗教等领域。在完成博士学位后，善蒙进入浙江大学哲学系从事博士后研究，在董平教授的指导下，学问又长进了许多，以后就留浙江大学工作，主要从事中国古代哲学和古代宗教的教学和科研。

善蒙的这个稿子，我粗粗阅读一过，觉得除了前面提到的路子“正”这一点外，尚有些新的东西也值得琢磨琢磨。如：对其特别强调阳明学的重要价值在于现实生活世界重新建构的意义（参见其《活泼泼的生活世界》），即怎样使儒家的道德原则能够真正有效地落实在现实的经验生活之中的问题；如关于阳明《拔本塞源论》与陈荣捷先生的不同说法的问题；如关于阳明的“四句教”究竟怎么产生的问题……当然，这并不表示我就同意他的观点了，我只是认为这些问题的说法或可激活一些新的想法，或可作为供读者诸君进一步参详的起点。

学生学有小成，这是我们做老师最乐见的。记得二十年前我的博士论文出版时，业师潘富恩先生作序，序末有“我很高兴看到我们青年一代学者迅速成长起来，我们的学术事业是后继有人的！”我就把恩师的话抄下来、传下去。

是为序。

徐洪兴

2016 年 6 月 30 日于复旦大学

儒学复兴之路由中晚唐的李翱开启，经北宋的孙复、石介、欧阳修、李觏、张载、程颢与程颐兄弟等人的努力，基本完成了儒学转型，并奠定了理学基础，使理学发展初具规模。自朱熹出现，绍述程子，集理学大成，且在对抗佛老过程中，以理学形式确定了儒学复兴的基本面貌。然而一如陆九渊发现朱子理学存在的内在张力一样，阳明清楚地意识到朱子理学系统中存在着难以调和的内在问题，而这成为了阳明思想突破的基础和关键，在龙场悟道后，阳明最终以心即理的方式化解了朱子系统中存在的『析心理为二』的困扰。

第一章

朱子理学的问题与阳明心学的兴起

肇端于中晚唐的儒学复兴运动，是儒学面对佛、道二教挑战的积极回应，而这种回应最终以理学形式完成。从思想形态上说，理学是在玄学思维框架基础上，再以佛教心性论作为有效载体，最终归于儒家仁义之道的一门学问，由此，三教融合在理学结构中是非常清楚的。儒学的复兴之路由中晚唐的李翱开启；此后，北宋庆历之际以孙复、石介、欧阳修、李觏等为代表；北宋熙宁、元丰前后则以张载、程颢与程颐兄弟等为代表。这三阶段前后呼应、一脉相承。经他们努力，儒学转型的架构定型基本完成，并奠定了理学规模。自朱子出现，绍述程子，集理学大成，且在对抗佛老过程中，以理学形式确定了儒学复兴的基本面貌。

当然，就理学内部思想形态来说，通常有理学、心学、气学、性学等的划分，而理学和心学无疑是最具有影响力的两种形式。从回应佛、道二教挑战的意义来说，无论是理学还是心学，都是宋明儒者有意识回应佛、道复兴儒学的结果，而朱陆之争的出现，则表明两者在具体的回应方式上存在着差异。朱陆在尊德性和道问学方法上的差异极为明显，而方法上的差别则由两者所设定的本体所决定。若本体为心，所以必要先立乎其大，必尊德性为先；若本体是理，就须不断求学，道问学的方法最为重要。由此，陆学呈现出来的基本格局和朱子学就不一样。由此，心学传统在南宋时期亦得以确立。当然，陆九渊心学是直接针对程朱理学存在的问题而来的。

一如陆九渊发现朱子理学存在的内在张力一样，阳明也清楚地意识到朱子理学系统中存在着难以调和的问题，而这成为了阳明思想突破的基础，在龙场悟道之后，阳明最终以心即理的方式化解了朱子系统中存在的“析心理为二”的困扰。朱子学的内在问题，是阳明实现思想突破的关键，从这个角度来说，阳明学是在朱子学的基础上产生出来的。

一、“道统”说与儒学复兴运动

在正式讨论阳明心学和《传习录》之前，我们首先要看的是阳明心学是怎样产生的。这就需要回到宋明理学的背景中去考察，阳明心学就是在理学发展的脉络中自然而然出现的。

关于理学的出现，我们经常会提到“道统论”。如果从历史的演变来考察，差不多从南宋开始，“道统”这个词就经常在文献中出现。“道统”是什么？如果我们看一下“统”是什么意思，就大概可以知道提出“道统”的针对性意义。按照许慎的《说文解字》，“统，纪也”，也就是纲纪的意思。郑玄在注释《周易》中“乃统天”（《周易·乾·彖》）的时候，把“统”解释为“本”（见《周易郑注》卷一）。何休在注释《春秋公羊传》里的“大一统”时，把“统”解释为“始”（见《隐公元年》注）。无论是“纪”“本”还是“始”，说的都是最原初的根据、头绪的意思。从这个角度来说，“道统”最为直接的意思就是对道的基本传承方式和存在方式的追寻、梳理。因此，如果说理学的兴起是与道统说密切相关的话，那么理学在这个意义上就是对于儒家之道的重新梳理和发展。

从目前文献的考察看最早提及此问题的是朱熹，朱熹在很多地方都提到儒家道统问题：

> 《中庸》何为而作也？子思子忧道学之失其传而作也。盖自上古圣神继天立极，而道统之传有自来矣。其见于经，则“允执厥中”者，尧之所以授舜也；“人心惟危，道心惟微，惟精惟一，允执厥中”者，舜之所以授禹也。尧之一言，至矣，尽矣！而舜复益之以三言者，则所以明夫尧之一言，必如是而后可庶几也。……夫尧、舜、禹，天下之大圣也。以天下相传，天下之大事也。以天下之大圣，行天下之大事，而其授受之际，丁宁告戒，不过如此。则天下之理，岂有以加于此哉？自是以来，圣圣相承：若成汤、文、武之为君，皋陶、伊、傅、周、召之为臣，既皆以此而接夫道统之传，若吾夫子，则虽不得其位，而所以继往圣、开来学，其功反有贤于尧舜者。然当是时，见而知之者，惟颜氏、曾氏之传得其宗。及曾氏之再传，而复得夫子之孙子思……自是而又再传以得孟氏……故程夫子兄弟者出，得有所考，以续夫千载不传之绪。（《中庸章句序》）

《中庸章句序》则最早使用了“道统”这个词，并且也最完整地陈述了儒家道统的内涵。首先，在朱熹看来，儒家也是有非常明显的道统传承系统的；其次，儒家的这个道统传承是从尧、舜、禹、汤、文、武、周公这一王道政治传统延续下来的，为孔夫子所承继；第三，孔夫子在“道统”中的地位是继往开来的，更重要的是，从孔夫子开始，作为政治传统的圣人之道和圣人之学便结合在了一起；第四，儒家道统的内涵是什么？朱子很明确地提出是“人心惟危，道心惟微。惟精惟一，允执厥中”，也就是所谓的儒门十六字心法，所谓心法，实际上就是圣人之道，虽然对这来自于《尚书·大禹谟》的十六字心法有很多争议，然而自朱子提出这个作为儒门心法之后，这几乎成为整个理学传统的共识。这种情况大体和儒学需要抗衡佛、道为代表的异端，与必须以最清晰的形式表达自身的价值立场的这种需求有密切关系；第五，在孔子之后，只有颜回和曾子得其宗，也就是承续了道统。孟子继承了子思的传承，这也就是通常所说的思孟学派。到孟子之后，儒家的道统就断了，儒学淹没在异端之中，儒家之道由此而不明。但是因为儒学经典的存在（这里主要指《中庸》而言），二程兄弟得以接续“道统”，重新昌明儒家之道。这是朱熹对“道统”流传的基本看法，也代表着狭义的理学（即程朱理学）的基本道统观念。

当然，虽然“道统”一词是朱熹最早提出来的，但是道统的观念并不是在朱熹这里最早就有的，这个观念最早出现在韩愈那里，韩愈由此也被视为理学复兴的先驱，按照韩愈的看法：

> 夫所谓先王之教者，何也？博爱之谓仁，行而宜之之谓义。
>
> 由是而之焉之谓道。……曰：“斯道也，何道也？”曰：“斯吾所谓道也，非向所谓老与佛之道也。尧以是传之舜，舜以是传之禹，禹以是传之汤，汤以是传之文、武、周公，文、武、周公传之孔子，孔子传之孟轲，轲之死，不得其传焉。”（韩愈《原道》）

韩愈的说法，和朱熹前面的说法稍微有点差别，但总体上都是认为“道统”在孟子之后没有传承了，所以才会在韩愈以及二程朱熹时代，被严肃地讨论。为什么理学要讨论“道统”问题？其实，如果我们仔细地考察，就会发现通过理学传统最终所确立起来的儒学道统（不管是心学的，还是理学的），有很多所谓的传续过程，并不一定就是历史事实（比如早期的传续过程，甚至是在宋初，尤其是二程与周敦颐之间的承续问题），如果道统不主要是历史事实的描述，那么道统的意义是什么？也就是说，从理学家对于儒家之道的理解角度来重新建构一个所谓的传承系统（这个系统更重要的是基于对儒学价值的确认，而不是儒学历史脉络的呈现），有什么特殊的意义？为什么理学家要建构起一个儒学道统？

这必须要和理学的兴起所面临的特殊背景联系在一起来思考，理学的兴起是受到很大刺激的，这与唐代以来中国思想和社会的基本事实有着密切的关系，简而言之，儒学在汉代开始具有的独尊地位经魏晋南北朝以来的变革已不复存在，佛、道两教（尤其是佛教）给儒学带来了非常大的刺激，这种刺激在北宋中期的王安石那里，还可以明显地感受到：

> 荆公王安石问文定张方平曰："孔子去世百年生孟子，后绝无人，或有之而非醇儒。"方平曰："岂为无人，亦有过孟子者。"安石曰："何人？"方平曰："马祖、汾阳、雪峰、岩头、丹霞、云门。"安石意未解。方平曰："儒门淡薄，收拾不住，皆归释氏。"安石欣然叹服，后以语张商英，抚几赏之曰："至哉，此论也！"（释志磐《佛祖统纪》卷四十五）

这一段王安石和张方平之间的对话，非常直接地反映出儒学和佛教在唐以来的基本关系。王安石跟张方平说孟子之后就没有醇正的儒家了，张方平的回答非常有意思，他说孟子之后是有人的，而且这些人甚至超过孟子。王安石就马上问是哪些人，而张方平回答的都是些中晚唐以来的禅宗高僧。为什么如此？"儒门淡薄，收拾不住"。这是张方平所给出的最为有力和最为直接的解释，恰恰可以很好地描述中晚唐基本的社会状况。这个状况就是儒门淡薄，收拾不住人心，所以唐代出名的儒家很少，有名的人物不是佛教就是道教，家喻户晓的李白就属道教，王维、白居易属佛教，从唐代的基本社会和思想状况来说，儒门淡薄，确实是一个难以回避的事实。所以，从上面这段宋人的对话中，我们可以清楚地感受到因为佛教的兴盛和强大，使得儒家丧失了它应有的地位，这种状况引起了儒家学者的忧虑，于是就有了儒家的复兴运动。从这个意义上来说，儒家的复兴运动，首先应对的就是佛教的刺激和挑战。

所以，儒学的复兴运动是极其有针对性的，就是为了应对佛教的挑战，那么，佛教所带来的挑战有哪些方面？佛教给予当时学者最为直接的印象首先是佛教制度极其完善：

> 自佛行中国已来，国人为缁衣之学，多几兴儒等。然其师弟子之礼，传为严专。到于今世，则儒道少衰，不能与之等矣。于其流亦有派别焉。为之师者，量其性之高下而有授说。（沈亚之《送洪逊师序》）

按照韩愈的弟子沈亚之的上述说法，佛教传入中国，之所以有极其迅速、强大的发展，并同时导致儒学衰落，一个重要的原因在于“其师弟子之礼，传为严专”，即佛教有着严格的制度，其传承关系十分严密。这种制度使得佛教比儒学在当时中国发展更好，佛教传承清晰，而且在传承过程中，非常有针对性，所以儒家无法和佛教抗争。这个观察应该说还是比较中肯的，如果我们去考察佛教在当时的传播，尤其是所谓的八大佛教宗派形成之后，它们内部的制度非常完善，有着严格的法脉传承制度，例如五祖弘忍传给六祖慧能，虽然有人说这是慧能之后神会建立起来的，但是至少佛教是有意识地在创造这种传法系统，这是一种很好的制度性保证。其好处也非常清楚，既可以保证其所传的乃是正法（正统性、权威性），又可以形成不间断的传法系统（法脉）。所以在中国佛教传统中，有很多的灯录（主要指禅宗传统，比如《景德传灯录》）类型的关于法脉流传系统的作品出现，这些作品自然而然就建构出一种具有正统性意义的法脉传承。使得正法如灯相传、相续不断，当然，这在佛经上也有根据，比如：

> 诸佛弟子凡有所说，一切皆承佛威神力……与诸法性常不相违……依所说法，精勤修学，证法实性，故佛所言如灯传照。（《大般若经》卷四百〇六）
>
> 譬如一灯燃百千灯，冥者皆明，明终不尽。（《维摩经》卷上）

因此，佛教的法脉流传，即如灯传，如灯照，不会灭，正法永流传。与此对比，可以很清楚地看到儒家没有清晰的传承制度，汉代设立学官制度也没有对整个儒学的传承系统地进行细致的梳理（这当然和儒家独尊的这个基本事实有关，在当时的情形之下，没有这个方面的需求）。没有传承制度，就没有正统性和权威性，也没有义理的有效传承，由此佛教在制度上给儒家以极大的冲击。在回应这个刺激的背景下，我们就可以理解，宋明理学作为儒学的复兴，为什么必须要讨论道统问题，为什么会那么热衷于儒家道统的建构（虽然这并不是一种历史事实的真实再现），其原因就在于儒家为了应对佛教传法制度的需要，积极进行儒家传承系统的梳理，而这种梳理是建立在应对佛教严格传法系统刺激下的一种有意识的回应，力图通过建构儒学道统来重新在现实中挺立出儒学自身的价值系统。由此，儒学的正统性、权威性和持续性问题才可以得到很好的解决。

佛教带给儒学的刺激，除了制度性的层面之外，更为重要的乃是义理层面的挑战，唐五代圭峰宗密对于儒家的义理有过一个评论：

> 不知空界已前早经千千万万遍成住坏空、终而复始。故知佛教法中小乘浅浅之教，已超外典深深之说。（宗密《原人论斥偏浅》第二）

按照宗密的说法，小乘佛教讲的义理都比儒家道家好得多，“小乘浅浅之教，已超外典深深之说”，这表明，佛教在义理层面的完善和精细程度是儒家所不能比拟的。这里涉及两个非常重要的问题，首先，就当时的思想实际来说，佛教的义理主要侧重点在哪里？其次，佛教在义理建构上的特点在哪里？前者关系到儒学复兴的基本内涵，后者关系到儒学复兴的方法。

就唐代来说，佛教义理的完善主要表现在心性上，这也是佛教在中国化过程中所表现出来的一个非常重要的理论倾向。就佛教心性论而言，唐代佛教的心性论达到顶峰，当时具有代表性意义的几个佛教宗派对于心性问题都进行了非常具有创造性的理论阐释，比如天台宗的“一念三千”和“性具善恶”说、华严宗的“真心”和“自性清净圆明体”、禅宗的“明心见性”和“见性成佛”等（理学形成的义理框架深受禅宗、华严宗和天台宗义理系统的影响）。佛教有完善的本体论和宇宙论的基础，佛教讲缘起性空，缘就是条件，世间一切存在都是有条件的存在，所以空就是非永恒存在，而不是说不存在，是有条件的存在，佛教要破执着的理论依据就是缘起。

反过来看，中国传统讲的是元气说，阴阳二气，气还是有的东西，按照佛教讲，执着在气是不对的，因为气是假象，把一个本体的根据建立在一个不是超越的东西上是不行的。当然，传统儒家讲仁义也有根据，例如说天，天道人心，但是没有讲清楚（即没有建立起一套严格的、思辨的理论系统来解决儒家哲学的本体论根据问题）。儒家的义理在佛教进来之前是没有问题的，或者说是没有面临冲击和挑战的。但是佛教有精密的理论，所以比较之下，差别很大，佛教在唐代心性论的完善，促使心性论在佛教中占据主导地位，所以可以理解为什么后来心性论在儒学复兴中也占主导，主要是因为要针对佛教：

> 吾儒言心，佛氏亦言心。佛氏之言心也，曰空；其进而言性也，曰觉，而究竟归其旨于生死。其言空也，曰空无空，无空之空乃为真空；其言觉也，曰觉非觉，非觉之觉乃为圆觉；而其言生死也，曰本无生死，无生无死乃了生死，则吾儒所未及也，几何不率天下而从之乎？曰：善言心者，莫佛氏若也。（刘宗周《原道下》）

刘宗周的这段话，很清楚地表明了儒家在心性论意义上和佛教义理存在的巨大差距。佛教的这个讨论方式非常圆融，是传统儒学所不能相比，比如空和有的关系，佛教不去除假有，佛教讲真空妙有，本质是空的，但是佛教要取消的是对于假有的执着，并不否定假有。又比如，佛教讲一切众生皆有佛性，但是有佛性不代表都能成佛。所谓“其言空也，曰空无空，无空之空乃为真空；其言觉也，曰觉非觉，非觉之觉乃为圆觉；而其言生死也，曰本无生死，无生无死乃了生死”佛教的理论，从这个意义上来说，是彻上彻下的，原因在哪里？就在于其本体论和宇宙论的完善。

从这个角度来说，佛教在义理层面为儒学的复兴提供了议题，就是心性论。因为唐代佛教主要是心性论的完善，而儒学复兴要针对佛教，就不能不回应佛教的心性论，怎么回应？就必须在完善儒学本体论、宇宙论的意义上来回应，所以，这个义理建构的方法也是佛教所提示的。因此，儒学要复兴就一定要讲心性论，而心性论后来在一定程度上被视为中国传统的核心，其实都是和来自于佛教的刺激有关。心性论成为应对佛教挑战而复兴儒学的重点所在：

> 其见于经，则“允执厥中”者，尧之所以授舜也；“人心惟危，道心惟微，惟精惟一，允执厥中”者，舜之所以授禹也。尧之一言，至矣，尽矣！而舜复益之以三言者，则所以明夫尧之一言，必如是而后可庶几也。（朱熹《中庸章句序》）
>
> 圣人之学，心学也。尧、舜、禹之相授受曰：“人心惟危，道心惟微，惟精惟一，允执厥中。”此心学之源也。（王阳明《象山文集序》）

所以，非常清楚，在后来狭义的理学或者心学传统中，心性问题都被作为最重要的问题来讨论。无论是阳明说“圣人之学，心学也”，还是朱子所提出来的“孔门心法”，事实上都是在回应佛教话语的前提下，试图想把话语权从佛教夺回来。而“人心惟危，道心惟微，惟精惟一，允执厥中”作为孔门的十六字心传，则完全是从思想意义的建构需要而来的。无论理学，还是心学，都认可这个“孔门心法”，在某种意义上很清楚地表明，宋明儒者在这个问题上有着极为强烈的自觉，要回应佛教的心性论，就必须有孔门的心性论，就必须有孔门的心法。所以，虽然对于朱熹所概括出来的十六字心传有各种各样的非议，但是，作为一种思想建构的资源，在当时是必须的。[①]

理学和心学，都讲心，当时的问题也是心。面对佛教心性论的冲击，传统儒学有什么资源可以用来建构其儒学心性论系统呢？在先秦儒学资源中，言心性莫过于孟子，由此，在中晚唐开始到北宋，孟子地位得到极大的提升，这亦是要解决心性问题使然。由此，在

---

① 当然，这里仍有些问题具有讨论余地。在理学传统中，都是把“危”解释为危险。但是，我认为讲“危”为危险并不是最佳诠释。如果把“危”仅仅理解为危险，实际上大大降低了“危”这个字的内涵。《说文》里面说，“危，在高而惧也”，所以“危”有两层意思，兼具高和危险两层含义。理学解释为危险，是因为人心很容易被欲望诱惑，所以危险。但是，不能脱落“高”这一层含义，否则就不能理解恰当理解精微的含义。“危”是与“微”相对的，一个高、一个微，为什么人心必须是高的？人心之高，意味着它具有可以上达天道的可能性，这就为天道落实到人心确立了可能性，由此，人心不仅仅是方寸之间的东西，它可以直接与天道相连；道心是微的，因此，它可以在方寸之间落实下来，亦即可以落实到人心。

儒学复兴的经典系统中，四书取代五经成为必然，而孟子地位的提升也是自然而然的结果。

所以，很清楚，道统说的提出，事实上是受到佛教刺激的结果，它并不是一种历史事实的描述，而是一种思想观念的重构。这种重构所指向的就是现实的儒学复兴运动。

那么儒学应当如何复兴？事实上，中晚唐时期的韩愈、柳宗元和李翱已经揭示出了儒学复兴的三条可能道路。韩愈的方式代表着第一条道路，就是在彻底排佛道的意义上复兴儒学之道，所谓“不塞不流，不止不行。人其人，火其书，庐其居”（《原道》），这无疑是一种比较偏激的方式，从三教并存的社会事实来说，这种偏激的、彻底的清理行为是无法实现的。儒家出身的柳宗元，相对于韩愈来说，温和得多，对于佛道（主要是佛教），柳宗元承认三教并立的事实，反对偏激的方式，有一定的融合想法，总体上主张三教和平共处。而唯有李翱，非常明确地强调在融合佛、道的基础上，复兴儒学，李翱以儒家作为本体，吸收佛道来完善儒家。以仁义之道为本，坚持儒家的价值立场，这事实上也是后来宋明理学的基本立场和方法，从这个角度来说，李翱才是真正意义上的儒学复兴运动的先驱，韩愈只是出于义愤，在学理建构上贡献不是很大。

我们通常都说宋明理学的产生事实上是三教融合的产物，那么具体而言，儒释道三教的资源对于儒学的复兴运动有着怎样的作用呢？简单地说，宋明理学作为儒学的复兴，其所坚持的基本价值立场是儒家的，即是仁义之道，从这个角度来说，儒学为宋明理学的复兴提供了最为根本的价值立场。佛教对于儒学复兴的意义也是很直接的，如前所言，无论是心性论的议题，还是本体论和宇宙论的方法，儒学都受到了佛教的刺激，也在一定意义上决定了宋明理学的基本内容、方式。那么，道家传统对于儒学复兴的意义又在哪里？道家的意义在于为儒学的复兴提供本体论和宇宙论建构的具体方式，如前所言，佛教是建立在完善的本体论基础上的，但是，儒家不能接受佛教缘起性空的说法，因为儒家之作为儒家，必须要解决现实问题，必须立足在现实的人事之上，那么如何重构理学的本体论？这个时候源于道家的魏晋玄学为儒学的复兴提供了重要资源。从历史上来看，魏晋玄学的重要品格是不离开世间，是儒道融合的一种非常有效的方式。宋明理学家在其对于本体的具体讨论中都涉及有无、动静等问题，这些讨论，其实和王弼在建构玄学系统时的论说方式非常相似，因此，新儒学本体论建构资源最大的提供者应当是玄学，或者说，玄学在新儒学本体论建构中起到了至为关键的作用。很显然，道家比佛教更适合中国传统的基本性格，儒家不能接受最后否定现象价值的缘起性空，因为儒家（或者中国传统）强调的是“体用一源，显微无间”，这一套思路在玄学那里已经比较完善①，完全可以被儒学复兴所用。

儒学复兴之路在晚唐由李翱开启。此后，北宋庆历之际以孙复、石介、欧阳修、李觏等为代表，北宋的熙宁、元丰前后以张载、程颢与程颐等为代表。这三阶段前后呼应，一脉相承。经过他们的努力，儒学转型的架构定型基本完成，由此奠定了理学基础，使其发展初具规模。自朱子出现，绍述程子，集理学之大成，由此，在对抗佛老的过程中，以理学形式确定了儒学复兴的基本面貌。

二、从“朱陆之辨”看朱子理学的内在张力

程朱理学，尤其是经过朱子的完善之后，在南宋以来的发展蔚为壮观，及至元代被立为官学，对整个中国传统影响深远。

然而问题是，这样的理学形式是否是一种非常有效的、合理的复兴形式？当然，从儒学价值的回归来说，是毫无疑问的。但是，从其内容实质来说，是否能够体现对于当时主要问题的回应以及对于儒学真精神的复归呢？这是一个值得关注的问题。如果我们说晚唐以来儒学发展主要面对的问题是佛教心性学的冲击，由此，必须在心性学意义上有效地重建儒学价值。而朱子理学所确立的，是以“天理”（“理”）作为最高的本体：

> 天地之间有理有气，理也者，形而上之道也，生物之本也；气也者，形而下之器也，生物之具也。是以人物之生，必

① 从王弼到郭象，玄学家对于名教与自然关系问题作了圆融的解决，郭象说：“夫圣人虽在庙堂之上，然其心无异于山林之中，世岂识之哉？徒见其戴黄屋、佩玉玺，便谓足以缨绂其心矣；见其历山川、同民事，便谓足以憔悴其神矣；岂知至至者之不亏哉？”（庄子《逍遥游注》）这种内外无分、自然名教不相碍的方式，对后世影响极其深远，作为一种思想资源和思维方式，对宋明理学同样有着深刻的影响。

> 禀此理，然后有性，必禀此气，然后有形。（朱熹《答黄道夫》）

朱子就是用理和气的关系来解释世界如何构成，所以我们后来称其为理本论，这是对二程的继承，二程对自己的理论非常有自信地讲，"'天理'二字却是自家体贴出来"（《河南程氏外书》卷十二）。朱子认可二程的理论，并且在二程的基础上完善了其理气关系的讨论，从而确立起他的理本论。很清楚，在朱熹这里，理当然是外在的，是天理，所以"理也者，形而上者道也"，在这个理气结构中，理又是根本的，理落实于人为性，是人的根据，人之形体禀之于气，由此，当然朱子也必须要讲心性问题：

> 盖尝论之：心之虚灵知觉，一而已矣，而以为有人心、道心之异者，则以其或生于形气之私，或原于性命之正，而所以为知觉者不同，是以或危殆而不安，或微妙而难见耳。然人莫不有是形，故虽上智不能无人心，亦莫不有是性，故虽下愚不能无道心。二者杂于方寸之间，而不知所以治之，则危者愈危，微者愈微，而天理之公卒无以胜夫人欲之私矣。精则察夫二者之间而不杂也，一则守其本心之正而不离也。从事于斯，无少间断，必使道心常为一身之主，而人心每听命焉，则危者安、微者著，而动静云为自无过不及之差矣。（朱熹《中庸章句序》）

用危殆讲"危"，用微妙讲"微"，心就一个，人心和道心就是一个，不是两个，问题是两个杂于方寸之间，所以人就很麻烦，在一个人的身上，"精"就是要发现人心道心之间的不一样，一就是要守道心，要努力区别二者，人心要听从道心。因此，在朱子这里，心的特点是"虚灵知觉"，虚灵是就心的存在状态而言，意味着这个心不是一个可以作为本体而言的，虚灵就是一种无确定性的存在。而知觉，则是心的功能（当然，朱熹同样强调心的主宰功能，"心者，人之知觉，主于身而应于事物者也。"《晦庵先生朱文公文集·尚书·大禹谟》），这是从心的作用角度来说的。由此，朱子对于心不是从本体意义上来讨论的，他强调的是心的知觉和主宰作用，正是在心的作用下，才有人心和道心的区分。人心是从形气而言，道心则是从天理而言，两者都可在一心之上呈现出来。也就是说，天理和人欲，事实上就是因为人心的不同事实呈现的结果，因此，存天理灭人欲的工夫实际上就是针对心来展开的，在这里，“心”是朱子理学工夫所指向的对象。作为工夫而言，其所要达到的目的自然是要合乎天理。所以，朱子强调的是以心合于天理，人心听命于道心。这样产生的结果很清楚，心与理成为了两个不同的东西，而且心是第二义的，非根本性的。

如果回到心性论的主题来说，这样解释显然不能令人满意。它虽然在理论上对于儒家思想作了本体论的完善，建立了一套比较完善的形上思维系统，但是，理和气、心和性的二元结构范式，在某种程度上是不能令人满意的，也是和儒家传统的圆融结构不太一致。因此，与朱子同时的陆九渊非常直接地提出了对于这种解释框式的批评：

> 盖心，一心也；理，一理也。至当归一，精义无二。此心此理实不容有二。故夫子曰：“吾道一以贯之。”孟子曰：“夫道一而已矣。”（陆九渊《与曾宅之》）

朱子的讲法，把心区分为人心和道心，虽然朱子一直强调只是一个心，但是，这种区分实际上存在着将人心和道心分离的倾向。更为重要的是在朱子这里，心是属于气的，是属于理的，这样很自然又存在着析心与理为二的事实倾向，这是陆九渊不满的，按照陆九渊的看法，心与理必然为一，而不是二，而且这种一不是像朱子所理解用“心”去“合乎理”而达到的一，即在后天工夫论意义上来说，本来就是一个：

> 四端者，即此心也；天之所以与我者，即此心也。人皆有是心，心皆具是理，心即理也。（陆九渊《与李宰》）

在陆九渊这里，心就是孟子所讲的四端之心，也就是道德本心，这一点后来也为所阳明继承。所以，心同理同，心即是理。虽然，这是在陆九渊的作品里唯一一次提到的“心即理”，当然，陆九渊对于这个问题极有其自觉：

> 宇宙便是吾心，吾心即是宇宙。东海有圣人出焉，此心同也，此理同也。西海有圣人出焉，此心同也，此理同也。南海北海有圣人出焉，此心同也，此理同也，千百世之上至千百世之下，有圣人出焉，此心此理，亦莫不同也。(《陆九渊年谱》)

这据说是陆九渊十三岁的时候讲的，陆九渊八岁读二程的书，就觉得程颐讲的和圣人讲的不一样。心同理同，心和理是什么关系，朱子以为是通过努力使心理合一，但是那个心已经不是本体意义上的心了，在心性论中，心必须是本体的心，朱子之学和陆九渊之学的差别，是本体设定的差别，一为理，一为心，所以陆九渊就是简约，而朱子强调格物穷理，需要不断地做工夫，要讲学。

由此，心即理，心同理同，在陆九渊这里，心是一个作为本体的存在，它和理的关系是先天一致的，因此，心成为本心，成为孟子意义上的道德本心，在这个意义上，陆九渊之学与朱熹之学呈现出了截然不同的气象，两者之间的争辩也在所难免。朱陆思想之间的差异主要表现在本体论、工夫论两个层面，就本体层面来说，如前所言，朱熹以理为本体，心不是本体，具有知觉义和主宰义；陆九渊则以心与理为一，心为宇宙本体。由此，延伸到工夫论层面，朱熹认为理是产生万物的根源，心具众理而应万物，故主张即事穷理，通过“今天格一物，明天格一物”的积累，最终达到豁然贯通，掌握天理，以心合于理，作为其工夫论的最终归宿；而陆九渊则认为既然心含万物，故主张先立乎大，内求于心。所以，朱熹非常注重讲学读书，泛观博览；而陆九渊则认为理在吾心，故主张发明本心，反对一味讲学读书，认为讲学是向外驰骛。他批评朱熹说：

> 最大害事，名为讲学，其实乃物欲之大者。所谓邪说诬民，充塞仁义。质之懿者，乃使之困心疲力，而小人乃以济恶行私。……然近来讲学，大率病此。(陆九渊《与徐子宜一》)

当然，在陆九渊这里，并不是因为讲学本身不好，而是因为如果没有确立本心，没有一个根本的主宰的话，讲学无非是向外的过程，实际上是为物欲所牵，而并不是合乎理的方式。所以陆九渊一直讲先立乎其大，其小不可夺，所谓的大就是心，就要先确立本心。所以他说朱子是支离破碎的，无法返回内心。因此，陆九渊针对朱熹理学的讲学读书，泛观博览，陆九渊提出自己心学的简易工夫：

> 《易》赞《乾》《坤》之简易，曰："易知易从，有亲有功，可久可大。"然则学无二事，无二道，根本苟立，保养不替，自然日新。所谓可久可大者，不出简易而已。（陆九渊《与高应朝》）

因此，朱陆之间，由于最高本体的设定不一样，一个是外在的理，一个是内在的本心。由此，他们所强调的工夫、认识的方式也不一样，彼此之间的争议、批评也在所难免。陆九渊以求人之本心为最高原则，其工夫是简易；批评读书讲学是舍本求末，是支离。认为讲学不过获得闻见之知，而于求本心则有害。而在朱熹看来，陆九渊的这种做法，则是流入了禅宗一系，不属于儒学应该有的方式。

朱陆之间的争论，在当时是一个非常明显的事实，为了调停两者之间的争议。当时与朱熹、张栻并称为"东南三贤"的吕祖谦出面召集朱陆双方，会于江西鹅湖寺，这就是历史上著名的"鹅湖之会"，时间是在1175年6月：

> 淳熙二年乙未，先生三十七岁。吕伯恭约先生与季兄复斋，会朱元晦诸公于信之鹅湖寺。……鹅湖讲道切诚，当今盛事。伯恭盖虑陆与朱议论犹有异同，欲会归于一，而定其所适从。（《陆九渊年谱》）

当时，朱子和吕祖谦一起刚编完《近思录》（这是理学教科书），来到鹅湖，吕祖谦因为朱陆之间有争论，所以希望能够为双方调停一下（吕祖谦和朱熹是好友，也是陆九渊当年考进士时候的主考官，所以和双方都比较熟悉），吕祖谦虽然只有三十九岁，但是"出道"早，他是当年陆九渊考进士的主考官，于是就邀请双方会于鹅湖寺，这是中国哲学史上著名的盛会。当时主要参加者为朱熹、吕祖谦以及陆九渊、陆九龄兄弟，按照吕祖谦的本意，这次聚会是为了使朱陆双方"会归于一，而定所适从"，也就是说吕祖谦在双方做一个折中。陆九渊后来对于鹅湖之会有过一个比较详细的回忆：

> 吕伯恭为鹅湖之集，先兄复斋谓某曰：“伯恭约元晦为此集，正为学术异同，某兄弟先自不同，何以望鹅湖之同。”先兄遂与某议论致辩，又令某自说，至晚罢。先兄云：“子静之说是。”次早，某请先兄说，先兄云：“某无说，夜来思之，子静之说极是。方得一诗云：‘孩提知爱长知钦，古圣相传只此心。大抵有基方筑室，未闻无址忽成岑。留情传注翻蓁塞，着意精微转陆沉。珍重友朋相切琢，须知至乐在于今。’”某云：“诗甚佳，但第二句微有未安。”先兄云：“说得恁地，又道未安，更要如何？”某云：“不妨一面起行，某沿途却和此诗。”
>
> 及至鹅湖，伯恭首问先兄别后新功。先兄举诗，才四句，元晦顾伯恭曰:“子寿早已上子静船了也。”举诗罢，遂致辩于先兄。某云：“途中某和得家兄此诗云：‘墟墓兴哀宗庙钦，斯人千古不磨心。涓流滴到沧溟水，拳石崇成泰华岑。易简工夫终久大，支离事业竟浮沉。’”举诗至此，元晦失色。至“欲知自下升高处，真伪先须辨只今”，元晦大不怿，于是各休息。翌日二公商量数十折议论来，莫不悉破其说。继日凡致辩，其说随屈。伯恭甚有虚心相听之意，竟为元晦所尼。（陆九渊《语录上》）

根据陆九渊的这段记载，我们可以很清晰地了解鹅湖之会的大体过程。在会面前，陆九渊和陆九龄兄弟之间先达成了一致，即认同陆九渊的看法，然后一致对抗朱熹。按照陆九渊的“描述”，朱熹在这次辩论中明显居于下风。“元晦失色”“元晦大不怿”等都说明朱熹当时被陆九渊说得非常不开心。陆九渊当时气势极盛，这个从“莫不悉破其说”“其说随屈”的说法来看，朱熹至少在表现上处于下风，后来朱子对象山有一个评论，“自信太过，规模窄狭，不复取人之善，将流于异学而不自知耳”（朱熹《答张敬夫》），可见陆九渊当年占上风，从辩论角度来说，朱熹处于下风。因此，陆九渊说，吕祖谦本来要调停，之后还是对朱熹有所偏向。当然，要理解朱陆在当时论辩中的差别，就需要从二陆的诗出发。陆九龄的诗，陆九渊大体是赞成的，因为强调的就是心体作为根本的重视，但是，陆九渊说第二句未安，也就是说陆九渊认为“大抵有基方筑室，未闻无址忽成岑”的说法，不太圆满。为什么？我们看陆九渊的第二句，“涓流滴到沧溟水，拳石崇成泰华岑”。两者的差别在哪里？就在于陆九龄认为没有根基就不可能有高楼，而陆九渊不否认涓流成海、拳石成山。陆九渊没有取消掉由涓流变成大海的可能性（这一点在陆九龄那里是否定的，所以，陆九渊说这句未安，因为毕竟这种可能性还是存在的），但是这种可能性毕竟比较小，是不可靠的，所以，“易简工夫终久大，支离事业竟浮沉”，真正可以持久可靠的方法是“易简工夫”而不是朱熹的“支离工夫”，而且这两者之间的差别也是真伪的差别，这使得朱子非常不高兴。在鹅湖之会后三年，朱熹也和了陆九龄的诗（朱熹《鹅湖寺和陆子寿》）：

德义风流夙所钦，别离三载更关心。
偶扶藜杖出寒谷，又枉篮舆度远岑。
旧学商量加邃密，新知培养转深沉。
却愁说到无言处，不信人间有古今。

从朱子的和诗来看，毫无疑问，朱子强调的是学问的积累，所谓“旧学商量加邃密，新知培养转深沉”，也就是说所有的新知都是从旧学的培养当中而来，必须有这种工夫的累积，才可以实现，这是千古同一的道理。从这个方面来说，在鹅湖之会上，朱陆之间的论辩，主要围绕着方法展开的，这一点陆九渊弟子的记载也很清楚：

朱亨道书曰：……鹅湖之会，论及教人。元晦之意，欲令人泛观博览，而后归之约。二陆之意，欲先发明人之本心，而后使之博览。朱以陆之教人为太简，陆以朱之教人为支离，此颇不合。先生更欲与元晦辩，以为尧舜之前何书可读？复斋止之。（《陆九渊年谱》）

按照陆九渊学生朱亨道的记载，当时朱陆双方主要是在如何教人的方面展开的，注重的是方法问题。朱熹的意思是要从泛观博览开始，然后返约。而陆氏兄弟主张先发明本心，也就是先立乎其大，然后再做博览的事情。朱子工夫首先注重在外在积累，所以陆氏兄弟称其为支离；而陆氏工夫首先重在内在本心，朱子以之为太简。鹅湖之会次年，朱熹在《徽州婺源县学藏书阁记》中又一次回应了陆氏兄弟的观念：

> 道之在天下，其实原于天命之性，而行于君臣、父子、兄弟、夫妇、朋友之间，其文则出于圣人之手，而存于《易》《书》《诗》《礼》《乐》《春秋》、孔孟氏之籍，本末相须，人言相发，皆不可以一日而废焉者也。盖天理民彝，自然之物，则其大伦大法之所在，固有不依文字而立者。然古之圣人欲明是道于天下而垂之万世，则其精微曲折之际，非托于文字亦不能以自传也。（朱熹《徽州婺源县学藏书阁记》）

也就是说，只有通过书才能得圣人之传，所以必须从泛观博览圣人之书开始，当然，陆九渊当年就试图非常直接地诘问朱熹“尧舜之前何书可读？”在陆氏兄弟看来，那必须先是发明自我本心，确立本心，然后所有的泛观博览才有一个中心，否则，所有的泛观博览如果离开自己的心体，又有什么意义呢？最终只能是一个支离破碎的东西。但是朱子强调的是，如果没有扎实的泛观博览的工夫，就强调本心，那跟禅有什么区别呢？这种差异当然是源于两者对于本体的不同设定，后来，这种工夫的差异，又被表达为尊德性和道问学的差别，淳熙十年（1183），朱熹在给项安世的信中说：

> 大抵子思以来，教人之法，惟以尊德性、道问学两事为用力之要。今子静所说，专是尊德性事。而熹平日所论，却是道问学上多了。所以为彼学者，多持守可观；而看得义理，全不仔细。又别说一种杜撰道理遮盖，不肯放下。而熹自觉，虽于义理不敢乱说，却于紧要为己为人上，多不得力。今当反身用力，去短集长，庶几不堕一边耳。（朱熹《癸卯答项平父书》）

在这封信中，朱熹很明显地把尊德性和道问学的工夫作了区分，认为陆九渊主要是尊德性的工夫，而自己是道问学的工夫。两种不同的工夫产生的结果是，跟陆九渊学的，在行为上都表现非常突出，

"持守可观"，但是在学问上比较靠不住，基本上是杜撰的，并且固执己见；而自己呢，在学问上是一点都不乱说，但是在行为上用力不够。所以，他在这封信中强调，自己准备在行为上多用力，以"去短集长""庶几不堕一边"，也就是要从尊德性上来加强对于自己的要求，做一个综合。陆九渊对于朱熹的说法，也给予了迅速的回应：

> 朱元晦曾作书与学者云，陆子静专以尊德性诲人，故游其门者多践履之士，然于道问学处欠了。某教人岂不是道问学处多了些子，故游某之门者践履多不及之。观此则是元晦欲去两短合两长。然吾以为不可。既不知尊德性，焉有所谓道问学？（《象山语录上》）

陆九渊的回应很直接，认为朱子这样的综合根本不可能实现，"既不知尊德性，焉有所谓道问学？"也就是说如果不是以尊德性为主，是不可能道问学的。从这个角度来说，陆九渊对丁以尊德性为主这一点极其自信，这当然是与陆九渊的性格有关系，陆九渊八岁读程颐的书就觉得不合圣人，所以个人的气质不一样。这也是和心学的基本设定有关，陆九渊特别坚持自己的立场，对自己的立场特别自信。当然，尊德性、道问学，这两种基于朱陆之争而来的方法，在一定意义上也成为了整个南宋和明清以来学者所重视的重要问题。

回到朱陆之争本身，朱陆在尊德性和道问学方法上的差异极为明显，而方法上的差别又是由两者所设定的本体所决定的。若本体为心，就必要先立乎其大，必尊德性为先；若本体是理，就需要不断地求学，道问学的方法最为重要。由此，陆学呈现出来的基本格局和朱子学不一样。由此，心学传统在南宋时期亦得以确立。当然，陆九渊的心学是直接针对于程朱理学存在的问题而来的。

需要指出的是，我们通常讲，程朱理学和陆王心学，我一直觉得惯常的说法有问题。这里说程朱理学，没有问题，因为朱熹一直强调自己承继二程。但是，如果仔细考察起来，说陆王心学却不一定没有问题。这一称呼的成立，只在心学意义上说没有问题。但是他们不能像程朱一样并列讲，因为王阳明和陆九渊之间不存在程朱之间的这种联系。而且，就学理来说，阳明也不是在陆九渊的基础上讲心学的。很简单的例证是，在龙场悟道之前，王阳明对陆九渊几乎没有了解：

> 四年己巳，先生三十八岁，在贵阳，提学副使席书聘主贵阳书院。……问朱陆同异之辨。先生不语朱陆之学而告知以其所悟。……明日，复来，乃举知行本体证之《五经》诸子，渐有省。往复数四，豁然大悟，谓："……朱陆异同，各有得失，无事辨诘。求之吾性，本自明也。"（《王阳明年谱》正德四年）

这段记载比较有意思，阳明在龙场悟道之后被席书礼聘主讲贵阳书院，在被问及朱陆异同时，他根本不讲陆九渊，只讲自己的知行合一。第二天又被问及朱陆异同，阳明仍然讲的是自己所体悟到的知行本体的事情，讲的仍是"圣人之道，吾性自足"。因此，说这个时候阳明对陆九渊之学缺乏了解，也是非常合理的推测，因为在阳明早期的经历中也没有提及这个方面的事件，再加上陆九渊之学在明代事实上已经衰落，阳明做出上述的反应也是自然而然的。当然，阳明后来肯定接触了陆九渊的学问，因为他还写过《象山文集序》，但是，阳明对象山的评价是陆象山的学问大体不错，但是说得粗了。而"说得粗了"实指在象山那里没有形成非常圆融的、完善的心学思想系统。而阳明完成了这个圆融完善的心学思想系统的建构。从这个角度来说，阳明和陆九渊一样，都非常清楚地发现了朱子理学中存在的问题，他们提出来的解决方式也是大体相同的（化理归心），这表明朱子理学确立之后还是存在着内在的问题。

三、从"格竹致知"到"龙场悟道"

陆九渊发现了朱子理学存在的问题，阳明也以自己的亲身实践发现了朱子理学的问题，这就是通常说的"格竹致知"事件：

> 众人只说格物要依晦翁，何曾把他的说去用？我着实曾用来。初年与钱友同论做圣贤要格天下之物，如今安得这等大的力量？因指亭前竹子，令去格看。钱子早夜去穷格竹子的道理。竭

其心思，至于三日，便致劳神成疾。当初说他这是精力不足，某因自去穷格，早夜不得其理。到七日，亦以劳思致疾。遂相与叹圣贤是做不得的。无他大力量去格物了。及在夷中三年，颇见得此意思。乃知天下之物，本无可格者。其格物之功，只在身心上做。决然以圣人为人人可到，便自有担当了。这里意思，却要说与诸公知道。(《传习录》下，第318条[①])

《传习录》的这段描述，是阳明晚年对于其格竹子事件的回忆，“格竹致知”的记忆和“龙场悟道”并提，这表明，这两个事件在阳明先生的记忆中非常重要，而且阳明先生对于格竹子这件事情的细节也非常清楚，可见其在于阳明先生心中的重要性。关于“格竹致知”这件事情,《年谱》中也有记载：

五年壬子，先生二十一岁，在越。……是年为宋儒格物之学。先生始侍龙山公于京师，遍求考亭遗书读之，一日思先儒谓“众物必有表里精粗，一草一木，皆涵至理。”官署中多竹，即取竹格之，沉思其理不得，遂遇疾；先生自委圣贤有分，乃随世就辞章之学。(《王阳明年谱》弘治五年)

当然，按照《年谱》的记载，这次“格竹致知”是发生在阳明先生二十一岁的时候，这一点已经被后来学者考证，证明是不可靠的，阳明先生“格竹致知”发生的时间据后来的考证，大概是十五六岁时。这里需要注意的是，阳明是以自己的亲身实践来证明朱子说的“格物”有问题。朱子的“格物”说在当时最有影响力，这个已被普遍接受。朱子怎么说格物?

所谓致知在格物者，言欲致吾之知，在即物而穷其理也。盖人心之灵莫不有知，而天下之物莫不有理，惟于理有未穷，故其知有不尽也。是以《大学》始教，必使学者即凡天下之物，莫不因其已知之理而益穷之，以求至乎其极。至于用力之

① 本书所引《传习录》，以陈荣捷先生《王阳明传习录详注集评》为依据，所有编号均按照陈著，下同。

久，而一旦豁然贯通焉，则众物之表里精粗无不到，而吾心之全体大用无不明矣。此谓物格，此谓知之至也。（朱熹《大学章句》）

朱熹的格物就是要在物上去理会，要求即物穷理。为什么必须如此？因为理散落在事事物物，而人又有认识能力，所以以人的认识能力，即物穷理无论在理论和实际上应该是可以达到的。而阳明的“格竹子”是一个非常有趣的事情，呈现的是对格物非常固执的使用，而仅仅在一个竹子的意义上能不能呈现出道，这其实是值得怀疑的。当然，在朱子那里一物有一物的理，竹子的理，也不是那个至全的天理。

上而无极太极，下而至于一草一木、一昆虫之微，亦各有理。一书不读，则阙了一书道理；一事不穷，则阙了一事道理；一物不格则阙了一物道理。须著逐一件与他理会过。（《朱子语类》卷十五）

所存既非一物能专，则所格亦非一端而尽。如曰“一物格而万理通”，虽颜子亦未至此。但当今日格一件，明日又格一件，积习既多，然后脱然有个贯通处。（《朱子语类》卷十八）

这从分析角度看是可以的，通过一件一件的格物积累最后达到贯通，但如果用朱子的办法去做，会非常痛苦，所以阳明病了。朱子的方法有两种理解，第一是，我们必须实实在在去用力，针对的是佛教静坐，是避免儒家行为陷入空，要在具体过程去悟。第二，这样的累积，不是没有意义，是可以达到贯通的，我们的生活要在不断的实践中去明理。也是非常必要的说法。所以，阳明的格竹子是对朱熹理论的一种不恰当的理解方式。也就是说，阳明“格竹致知”的失败不能证明朱子格物的错误，但是，这样一种行为对于阳明的影响极其深远，阳明就此认为圣人是做不成了。要知道阳明十二岁就立志读书做圣人，而格竹子这个事件使得阳明的成圣之志受到了极大的打击。这可以说是朱子学给予阳明的第一次打击。朱子学给予阳明的第二次打击是在阳明二十七岁的时候：

十一年戊午，先生二十七岁，寓京师。是年先生谈养生。先生自念辞章艺能不足以通至道，求师友于天下又不数遇，心持惶惑。一日，读晦翁上宋光宗疏，有曰：“居敬持志，为读书之本；循序致精，为读书之法。”乃悔前日探讨虽博，而未尝循序以至精，宜无所得；又循其序，思得渐渍洽浃，然物理吾心终若判而为二也。沉郁既久，旧疾复作，益委圣贤有分。偶闻道士谈养生，遂有遗世入山之意。（《王阳明年谱》弘治十一年）

如果说在阳明十六岁格竹致知的时候，他对于朱子学可能还不是特别了解，有对朱子学误解的话，那么阳明二十七岁时，应该是比较了解朱熹理学了，因为阳明在这个期间不仅遍读朱子的书，还曾在十八岁的时候，向当时朱子学的重要学者娄谅问学。如果说我们可以把格竹致知事件视为阳明先生对朱子学的一种曲解，阳明在当时的累积是不够的。那么，这个时候，他看朱子的书，始终是不得其解，最后得出“物理吾心始若判而为二也”的结论，为什么？这说明朱子理学里面确实存在问题。前面是格竹致知没成，很痛苦，这主要是身体上的；现在是读书时觉得心和理又不能为一，所以非常难过，这主要是精神上的。旧疾就是当年格竹致知事件的后遗症，此时阳明更加觉得圣贤是天生的。所以只能学道士去修炼。

在阳明看来，最大的问题是按照朱熹的做法是做不成的，为什么没有办法达到？朱熹是通过日积月累的方式，他讲循序渐进没有问题，但循序渐进作为外在手段是有问题的。我们说阳明之后悟了，这和他之前的积累有没有关系，我觉得可能有关系，可能他就是达到了朱熹所说的豁然贯通，但是按照阳明自己的叙述过程，在朱子那里，心和理就是两个东西，这是他始终不能满足和接受的地方，也正是在对朱子学的困惑中，阳明先生的思想历程在不断改变，对于这个历程，一般概括为“学凡三变，教亦三变”，但学和教的三变究竟何指？阳明先生弟子钱德洪和王畿的说法各不相同：

先生之学凡三变，其为教也，亦三变。少之时，驰骋于辞章，已而出入二氏。继乃居夷处困，豁然有得于圣贤之旨。是三变而至道也。居贵阳时，首与学者为“知行合一”之说；自滁阳后（1513），多教学者静坐；江右以来（1520），始单提致良知三字，直指本体，令学者言下有悟，是教亦三变也。（钱德洪《刻文录序说》）

先师之学，凡三变而始入于悟，再变，而所得始化而纯。

其少禀英毅凌迈，超侠不羁，于学无所不窥。尝泛滥于词章，驰骋于孙吴，虽其志在经世，亦才有所纵也。及为晦翁格物穷理之学，几至于殒。时苦其烦且难，自叹以为若于圣学无缘，乃始究心于老佛之学。缘洞天精庐，日夕勤修炼习伏藏，洞悉机要。其于彼家所谓见性抱一之旨，非惟通其义，盖已得其髓矣。自谓尝于静中内照形躯如水晶宫，忘己忘物，忘天忘地，与空虚同体。光耀神奇，恍惚变化，似欲言而忘其所以言，乃真境象也。

及至居夷处困，动忍之余，恍然神悟，不离伦物感应而是是非非天则自见。征诸四子六经，殊言而同旨。始叹圣人之学坦如大路，而后之儒者妄开迳窦，纡曲外驰，反出二氏之下，宜乎高明之士厌此而趋彼也。

自此以后，尽去枝叶，一意本原，以默坐澄心为学的，亦复以此立教。……然卑者或苦于未悟，高明者乐其顿便而忘积累，渐有喜静厌动、玩弄疏脱之弊。先师亦稍觉其教之有偏，故自滁、留以后，乃为动静合一、工夫本体之说以救之。而入者为主，未免加减回护，亦时使然也。自江右以后，则专提致良知三字，默不假坐，心不待澄，不习不虑，盎然出之，自有天则，乃是孔门易简直截根源。盖良知即是未发之中，此知之前，更无未发；良知即是中节之和，此知之后，更无已发。……知之真切笃实处即是行，真切是本体，笃实是工夫，知之外更无行；行之明觉精察处即是知，明觉是本体，精察是工夫，行之外更无知。……逮居越以后，所操益熟，所得益化，信而从者益众。时时知是知非，时时无是无非，开口即得本心，更无假借凑泊，如赤日丽空而万象自照，如元气运于四时而万化自行，亦莫知其所以然也。盖后儒之学泥于外，二氏之学泥于内。既悟之后则内外一矣，万感万应，皆从一生，兢业保任，不离于一。晚年造履益就融释，即一为万，即万为一，无一无万，而一亦忘矣。（王畿《滁阳会语》）

钱德洪和王畿都是阳明先生的高弟，但是他们对阳明先生思想历程的解释并不完全一样。按照钱德洪的说法，阳明先生为学三变是辞章、佛老、龙场悟道。教有三个东西，先是知行合一，再是静坐，最后是致良知。而根据王畿的说法，为学三变是泛滥于词章、为晦翁格物穷理之学、老佛之学，经过此三变的结果是龙场悟道。悟道之后用什么教呢？王畿讲第一阶段是静坐，第二阶段是动静合，第三阶段是致良知。王畿的说法有几个值得注意的地方，首先，他把龙场悟道作为阳明先生为学三变的结果来说，而不是为学三变之一；其次，王畿把知行合一放在致良知之后讲。这是不符合阳明学发展的历史脉络的，因为阳明最早讲知行合一就是在贵阳书院，即龙场悟道之后。但是，若依王畿把知行合一放在致良知之后，则可以非常直接和圆满地解决知行合一的问题，所以王畿是从理上来说，而不是从历史事实来说；最后，最为重要的是，王畿花了很多笔墨说了阳明先生所达到的最后境界，“时时知是知非，时时无是无非，开口即得本心，更无假借凑泊”，这个是阳明最后的状态，相当于从心所欲不逾矩的状态，为什么王畿要强调这一点？除了认为阳明先生晚年在理论和境界上达到纯熟的境地之外，还为王畿自己对阳明学的解释确立根据。

当然，不管王畿还是钱德洪在记载阳明先生的时候，都有非常明显的自身立场设定，这个和后来他们对阳明学精神的理解有着密切的关系。然而无论王畿和钱德洪，或者阳明其他弟子的记述有多大区别，但在阳明先生的思想历程中，龙场悟道都被视为极为重要的一个关键性事件，阳明告别以前的根本一点就是龙场悟道，也正是在龙场，阳明实现了对于自己的突破：

> 三年戊辰，先生三十七岁，在贵阳。春，至龙场。先生始悟格物致知。龙场在贵州西北万山丛棘中，蛇虺魍魉，蛊毒瘴疠，与居夷人鴃舌难语，可通语者，皆中土亡命。旧无居，始教之范土架木以居。时瑾憾未已，自计得失荣辱皆能超脱，惟生死一念尚觉未化，乃为石墩自誓曰：“吾惟俟命而已！”日夜端居澄默，以求静一；久之，胸中洒洒。而从者皆病，自析薪取水作糜饲之；又恐其怀抑郁，则与歌诗；又不悦，复调越曲，杂以诙笑，始能忘其为疾病夷狄患难也。因念：“圣人处此，更

有何道？”忽中夜大悟格物致知之旨，寤寐中若有人语之者，不觉呼跃，从者皆惊。始知圣人之道，吾性自足，向之求理于事物者误也。乃以默记《五经》之言证之，莫不吻合，因著《五经臆说》。(《王阳明年谱》正德三年)

正德三年(1508)，阳明先生三十七岁，因得罪宦官而遭贬贵州。龙场对阳明来说，是一个极其困苦的生活场所。周边的少数民族和他语言不通，而且环境很差，还要担心被人追杀，面对种种困境，阳明先生觉得此刻一切都能抛下，唯有生死之际，难以突破。阳明最终所得出来的结论是，所有的一切都只能依靠自己，圣人处此，更有何道？在龙场那样的极端困境之中，唯有依据自我才能最终获得解脱。所以，圣人之道，吾性自足。在斩断了和过往的一切联系的情况下，阳明先生实现了自我状态的突破，由此，在其心中的所有郁结终得豁然开朗。有所外求的方式都不恰当，唯一正确的、有效的方式，就是诉诸自己：

得鱼而忘筌，醪尽而糟粕弃之。鱼醪之未得，而曰是筌与糟粕也，鱼与醪终不可得矣。《五经》，圣人之学具焉。然自其已闻者而言之，其于道也，亦筌与糟粕耳。窃尝怪夫世之儒者求鱼于筌，而谓糟粕之为醪也。夫谓糟粕之为醪，犹近也，糟粕之中而醪存。求鱼于筌，则筌与鱼远矣。

龙场居南夷万山中，书卷不可携，日坐石穴，默记旧所读书而录之。意有所得，辄为之训释。期有七月而《五经》之旨略遍，名之曰《臆说》。盖不必尽合于先贤，聊写其胸臆之见，而因以娱情养性焉耳。则吾之为是，固又忘鱼而钓，寄兴于曲蘖，而非诚旨于味者矣。呜呼！观吾之说而不得其心，以为是亦筌与糟粕也，从而求鱼与醪焉，则失之矣。(王阳明《五经臆说序》)

视五经为筌和糟粕，在某种意义上，非常具有批判性和否定性意义，也是极其大胆的行为。但是，对阳明此刻来说，这恰恰是其悟道之后的重要领会。圣人之道，本性具足，所以，重要的是要得之于心，而不是诉诸向外追求道，诉诸即物穷理、泛观博览的方式。所以，以往向外求的方式是错的。在这里，心和理的隔阂被打通了，理即在心中。这是阳明龙场悟道的第一个很直接的结论。龙场悟道的第二个重要结论就是知行合一，从心即是理如何得到知行合一？阳明就是在当时龙场这种非常痛苦的状态下领悟到的，如果阳明当时不用那种行为方式去做，就无法理解圣人之道，只有在知行合一的意义上才能突破生死，这是阳明在龙场的经历中所得出来的结论，所以在贵阳讲学首先讲知行合一。

因此，可以说龙场悟道事实上是阳明对过去的总告别。圣人之道，吾性自足，所有一切最重要的就是取决于内心状态是如何呈现的，而内心状态必然与个体行为密切相关，所以阳明心学的规模在一定意义上已确立了。这里需要指出的一点是，阳明为什么会在龙场悟道？很多学者是从阳明先生的阅读经典来解释的，认为是《大学》（或者是《周易》）促成了阳明先生的顿悟发生。这样的理解是有问题的，对于阳明先生思想的转变有特殊意义的是龙场这一地点，即特殊的生活环境，而非某一具体经典。由此，我们可以说，没有龙场就没有阳明先生、没有阳明学。

我们前面说宋明理学的兴起，和道统的建构有着非常直接的关系，几乎所有的儒学复兴传统都会在道统建构上体现出来。阳明在确立了其心学基本观念（即龙场悟道）后不久，正德七年（1512）在《别湛甘泉序》中表达了自己对于道统的基本看法：

> 颜子没而圣人之学亡。曾子唯一贯之旨，传之孟轲，终又二千余年而周、程续。自是而后，言益详，道益晦，析理益精，学益支离无本，而事于外者益繁以难。（王阳明《别湛甘泉序》）

在这里阳明先生非常直接地指出，“颜子没而圣人之学亡”，有趣的是，同为心学传统的陆九渊也有和阳明一致的看法：

> 颜子问仁之后，夫子许多事业皆分付颜子了。……颜子没，夫子哭之曰：“天丧予”，盖夫子事业自是无传矣。曾子虽能传其脉，然“参也鲁”，岂能望颜子之素蓄？幸曾子传之子思，子思传之孟子，夫子之道至孟子而一光。然夫子所分付颜子事业亦竟不复传也。（陆九渊《语录上》）

陆九渊认为颜回死了，圣人之学就不传了，曾子迟钝不能领会圣人之道。按照这样的说法，在陆九渊和王阳明所确立的道统传承中，颜回有着非常重要的意义，而曾子是被排除在道统之外的。

> 问“‘颜子没而圣学亡’，此语不能无疑。”先生曰：“见圣道之全者惟颜子，观喟然一叹可见。其谓‘夫子循循然善诱人，博我以文，约我以礼’，是见破后如此说。博文约礼，如何是善诱人，学者须思之。道之全体，圣人亦难以语人，须是学者自修自悟。颜子‘虽欲从之，末由也已’，即文王望道未见意。望道未见，乃是真见。颜子没，而圣学之正派，遂不尽传矣。”（《传习录》上，第77条）

所以，阳明也非常清楚地认为颜回之后圣人之道就不传了，“颜子没，而圣学之正派遂不尽传矣”。但是，在程朱的道统脉络中，曾子是被作为很重要的道统传人存在的：

> “参也鲁”，然颜子没后，终得圣人之道者，曾子也。观其启手足之时之言，可以见矣。所传者子思、孟子，皆其学也。（《二程遗书》卷九）

按照二程来说，曾子传圣人之道。所以，如果从程朱和陆王的传统对于道统的设定来看，关键点在于曾子的有无。在程朱那里，必须有曾子，而陆王必排曾子。那么，曾子有什么特殊性？曾子启手足及其守礼，孔夫子讲吾道一以贯之，曾子解释这个一贯之道讲的就是忠恕。对于理学家来说，这个很重要，礼可以作为规范人的行为的基本要求；而夫子之道经由曾子被确定为忠恕，这是可以当作一种知识去学的，由此，经由曾子可以确立理学。但是，经由曾子绝不能确立心学。阳明说得很清楚：“道之全体，圣人亦难以语人，须是学者自修自悟。”既然是需要自修自悟，怎么就能把夫子之道确定为忠恕呢？而颜回不一样，在颜回的喟然一叹之中，对道的不限定性和必得自悟性，做了最为精妙的描述，于是，这就为“圣人之道，吾性自足”留出了空间。而且，若就历史事实来说，在孔夫子的诸弟子中，夫子最重视的就是颜回，这一点毋庸置疑。如果把曾子作为传承者就削弱了颜回的地位[①]，所以陆九渊就说，曾子资质驽钝，怎么可以传夫子之道呢？

由此，从朱子学的脉络中走出了阳明学[②]，从龙场悟道开始，这一思想形态日见成熟，并因此影响了此后的思想和社会，掀起了一次又一次的重大变革。

① 朱熹对这个情形也有着非常明显的自觉，后来在朱子的作品中试图通过不断强调“克复工夫”来保证颜回的地位。但是，我认为颜回对于心学道统的意义，并不是主要表达在历史语境中颜回对于孔学的重要性，而是表现在颜回对夫子之道的领会方式，在这一点上契合了以心传心的心学思路。所以，很自然心学道统会认为颜回是道统的当然继承者，这和心学的思维方式和理论风格相一致。

② 这么说是因为阳明学的产生事实上是基于朱子学这个基础，而并不是陆九渊心学的传承。正是在对朱子学所存在问题的切身把握的基础上，阳明才与朱子之学分道扬镳。若从基础来而言，说朱子学是阳明学的基础，比说象山心学是阳明心学的基础，更为恰当。

阳明在龙场悟道后确立的思想特点及其形式与当时占主导地位的朱子学存在着极大的冲突。为有力地促进阳明学的现实传播，阳明编定了《朱子晚年定论》，妥善地解决了阳明学和朱子学存在的冲突。从历史事实角度来说，并不存在《朱子晚年定论》问题，然而从阳明学发展角度来说，《朱子晚年定论》必须存在。所以，《朱子晚年定论》的编定事实上是从阳明学的角度给朱子做的一个所谓的晚年定论，这个定论对阳明来说自然是必要的，因为它是阳明学在尊朱和辟朱的夹缝中获得生存和发展的必要条件。

第二章

《朱子晚年定论》

阳明在龙场悟道之后，其思想形态的特点得以确立，但是，这样的思想形式是和占主导地位的朱子学存在着极大冲突的。这种冲突，虽然从理论形态的本身来说是极为正常的事情，但对阳明学的现实传播来说，阳明必须要妥善解决这个问题，因为一旦和作为官学的朱子学直接冲突，那就意味着阳明学在现实的传播上将受到巨大的阻碍。为了妥善解决阳明学和朱子学存在的冲突，阳明编定了《朱子晚年定论》来解决阳明学发展所面临的重大问题。这样的解决方式意味着两个非常重要的结论，首先，朱子在晚年和阳明的见解一致，不存在任何冲突；其次，和阳明发生冲突的是朱子中年未定之学、是朱子后学。

从历史事实角度来说，并不存在《朱子晚年定论》问题，然而从阳明学发展角度来说，《朱子晚年定论》必须存在。所以，《朱子晚年定论》的编定事实上是从阳明学的角度给朱子做的一个所谓的晚年定论，这个定论对阳明来说自然是必要的，因为它是阳明学在尊朱和辟朱的夹缝中获得生存和发展的必要条件。

一、《朱子晚年定论》的编定及其风波

阳明在龙场悟道之后，领悟到圣人之道，吾性自足。由此，我们可以说，从学理角度来说，阳明学实现了和朱子之学的分道扬镳。但是，从当时的处境来说，阳明面临着极为严重的问题，这个问题就是朱子与朱子学的强大影响力。从元代开始，朱子学被定为官学，在阳明的时代，这是整个社会的思想基础。也就是说，朱子学是最为普遍的思想形态，在某种意义上就是当时人们所认定的真理，阳明学在这个状态下，怎么赢得自己的生存空间？从道理上来说，阳明必然对他自己的所悟非常自信。但是，从事实上来说，如果是直接和整个社会认识冲突的话，那么这种思想形态的处境极其困难。阳明学要传播，必须要解决好这个棘手的问题。

阳明留南京期间（约1510—1514），是阳明离开贵阳之后，这是阳明心学传播的重要时期。因为与朱子学之间的强烈冲突，阳明“独于朱子之说有相牴牾，恒疚于心”，因此细读朱子之书，发现朱子晚年改变其说，与己说没有冲突，继而从朱子书中摘取34篇，于正德十年（1515）编定《朱子晚年定论》。正德十三年（1518）首刻

《朱子晚年定论》，隆庆六年（1572）谢廷杰刻《阳明全书》，以之附于卷三《传习录》（下）。

之后，前有门人钱德洪引言，后有门人袁庆麟跋。关于《朱子晚年定论》之编定，阳明在其序言中交代得非常清楚：

> 洙、泗之传，至孟氏而息。千五百余年，濂溪、明道，始复追寻其绪。自后辨析日详，然亦日就支离决裂，旋复湮晦。吾尝深求其故，大抵皆世儒之多言，有以乱之。守仁早岁业举，溺志词章之习。既乃稍知从事正学，而苦于众说之纷扰疲疢，茫无可入。因求诸老释，欣然有会于心，以为圣人之学在此矣。然于孔子之教，间相出入，而措之日用，往往缺漏无归。依违往返，且信且疑。其后谪官龙场，居夷处困，动心忍性之余，恍若有悟。体验探求，再更寒暑。证诸《五经》《四子》，沛然若决江河而放诸海也。然后叹圣人之道，坦如大路。而世之儒者，妄开窦径，蹈荆棘，堕坑堑。究其为说，反出二氏之下。宜乎世之高明之士，厌此而趋彼也。此岂二氏之罪哉？间尝以语同志，而闻者竞相非议，目以为立异好奇。虽每痛反探抑，务自搜剔斑瑕。而愈益精明的确，洞然无复可疑。独于朱子之说，有相牴牾，恒疚于心。切疑朱子之贤，而岂其于此尚有未察？及官留都，复取朱子之书而检求之。然后知其晚岁固已大悟旧说之非，痛悔极艾。至以为自诳诳人之罪，不可胜赎。世之所传《集注》《或问》之类，乃其中年未定之说。自咎以为旧本之误，思改正而未及。而其诸《语类》之属，又其门人挟胜心以附己见，固于朱子平日之说，犹有大相谬戾者。而世之学者，局于见闻，不过持循讲习于此。其于悟后之论，概乎其未有闻。则亦何怪乎予言之不信，而朱子之心，无以自暴于后世也乎？予既自幸其说之不谬于朱子，又喜朱子之先得我心之同然，且慨夫世之学者，徒守朱子中年未定之说，而不复知求其晚岁既悟之论。竞相呶呶，以乱正学。不自知其已入于异端。辄采录而裒集之，私以示夫同志。庶几无疑于吾说，而圣学之明可冀矣。（王阳明《朱子晚年定论序》）

在这段序言中，阳明先生除了交代自己对儒学道统的认识以及自己悟道的过程之外。很直接地把自己所面临的重要问题提出来了，就是自己所讲的和朱子不一样，这个问题怎么解决？所以阳明说，有一件事情非常痛苦，就是和朱子讲的东西不一样，像朱子这样贤能的人，怎么会不认识圣人之道呢？怎么和我讲的不一样呢？因为很清楚，按照阳明的看法，经过龙场悟道，所得出来的就是圣人之道，圣人之道就是阳明所说的。但是，朱子怎么可能没有认识到圣人之道呢？也就是说以朱子的贤明，肯定也是认识到了圣人之道的。那么，问题在哪里？这样一来，阳明需要解决的问题有两个，第一个是证明朱子和自己讲的一致，因为都是悟道的；第二要给朱子和自己明显不一致的做出合理的说明。对阳明来说，这两个问题的解决不是一个理论问题，而是一个现实问题。① 这就是说，面对非议他的人，阳明先生需要解决的是自己的看法和朱子学这么大的冲突，怎么办？这是一个严峻的事实问题，因为全天下的人都讲朱子学，如果阳明和朱子讲的不一样，那就是异端。② 对于第一个问题，阳明的解决方式是，朱子晚年所讲的和自己一样，朱子思想有中年未定之说和晚年定论之间的差别。这样一来，第二个问题也就好解决了，那些朱子讲的和我不一样的要么是朱子中年未定之说，要么是朱子后学的主观看法，并非朱子本身的意思。所以，阳明很开心地宣布，“既自幸其说之不谬于朱子，又喜朱子之先得我心之同然”，因此，阳明不是在标新立异，而是圣人之道本来如此。

很有意思的是，这是从阳明的角度给朱子作了一个定论，而且是朱子的晚年定论，这是盖棺定论的意思。这个所谓《朱子晚年定论》的意图就极其明显了，它不是一种历史性的描述，反映的亦不尽然是朱子晚年的观念，它完全是出于阳明自己的想法而给朱子作的晚年定论。既是晚年，又是定论，阳明的意图和努力，非常明显地呈现出来了。然而，我们可以非常直接地说，这就是阳明出于自己意图的一种编造。而这样的编造，自然会引起轩然大波。

---

① 因为在理论上，阳明学和朱子学明显已经分道扬镳了，也就是说，阳明和朱子的不一致是明显的，这是理论上的基本事实。而阳明要把自己和朱子放在见解相同的意义上来解释，则是出于非常现实的需要。

② 阳明学在嘉靖八年（1529）被嘉靖帝定为伪学，其根据按照桂萼的说法就是“事不师古，言不称师，欲立异以为高”。无独有偶，在阳明学传播日本的早期，德川幕府时代，也是因为朱子学一统天下，阳明学被视为“异学”。所以，从这个意义上来说，如何处理和朱子学的关系是一个非常重要的问题，而阳明本人对此有着高度的自觉。

1518年，《朱子晚年定论》公开刊印之后，引起了强大的反响，当时朱子学大家罗钦顺1520年首先致书阳明，在非常可靠的证据基础上，指出阳明《定论》所摘取朱子书信的年代存在问题、对朱子的书信内容摘取也存在任意改动的行为，“不过姑取于证成高论”而已。此后，顾东桥、陈建、冯柯、孙承泽、顾炎武、陆陇其、阮元等纷纷攻击阳明编定《朱子晚年定论》的行为。只有刘宗周、李绂两人曾经为此事做过一些有利于阳明先生的论辩，因为他们都是心学传人。

从某种意义上来说，阳明先生编定《朱子晚年定论》会引起巨大风波是必然的。因为这是一种太为明显的“造假”了。当然，根据陈荣捷先生的考证，34篇中，“决为早年中者五，决为晚年者十，似为晚年者八，无史实可据者十一。以多数论，仍属阳明”（《王阳明传习录详注集评》）。也就是说，从阳明所选取的34篇通信来看，陈荣捷先生认为从数量上来说，还是晚年占多数的。可是，这并不代表这个选择具有说服力，可以真的成为朱子晚年的定论。“所采三十四书，实只代表二十三人。朱子与通讯者，所知者约四百二十人。今所取几不及二十分之一。即此可见其所谓晚年定论，分毫无代表性。朱子致书所存者约一千六百余通。以朱子思想之渊博，若谓选三数十书便可断其定论，则任何言说，均可谓为定论矣。”（《王阳明传习录详注集评》）朱子和这么多人通过信，只选择二十三人怎么会有代表性？朱子思想极其庞杂，如果这几封可以定论，那么任何结论都可以做定论的。可是，在阳明那里，必当需要有一个《朱子晚年定论》的出现。所以，如果仔细思考，就会发现，《朱子晚年定论》是非常有意思的东西。编定《朱子晚年定论》，并非说确实是朱子晚年的定论，也并非是说历史上确实存在过这样一个作品，它完全是出于阳明自己的需要而做的，所以，归根结底的理由是，阳明先生需要这样一个定论的存在。

二、朱子晚年真的改变了吗

当然，我们可以同时思考这样一个问题：既然阳明先生一定要言之凿凿地说朱子晚年思想发生了变化，他已经深刻地认识到了早年观念的错误，并要痛改前非，那么从历史角度来看，朱子晚年思想是不是发生了变化呢?

关于这一点，刘宗周的学生黄宗羲编的《宋元学案》在写到朱陆之争的时候，用了一个非常有意思的说法:

> 先生之学，以尊德性为宗，谓“先立乎其大，而后天之所以与我者，不为小者所夺。夫苟本体不明，而徒致功于外索，是无源之水也”。同时紫阳之学则以道问学为主，谓“格物穷理，乃吾人入圣之阶梯。夫苟信心自是，而惟从事于覃思，是师心之用也”。两家之意见既不同……于是宗朱者诋陆为狂禅，宗陆者以朱为俗学。两家之学各成门户，几如冰炭矣。……考二先生之生平自治，先生之尊德性，何尝不加功于学古笃行;紫阳之道问学，何尝不致力于反身修德，特以示学者之入门各有先后。曰“此其所以异耳”。……二先生同植纲常，同扶名教，同宗孔、孟。即使意见终于不合，亦不过仁者见仁，知者见知，所谓“学焉而得其性之所近”，原无有背于圣人。矧夫晚年又志同道合乎?(《宋元学案》卷五十八《象山学案》)

在《象山学案》的案语中，黄宗羲试图表达出一个意思，就是虽然陆九渊和朱熹的思想存在着差别，但是这种差别不是根本的。这无非是教人入门的方法不同而已，与圣人之道并没有不同的看法，所以朱陆后学中那种水火不相容的差别，实在不应该。而且，黄宗羲特别强调朱熹和陆九渊在晚年都有了改变，于是乎两者在晚年实际上是志同道合了，为了说明这一点，黄宗羲特别引用了陆九渊和朱熹在晚年的言论来说明:

> 稽先生之祭东莱文，有曰:“比年以来，观省加细。追维曩昔，粗心浮气，徒致参辰，岂足酬义!”盖自述其过于鹅湖之会也。《与诸弟子书》尝云:“道外无事，事外无道。”而紫阳之亲与先生书则自云:“迩来日用工夫颇觉有力，无复向来支离之病。”其别《与吕子约书》云:“孟子言，学问之道，惟在求其放心。而程子亦言，心要在腔子里。今一向耽着文字，令此心全体都奔在册子上，更不知有己，便是个无知觉、不识痛养之人，虽读得书，亦何益于我事邪!”《与何叔京书》云:“但因

其良心发见之微，猛省提撕，使此心不昧，则是做工夫底本领。本领既立，自然下学而上达矣！若不见于良心发见处，渺渺茫茫，恐无下手处也。”又谓：“多识前言往行，固君子所急，近因反求，未得个安稳处。却始知此，未免支离。”《与吴伯丰书》自谓：“欠却涵养本原工夫。”《与周叔谨书》：“某近日亦觉向来说话有太支离处，反身以求，正坐自己用功亦未切耳。因此减去文字工夫，觉得闲中气象甚适。每劝学者亦且看孟子道性善、求放心两章，着实体察，收拾此心为要。”又《答吕子约》云：“觉得此心存亡，只在反掌之闲，向来诚是太涉支离。若无本以自立，则事事皆病耳，岂可一向汩溺于故纸堆中，使精神昏蔽，而可谓之学！”又书“年来觉得日前为学不得要领，自身做主不起，反为文字夺却精神，不为小病。每一念之，惕然自惧，且为朋友忧之。若只如此支离，漫无统纪，展转迷惑，无出头处。”观此可见二先生之虚怀从善，始虽有意见之参差，终归于一致而无闲，更何烦有余论之纷纷乎？（《宋元学案》卷五十八《象山学案》）

黄宗羲的说法是，朱熹和陆九渊都是极具包容力之人，他们之间并没有和后学那样水火不容的状况存在，然后，黄宗羲又引了他父亲——东林名士黄尊素给友人的一封信：

昔先子尝与一友人书：子自负能助朱子排陆子与？亦曾知朱子之学何如？陆子之学何如也？假令当日鹅湖之会，朱、陆辩难之时，忽有苍头仆子历阶升堂，捽陆子而殴之曰：“我以助朱子也。”将谓朱子喜乎？不喜乎？定知朱子必且挞而逐之矣。子之助朱子也，得无类是。（《宋元学案》卷五十八《象山学案》）

黄宗羲的这个论述，事实上是希望在朱学和陆学之间调停，找到一种折衷方式。而其对于朱、陆晚年志同道合之说，尤为有趣。其有趣表现在两个方面：第一，如同阳明说《朱子晚年定论》一样，黄宗羲强调的也是朱陆晚年“志同道合”；第二，黄宗羲所认为的朱熹晚年变化的例证，几乎都是当年王阳明引用过的用来证明《朱子晚年定论》的文字。这两个有趣的现象实在耐人回味，这一点是不是王学的必然而又无奈之举呢？黄宗羲之调和朱陆的用心与阳明编《朱子晚年定论》实有异曲同工之妙。

当然，从历史事实上来说，朱熹和陆九渊之间，并没有因为这种理论上的论争而影响到他们之间的交往。淳熙八年（1181），朱熹知南康军，二月，陆九渊访朱熹于南康，朱熹请陆九渊登白鹿洞书院讲习。陆九渊就在白鹿洞书院讲了《论语》“君子喻于义，小人喻于利”一章，据说当时听的人都十分感动，至有泣下者，朱熹也当即离座向众人说：“熹当与诸生共守，以无忘陆先生之训。”并再三表示“熹在此不曾说到这里，负愧何言”。（《陆九渊年谱》）从这一事件来说，朱子对于陆九渊还是极其推崇的，当年陆九渊在白鹿洞书院讲的是什么呢？当年陆九渊说：

> 此章以义利判君子小人……窃谓学者于此，当辨其志。人之所喻由其所习，所习由其所志。志乎义，则所习者必在于义，所习在义，斯喻于义矣。志乎利，则所习者必在于利，所习在利，斯喻于利矣。故学者之志不可不辨也。（陆九渊《白鹿洞书院〈论语讲义〉》）

从这段论述中可以看出，陆九渊主要讲的是立志问题，按照陆九渊的看法，义利的差别就在于人之“志”如何，由此，小人和君子之别亦产生了。在某种意义上，朱熹对陆九渊的认可，主要是在儒家的基本价值上，或者说是对儒家基本价值的弘扬上。陆九渊的学问中本身有很多朱熹非常推崇的东西，比如说他对象山的易简工夫也非常认可，也在给友人的信中表达了综合倾向，想找到一种非常好的结合，希望取长补短。当然，这一点被陆九渊否定了。朱子的思想是一个极具包容性的系统，其融合性也非常明显。但是，不能因为这种融合性而说他的思想根本发生了变化，朱子思想的根本特性还是一以贯之的，就是坚持理本，这即使在他晚年也没有发生根本变化。

三、在辟朱和尊朱的夹缝中

阳明学与朱子学之间的差异，自不待言，阳明正是在批判朱子的基础上实现了对朱子学的超越。如前所言，阳明在龙场悟道时，正是因为截断众流（既斩断了与过往真实生活的联系，也斩断了和朱子学的联系），所以才领悟到圣人之道，吾性自足。对阳明而言，他自身的思想实现了突破。但就整个思想界的事实来说，依旧是朱子学占领主导地位。对阳明来说，实现自我的突破是重要的，而实现阳明学的有效传播，同样重要。阳明学要传播，首先面对的就是如何在朱子学的笼罩中获得生存空间的问题。

因此，就阳明学的基本立场来说，辟朱是必然的倾向，对于朱子学的批判是阳明学的基本立场。故而如何辟朱，在当时的事实氛围中就成为一个非常重要的、必须要妥善解决的大问题。在回应朱子学大家罗钦顺在1520年提出来的对《朱子晚年定论》的批评中，阳明很清楚地表明了他的立场：

> 孟子辟杨墨至于无父无君。二子亦当时之贤者。使与孟子并世而生，未必不以之为贤。墨子兼爱，行仁而过耳。杨子为我，行义而过耳。此其为说，亦岂灭理乱常之甚而足以眩天下哉？而其流之弊，孟子则比于禽兽夷狄，所谓以学术杀天下后世也。今世学术之弊，其谓之学仁而过者乎？谓之学义而过者乎？抑谓之学不仁不义而过者乎？吾不知其于洪水猛兽何如也？孟子云："予岂好辩哉？予不得已也。"杨墨之道塞天下。孟子之时，天下之尊信杨墨，当不下于今日之崇尚朱说。而孟子独以一人呶呶于其间。噫，可哀矣！韩氏云："佛老之害，甚于杨墨。"韩愈之贤，不及孟子。孟子不能救之于未坏之先，而韩愈乃欲全之于已坏之后。其亦不量其力，且见其身之危，莫之救以死也。呜呼！若某者，其尤不量其力。果见其身之危，莫之救以死也矣！夫众方嘻嘻之中，而独出涕嗟若；举世恬然以趋，而独疾首蹙额以为忧。此其非病狂丧心，殆必诚有大苦者隐于其中。而非天下之至仁，其孰能察之？某为《朱子晚年定论》，盖亦不得已而然。中间年岁早晚，诚有所未考。虽不必尽出于晚年，固多出于晚年者矣。然大意在委曲调停，以明此学为重。

> 平生于朱子之说，如神明蓍龟。一旦与之背驰，心诚有所未忍。故不得已而为此。“知我者谓我心忧，不知我者谓我何求。”盖不忍牴牾朱子者，其本心也。不得已而与之牴牾者，道固如是，“不直则道不见”也。执事所谓决与朱子异者，仆敢自欺其心哉？夫道，天下之公道也；学，天下之公学也，非朱子可得而私也，非孔子可得而私也。天下之公也，公言之而已矣。故言之而是，虽异于己，乃益于己也。言之而非，虽同于己，适损于己也。益于己者己必喜之，损于己者己必恶之。然则某今日之论，虽或于朱子异。未必非其所喜也。“君子之过，如日月之食，其更也，人皆仰之”，而“小人之过也必文”。某虽不肖，固不敢以小人之心事朱子也。（《传习录》中，第176条）

在这封批评罗钦顺的回应信件中，阳明很清楚地承认自己编定《朱子晚年定论》是迫于形势，是“不得已而然”“有大苦者隐于其中”，说不得已、有苦衷，则表明阳明接受罗钦顺的批评，但是，对于阳明，这是必须做的事情，也就是说，即便罗钦顺有千万个批评理由，阳明也必须要使得《朱子晚年定论》存在。在这里，阳明主要谈了三层意思。首先，阳明很明白自己在批评朱子学，但是阳明为自己的批评找到了一个非常重要的立足点，“夫道，天下之公道也，学，天下之公学也，非朱子可得而私也，非孔子可得而私也，天下之公也，公言之而已矣”，也就是说，阳明很明确地认为自己所做的所有对朱子学的批评都是从“天下之公道”“天下之公学”角度出发的，从这个意义上说，只要不合乎公道、公学的要求，都必须要批评，不管是出自孔子或者朱子，由此，一个“公”字极度地彰显出阳明基于“圣人之道，吾性自足”而来的自信。在这个自信的基础上，阳明视朱子学为洪水猛兽。朱子学在阳明这里与杨墨之学、佛老之学并提，他批评朱子学就是像孟子批评杨墨之学一样、像韩愈排斥佛老一样，这是他认为必须要去做的事情，由此可以看出，对朱子学的批判，在阳明那里在所难免。但是，即便如此，在批判朱子学的过程中他面临极大的压力，仿佛是一个人和整个社会的决裂，所以阳明说自己是“病狂丧心”，这是一种非常悲壮的行为，他要和整个现实决裂，这种悲壮不是任何人都能承受的，虽然他找到的支撑点是公道、公学，但他还是不能和朱子决裂，或者说，他不能把批判的矛头直接对准朱子和朱子学。因为，自元代以来，朱子学已经成为科举考试的内容，朱子的形象极其崇高，所以，阳明也说他自己视朱子为神明。那么，批判如何展开？阳明把朱子和朱子后学做了区分，然后把他的批评主要指向朱子后学而非朱子，这样可以避免与作为神明的朱子的决裂而面临更大的、更不可把握的后果。如何把朱子和朱子后学撇清？于是，阳明只能说他们都不知道事实上有个《朱子晚午定论》，表明朱子在晚年和阳明的想法其实是一样的，因此，阳明不是向朱子开战，而是向朱子后学开战，这就是所谓的“不得已而为之”。

由此可以很清楚地看到，《朱子晚年定论》并不是朱子晚年确实如此了，而仅仅是阳明自己做出来的，阳明需要从朱子那种现实的权威中找到自己的依据，并以此作为立足的根基，以尽量避免和朱子决裂所带来的严重后果。这种思考非常审慎，因为如果没有《朱子晚年定论》，不和朱子在一定程度上达成“共识”，阳明学的生存处境便异常艰难。所以，在当时的社会现实中，阳明必须在尊朱子的前提下，再来反对、批判朱了。可以说，这是阳明为自己的学说在辟朱和尊朱的夹缝中找到的一条艰难的生存之路。

《朱子晚年定论》的公开刊印，在我看来，也是一个非常深思熟虑的行为，其前是钱德洪的引言，在引言中，钱德洪明确表示，这个晚年定论确实是朱子自己所做的定论：

> 朱子病目，静久忽悟圣学之渊薮。乃大悔中年注述，误己误人，遍告同志。师阅之，喜己学与晦翁同，手录一卷，门人刻行之。自是为朱子论异同者寡矣。师曰：“无意中得此一助。”（钱德洪《引言》）

按照钱德洪的说法，这个《晚年定论》确实是朱子晚年悔悟之语，这事实上是和阳明所说一致，也就是说，这是阳明所深思熟虑后确定的策略——以朱子晚年定论来为己说作证，从而找到其学说存在的合理性。更为重要的是，钱文中提到“自是为朱子论异同者寡矣”，也就是说，从这个出现之后，阳明学确实在尊朱和辟朱的夹缝中找到了生存路径，其效果良好。而这个效果，从一个朱子学信徒改投阳明门下的述说中，或许可以更好地理解。这个人就是袁庆麟，一个具有三十年朱子学经历，后来投阳明门下,《朱子晚年定论》的跋语就是他写的：

> 惟朱子一生，勤苦以惠来学，凡一言一字，皆所当守。而独表章是，尊崇乎此者，盖以为朱子之定见也。今学者不求诸此，而犹踵其所悔，是蹈舛也。岂善学朱子者哉？麟无似，从事于朱子之训余三十年。非不专且笃，而竟亦未有居安资深之地。则犹以为知之未详，而览之未博也。戊寅夏，持所著论若干卷，来见先生。闻其言，如日中天，睹之即见。象五谷之艺地，种之即生。不假外求，而真切简易，恍然有悟。退求其故而不合，则又不免迟疑于其间，及读是编始释然。尽投其所业，假馆而受学。盖三月而若将有闻焉。然后知向之所学，乃朱子中年未定之论，是故三十年而无获。今赖天之灵，始克从事于其所谓定见者。故能三月而若将有闻也。(袁庆麟《跋》)

作为一个从事于朱子学三十年的人，袁庆麟在这里具有特殊意义，用他来弥合朱子与阳明之间的鸿沟，确认《朱子晚年定论》的意义，是最为恰当不过的例子了。于是，在袁庆麟的论说中，尊朱子和辟朱子，起到了非常好的现身说法的效果。而借着袁庆麟的口，将阳明所要表达的意思，非常清晰地表达了出来。

因此，出于尊朱和辟朱的双重目的，也为了让阳明学的发展赢得必要的空间，阳明先生编定《朱子晚年定论》是必然的选择。这也不仅仅是阳明先生自己的需要，同样是整个阳明学派存在的需要。所以，整个《朱子晚年定论》的编定，包括书信的摘选以及门人的引言、跋，都是一个非常有机的整体，由此构成一个完整的解释框架。所以,《朱子晚年定论》并不主要是一种历史性的再现作品，而是一种非常重要的理论建构的结果，它最终的目的是要借朱子之口来证明阳明思想，来陈述阳明学说存在的合理性。同时，借朱子之口来否定和批判朱子学。只有这样，阳明学才能应对当时社会的基本状况，在尊朱和辟朱的双重目的中获得发展。由此，阳明学作为“异端之学”才能赢得自己的空间。

出于对心的重视，强调心即是理，以致阳明思想有阳明心学之称。同时，阳明也借此区分开自己思想和朱子思想传统等的诸多特点。因此，要充分理解阳明思想（阳明心学），其关键之处就是要回到心的观念，弄清阳明对心的界定。阳明认为心是真己，是作为本体意义的存在，对人的行为具有根本的决定性意义。以此，阳明赋予了心在其理论系统中的至高地位，即『心即是理』作为道德本体的存在，良知，其乃阳明学之基石，也是阳明学区别于朱子学最为重要的理论特质。

第三章

心即是理

阳明思想之被称为心学，主要是在于其对心的重视，强调心即是理，在这个意义上，阳明也把自己的思想和朱子的思想传统区分开来，所以，要理解阳明的思想，就必须首先回到心的观念，理解清楚阳明对心的界定，这对理解阳明心学来说，具有关键性意义。在阳明那里，心对于人的行为具有根本的决定性意义，是真己，是作为本体意义的存在，从这个角度来说，阳明赋予了心在其理论系统中至高的地位，心即是理作为对治朱子学析心理为二的弊病而言，其在阳明心学中的特殊地位可见一斑。

心即是理，这是阳明学的基石，也是阳明学区别于朱子学的重要理论特质。虽然心作为一个观念，在朱子和阳明的文本中都经常出现。但通过对朱子和阳明相关阐述的分析，我们可以比较清楚地发现，心在两者思想系统中有着非常明显的差别。

一、心是什么

心即是理就是整个阳明思想系统的基石，正是在心即理的基础之上，阳明学获得了与朱子理学完全不同的思想内涵和实践品格。当然，如前文所言，事实上，心即是理这一点是所有儒家心学传统所共识的，它在阳明心学中这是最根本的观念，在陆九渊那里也是如此。所以，一般意义上说的陆王心学和程朱理学的最大区别就是心即是理。

从宋明理学的历史发展来看，心即是理最早是陆九渊提出的。不过，在现存陆九渊的作品中，心即理只出现过一次。[①] 而心即理这个观念，在阳明这里得到了非常详细的讨论，成了整个阳明思想的基石，由此可以看出同样讲心即理，对于阳明和陆九渊来说，具有不同的意义。[②] 因此，后来阳明在评价陆九渊学问的时候，说陆九渊讲得大体不错，只是粗了些。粗在哪里呢？大概是因为陆九渊虽然讲心

---

① 陆九渊在给李宰的信中说："四端者，即此心也；天之所以与我者，即此心也。人皆有是心，心皆具是理，心即理也。"（陆九渊《与李宰》）这是陆九渊作品中唯一一次提到心即理的地方，在陆九渊这里，心即是理，这个心就是本心，而本心确立之后，对陆九渊来说，更为重要的意义是从工夫论层面去"发明本心"，也就是"立乎其大"，所以，陆九渊主要强调易简工夫，这在前文与朱子的论辩中可以非常明显地体现出来。

② 阳明注重对于心即理的内在理论的完善，也就是把心即理和知行合一作为一个理论系统来诠释，从而建立了一套比较完善的关于心即理这个命题的思想系统。而在陆九渊那里，主要侧重讨论的是工夫论层面。

学，但是对心的讨论没有那么深入，没有把“心即理”放在完整的系统中讨论，而在阳明那里，恰恰是在一个通贯的思想整体中来讨论、完善的，因此在阳明看来，陆九渊的讨论是不完备的，是粗略的。

心即是理是阳明学的理论基础，如果从《传习录》的记载来看，心即是理这个说法的提出应当是在龙场悟道后几年，但是，事实上在龙场悟道时，阳明就有了这样的自觉意识，只是没有用心即理来表达，龙场悟道，阳明称“圣人之道，吾性自足”，实际上就是把天理从作为一个外在的设定落实到我的内在，成为我的本性所具足的，这就是孟子所谓的本心，就是心即理的基本内涵。

要理解阳明所说的心即理，首先要看他是怎么去理解心的。在中国传统中，心是一个非常重要的范畴，在历代文献中屡屡被提及，简单地梳理一下，在传统的思想脉络中，大体可以看到论心的三个维度，其一是作为道德主体的心、道德本性，也就是孟子所讲的本心。

> 乡为身死而不受，今为宫室之美为之；乡为身死而不受，今为妻妾之奉为之；乡为身死而不受，今为所识穷乏者得我而为之，是亦不可以已乎？此之谓失其本心。(《孟子·告子上》)

这是在《孟子》中唯一一次出现的“本心”，但是对后来的思想（尤其是陆王的心学传统）影响巨大。在后来的解读中，本心就是四端之心，就是道德本性。可以说，心学思想传统的建构，就是从这个意义出发的。

传统对于心的理解的第二个维度是作为知觉意义的心，即心是具有认识和思维功能的，这是一种比较普遍的对于心的理解方式：

> 心之官则思，思则得之，不思则不得也。(《孟子·告子上》)
>
> 人何以知道？曰：心。心何以知？曰：虚壹而静。(《荀子·解蔽》)
>
> 心也者，智之舍也。(《管子·心术上》)

如上所引孟子等的论说，心在于人而言，很重要的功能就是思维和认识，通过心的思维能力，人可以认识道，把握世界。

最后，由于“心”对于人的特殊意义，在一定意义上来说，人心就是人之为人的最为重要的决定因素，所以，古人一直很重视“心”对于人的主导意义，在传统文献中，也可以很清楚地发现对于“心”的主宰意义的阐述：

心也者，道之工宰也。(《荀子·正名》)

心者，形之君也，而神明之主也，出令而无所受令。(《荀子·正名》)

心无他图，正心在中，万物得度。(《管子·内业》)

心之在体，君之位也。(《管子·心术上》)

上述的这些说法，虽然各有差别，但是无疑都强调了对于人来说，心是具有主宰意义的所在，是具有统摄意义的，决定着人的一切行为方式，从这个角度来说，这也是中国传统对于心极其重视的根本原因。

“心”在中国传统中的重要性，从它在人身上的那个特殊的意义开始，它成为天道在于人间体现的载体，成为人的一切行为判断的源头，从这个意义来说，中国传统学说，大体就是指向世道人心的学说，由此，亦可以说心学是中国最为根本的思想传统。① 正如前文所言，宋明理学的产生事实上是要在心性论问题上回应佛教的冲击，从而实现从佛教那里夺回话语主导权的目的，所以，在宋明理学传统中，对于心、性的讨论，也具有极为丰富的资源，几乎没有一个宋明时代的儒家学者不讨论心、性问题。而我们一直说阳明对于心的问题讨论是具有标志性意义的，那么，他和其他理学家（尤其是朱子）对于心、性的讨论有什么不一样呢？在讲阳明怎么讨论心之前，我们先来看看朱子理学系统中是怎么认识心的。

很多时候，我们会误以为朱子是讲理学的，所以，他对于心的问题不太关注。其实这是一个极其偏颇和简单的理解方式，在朱子那里，关于心的讨论内容十分丰富，甚至可以说是整个宋明理学传统中最为丰富的，正是有鉴于此，钱穆先生有个评论，认为朱子是

① 我一直认为，中国思想的主导传统是心学这一点，在先秦中国思想变革时期就已经奠定。先秦诸子百家立说虽各有差别，但是，其基本的思路大体相似，就是把天道落实到人心，这是在轴心时期中国思想实现的一个重大变革，由此，对治人心成为了中国思想的主要方式。这个思路，经由先秦时期的变革，成为了中国思想传统的一大特质。

理学家中最善于讲心的：

> 后人又多说，程朱主性即理，陆王主心即理，因此分别程朱为理学，陆王为心学。此一区别，实亦不甚恰当。理学家中善言心者莫过于朱子。（钱穆《朱子学提纲》）

按照钱穆先生的看法，在宋明理学家当中，“善言心者莫过于朱子”[①]如果我们梳理朱子文献，确实会发现朱子对心的问题给予了非常重要的关注，并且涉及心的讨论极多，现在也有学者希望从心学角度切入去研究朱子，提出了所谓的朱子心学[②]的问题。但是，我们需要注意的是，朱子讲心和阳明讲心有什么差别？如果朱子和阳明一样，那么，阳明的存在就没有太大的意义。所以，要对这个问题有清晰的认识，我们首先必须要清楚两者在论心上的差别。

朱子如何讨论心？在朱子文献中，有一篇名为《观心说》的文字对理解这个问题非常有帮助：

> 夫心者，人之所以主乎身者也，一而不二者也，为主而不为客者也，命物而不命于物者也。故以心观物，则物之理得。今复有物以反观乎心，则是此心之外复有一心，而能管乎此心也。……夫谓人心之危者，人欲之萌也；道心之微者，天理之奥也。心则一也，以正不正而异其名耳。惟精惟一，则居其正而审其差者也，绌其异而反其同者也。能如是，则信执其中而无过不及之偏矣。非以道为一心，人为一心，而又有一心以精一之也。（朱熹《观心说》）

朱子这段论心的材料，在朱子学的相关讨论中被使用得不多，大多数人（比如钱穆先生）认为，朱子在这里的讨论是针对佛教的。根据陈来和束景南等先生后来的考证，认为这其实是朱子对湖湘学派

---

① 钱穆：《朱子学提纲》，生活·读书·新知三联书店2002版，第44页。

② 我认为这个概念的提法有问题，按照宋明理学的一般区分标准，理学、心学、气学等等之所以作为一个理学流派出现，其根本的区分标准在于理学家对于本体的设定如何。所以，要提出朱子心学的说法，其前提必须是朱子的系统是建立在心本体之上的，而不能因为朱子讨论中涉及了非常丰富的心的内容就说他是心学。在理学意义上，这种本体的区分应当最为重要。

（以胡宏和张栻为代表，主张“性即理”）的批判。当然，在这里我们可以撇开这些，来直接看看朱熹是怎么看待心的，因为很明显这篇《观心说》讨论的即是“心”的问题。朱子强调心是身的主宰，而且心只有一个，没有什么人心和道心的分别，只是在心正与不正的意义上，才会有人心、道心的区分，但这并不是说心有两个，心还是一个。而且，朱熹特别强调心的主宰意义，即这个心为主不为客、决定物而不是被物所决定。从这个角度来说，朱子在此处对心的讨论，基本上是就心的功能意义来说的，也就是我们前面说到的，在这里心是作为工夫对象而存在的。当然，必须指出的是，朱子一直强调心是一个，而后来阳明一定要认为朱子析心为二，这种理解差别的产生，实际上是跟朱子把心作为工夫对象的立场出发有莫大的关系，因为虽然心是一心，可是在现实意义上，会有人心和道心的差异产生，这个时候朱子强调的是人心听命于道心、强调的是存天理去人欲。那么，在不经意之中，流露出来的结果是有两个不同的心（至少是在工夫层次上已经被明显区分开来了）。朱子明显意识到这个问题，所以，在他那里特别强调是一个心，但是，这个心终究不免被视为二。

朱子对于心的认识，在很大程度上是对传统的继承。传统关于心的界说，在朱子这里基本上都能找到，当然朱子在传统的理解基础上，也有自己新的看法。按照前面的梳理，心具有知觉意义，在朱子这里，也很清楚地继承了这层意思：

> 心即人之有知识者。（《朱子语类》卷五十九）
> 心之虚灵知觉，一而已矣。（朱熹《中庸章句序》）

朱子在这里用“虚灵知觉”来说心，就知觉的意义上，也就是在心具有认识功能的意义上，朱子继承了传统的看法，人为什么会有知识？那是因为人心具有认知的功能。但是，在这里朱子多增加了一个“虚灵”，为什么？在其他地方，朱子同样也强调过这个“虚灵”：

> 虚灵自是心之本体，非我所能虚也。（《朱子语类》卷五）
> 心似乎有影像，然其体却虚。（《朱子语类》卷五）

如果说知觉义是朱子对传统理解心的继承，那么“虚灵”则是朱子作的一个新发展。虚灵，或者虚，在这里是朱子对心的特征（心的本来状态）的一种描述，这种描述有着重要的意义，朱子在这里取消掉心作为一个实体存在的意义，由此，朱子转向的是从心的作用意义上、从心可以承续天理的角度来讨论心。事实上，也正是这种对于心的实体化的消解，才使得阳明学在某种意义上具有了成立的前提。[①] 在朱子这里，这种非实体化的倾向，就为心的主宰作用提供了可能。

> 心者，人之神明，所以具众理而应万事者也。（朱熹《孟子集注》）
>
> 惟是此心之灵，既曰一身之主，苟得其正，而无不在是，则耳目口鼻、四肢百骸，莫不有所听命以供其事，而其动静语默，出入起居，惟吾所使，而无不合于理。如其不然，则身在于此而心驰于彼，血肉之躯无所管摄，其不为“仰面贪看鸟、回头错应人”者几希矣。（朱熹《大学或问》）

这个虚灵的、非实体的心，因其虚、因其灵，可以为心的认知和主宰的意义确定基础。人为什么可以认识？因为人心之虚灵。人心何以能够成为行为的主宰？是因为人心之虚灵，由此，人心可以承接天道，天理可以落实到人心，从而成为人的一切行为的主宰。

但是，在朱子的系统中，所设定的最高本体是理，而人的存在其实是在气化的意义上。在气的意义上来讨论，这就是通常所说的朱子的理气论的结构。那在这个结构中，怎么样来描述心呢？朱子说：

> 心者，气之精爽。（《朱子语类》卷五）

从朱子的这个说法来看，他对于心与气的关系设定，大体有两个方面的内容。首先心是属于气的，如果说气从属于理，受理的决定，那么，心自然也是从属于理。其次，心是气之“精爽”，“精爽”是什么意思？精爽实际上就是精神的意思，也就是前面提到的虚灵

---

① 阳明在强调心的时候，是作为本体来讨论，本体意义的心，只有建立在非实体化的前提上才有可能成立，因为任何实体化的东西，都只能是第二义的，不能作为本体。所以，朱子虽然没有把心作为一个本体来确立，但程朱传统中对于心的去实体化的描述，对阳明心学的成立有直接的影响，从这个角度来说，阳明学是对朱子学的有效继承。

的意思。

以上是朱子对于心的最为基本的看法。那么，在阳明这里，心又是怎样被解说的呢？阳明论心，对于传统的知觉义和主宰义也有非常多的继承，比如对于心的知觉义的描述：

> 心不是一块血肉，凡知觉处便是心。如耳目之知视听，手足之知痛痒。此知觉便是心也。（《传习录》下，第322条）

心的在阳明这里明显是有知觉意义的。当然，阳明的说法，事实上类似于朱子的方式，即消解掉了作为实体存在的心的意义，“心不是一块血肉”这个说法，同朱子对于心的“虚灵”的设定有着比较相似作用。正是在此基础上，才有可能凸显出心所具有的知觉和主宰的价值，或者说，从朱子这里开始，作为一个实体存在的心是被搁置起来了，而被关注的是心的功能。阳明同样也关注心的主宰义：

> 问：“心要逐物。如何则可”？先生曰：“人君端拱清穆，六卿分职，天下乃治。心统五官，亦要如此。今眼要视时，心便逐在色上。耳要听时，心便逐在声上。如人君要选官时，便自去坐在吏部。要调军时，便自去坐在兵部。如此，岂惟失却君体，六卿亦皆不得其职。”（《传习录》上，第70条）
>
> 心者身之主宰。目虽视，而所以视者心也。耳虽听，而所以听者心也。口与四肢虽言动，而所以言动者心也。故欲修身，在于体当自家心体。常令廓然大公，无有些子不正处。主宰一正，则发窍于目，自无非礼之视。发窍于耳，自无非礼之听。发窍于口与四肢，自无非礼之言动。此便是修身在正其心。（《传习录》下，第317条）

阳明在这里很清楚地说明了心对于身所具有的主宰意义。阳明用人君和臣子在治理国家这件事情上的关系来说明，在阳明看来，人君端拱清穆，六卿分职，天下乃治。也就是说，在治理国家的时候，天子重要的是做好自己该做的本分，这样自然使得臣子各尽其职，并不是说所有的事情都要君主来做，而一旦所有的事情都是由君主来做，根本不可能治理好国家。心和五官的关系，就像皇帝和臣子的关系，心不能关注于外物，就像人君不能把自己的重点放在处理琐碎、具体的事件上一样，而要很好地发挥对于五官的统摄意义。从这个角度来说，要修身，根本就在于正心，因为心是一切行为的主宰，所以要保持心的正，其视听言动自然而然无一不合乎礼的要求。

阳明的这些说法，无论是心的知觉义和主宰义，与朱子，并没有根本性的差别。但是，我们不能就此认为阳明和朱子对于人心的看法基本相似。

> 主于身也，谓之心。心之发也，遇父便谓之孝；遇君便谓之忠。自此以往，名至于无穷，只一性而已。犹人一而已，对父谓之子，对子谓之父。自此以往，至于无穷，只一人而已。人只要在性上用功。看得一性字分明，即万理灿然。（《传习录》上，第38条）

这里阳明对于心的主宰义的描述与朱子实际上就有了细微的差别。同样是讨论心的主宰义，需要解释的是为什么心具有主宰的作用？也就是说，何以心可以主宰人的道德行为？按照朱子的看法，那当然是外在天理的要求，我们的行为必须合乎天理的规定。于是心在这里所起到的作用是不断地去符合天理。可是，上述引文中阳明的说法就非常直接，这个根本的原因在哪里？就在于性，性就是理。当阳明说性的时候，事实上作为标准的天理，已经实现了向内的转化。而当阳明讲心是真己的时候，其对于心的认识与朱子的差别就完全呈现了出来。

二、心是真己

孔子在《论语》里曾经感慨：“古之学者为己，今之学者为人。”（《论语·宪问》）由此，为己之学成了后来儒学传统中讨论比较多的话题，或者说，在一定程度上就成了儒学的价值追求之一。为己，用最为一般的解释，就是注重个体自我的完善。但究竟如何才是为己？或者说，怎么样做才是真正完善自己的行为？是注重对于自我生存需求的满足？还是关注自我精神境界的提升？在阳明和弟子的讨论中，也曾非常详细地涉及过这个问题：

萧惠问："己私难克。奈何？"先生曰："将汝己私来替汝克。"又曰："人须有为己之心，方能克己。能克己，方能成己。"萧惠曰："惠亦颇有为己之心。不知缘何不能克己？"先生曰："且说汝有为己之心是如何。"惠良久曰："惠亦一心要做好人。便自谓颇有为己之心。今思之，看来亦只是为得个躯壳的己。不曾为个真己。"先生曰："真己何曾离着躯壳？恐汝连那躯壳的己也不曾为。且道汝所谓躯壳的己，岂不是耳目口鼻四肢？"惠曰："正是为此，目便要色，耳便要声，口便要味，四肢便要逸乐，所以不能克。"先生曰："美色令人目盲，美声令人耳聋，美味令人口爽，驰骋田猎令人发狂，这都是害汝耳目口鼻四肢的。岂得是为汝耳目口鼻四肢？若为着耳目口鼻四肢时，便须思量耳如何听，目如何视，口如何言，四肢如何动。必须非礼勿视听言动，方才成得个耳目口鼻四肢。这个才是为着耳目口鼻四肢。汝今终日向外驰求，为名为利，这都是为着躯壳外面的物事。汝若为着耳目口鼻四肢，要非礼勿视听言动时，岂是汝之耳目口鼻四肢自能勿视听言动？须由汝心。这视听言动，皆是汝心。汝心之视发窍于目，汝心之听发窍于耳，汝心之言发窍于口，汝心之动发窍于四肢。若无汝心，便无耳目口鼻。所谓汝心，亦不专是那一团血肉。若是那一团血肉，如今已死的人，那一团血肉还在。缘何不能视听言动？所谓汝心，却是那能视听言动的。这个便是性，便是天理。有这个性，才能生这性之生理。便谓之仁。这性之生理，发在目便会视，发在耳便会听，发在口便会言，发在四肢便会动。都只是那天理发生，以其主宰一身，故谓之心。这心之本体，原只是个天理。原无非礼。这个便是汝之真己。这个真己，是躯壳的主宰。若无真己，便无躯壳。真是有之即生，无之即死。汝若真为那个躯壳的己，必须用着这个真己。便须常常保守着这个真己的本体。戒慎不睹，恐惧不闻。惟恐亏损了他一些。才有一毫非礼萌动，便如刀割，如针刺。忍耐不过，必须去了刀，拔了针。这才是有为己之心，方能克己。汝今正是认贼作子。缘何却说有为己之心，不能克己？"（《传习录》上，第122条）

《传习录》的这段话非常长，但是其所讨论的问题非常清晰，也就是怎样才能克己？阳明的解释也非常清楚，在这里尤为重要的是，阳明在学生萧惠的基础上，提出了对于所谓真己的认识。萧惠认为躯壳和真己是两个东西，当自己想要克己的时候，因为很难摆脱外在欲望，很难实现真正克己，所以他认为自己的行为大体上是为了一个躯壳的自己（欲望的自己），而没有为真正的自己（真己）着想。阳明认为其实躯壳的己和真己，就是一个己，当我们说不能克的时候，其实我们甚至没有为躯壳的己着想过，我们所注重的恰恰是躯壳外的东西（即欲望）。我们的欲望是为了我们的躯壳着想，认为是因为我们的耳目口鼻四肢有欲望，可是阳明说耳目口鼻四肢本身不会有欲望，是因为人心的存在，才使得耳目口鼻四肢有了视听言动的行为，这一切其实都是心决定的，没有心就没有一切。那么，什么是心？阳明说，心不仅是那一块作为血肉而存在的心，因为如果说心仅是血肉而言的话，那么人死了，他的那块血肉还在，但很明显他已经不能视听言动了。所以，心就是决定视听言动的行为能够产生的原因，这就是性，也就是理。所以，当只有认识到真己和躯壳无二，才能真正有效地实现克己、为己。在这里，阳明陈述了一个观点，心是真己。作为真己而言，在阳明这里，有着几个比较重要的限定。首先，真己不离躯壳。为什么真己不离躯壳？因为只有在躯壳（即人的真实存在）的意义上讨论真己，才能凸显非常明显的现实价值，比如萧惠与阳明的对话，就是从人的自我修养的角度出发的，这正是真己对于现实人生的意义所在。其次，真己是心，是人的一切行为的决定者，是具有决定性意义的，这是从主宰意义的角度来说心的。最后，真己是心，是性，是天理。在阳明的这一论述中，天理、性与人心之间获得了自然的同一，这是心之本体。阳明说真己是心，是那“能视听言动者”，这个“能”字事实上就是作为“视听言动”的根据而来的，正是在这个意义上，心成为了一切行为的根据，它就是本性，就是天理，就是本体。正因如此，阳明划出了与朱子学的界限。

三、心即是理

我们说正是在心即理的意义上，阳明学与朱子学分道扬镳。阳明以“心即是性、性即是理”这样直接的方式，把心与理之间的联系直接打通。为了更好地理解朱子和阳明对于心与理关系处理的差别，我们先来看一下，朱子是如何处理心与理、心与性之间的关系的：

> 心是虚底物，性是里面穰肚馅草。(《朱子语类》卷六十)
>
> 心以性为体，心将性做馅子模样。(《朱子语类》卷五)
>
> 灵处只是心，不是性，性只是理。(《朱子语类》卷五)
>
> 性者，心之理。情者，性之动。心者，性情之主。性对情言，心对性情言。合如此是性，动处是情，主宰是心。(《朱子语类》卷五)

在朱子这里，性就是理在人身上的表达，所以，性就是理，只不过是从不同的角度来说而已。那么心与性是什么关系？按照前面所言，朱子把心界定为虚灵，目的是取消掉心的实体性存在。而作为一个虚的东西，心就可以含容很多内容。在朱子这里，把心比作是容器，而性则是心里面的内容，很明显，这种涵摄必须是在虚的前提之下。当然，心所涵摄的不止是性，所以，朱子说"性者，心之理。情者，性之动。心者，性情之主。性对情言，心对性情言。合如此是性，动处是情，主宰是心"，这就是心统性情，而心由于其对于人的行为的决定性意义，所以，心可以统摄性情。从这个角度来说，心和性自然也是不同的：

> 心、性固只一理，然自有合而言处，又有析而言处。须知其所以析，又知其所以合，乃可。然谓性便是心，则不可；谓心便是性，亦不可。孟子曰"尽其心，知其性"，又曰"存其心，养其性"。圣贤说话自有分别，何尝如此侬侗不分晓！固有侬侗一统说时，然名义各自不同。心、性之别，如以碗盛水，水须碗乃能盛，然谓碗便是水，则不可。(《朱子语类》卷十八)

心和性一样，但是可以合起来讲，也可以分开讲。分开来说的时候，朱子用碗盛水来比喻，碗相当于心，水相当于性。如前所言，心是容器，性是内容。但是，怎么可能把容器说成内容？把碗说成水呢？所以，从分析的角度来说，两者明显就是不同的，因此，圣人在说这两字的时候，也是分开来讲的，并不是笼统地说。当然，既然朱子认为心和性是可以合的，也就不会否定心和性、理之间的这种一致性的关系：

> "仁者，人也。"人之所以为人者，以其有此而已。一心之间，浑然天理，动容周旋，造次颠沛，不可违也。一违，则私欲间乎其间，为不仁矣。虽曰二物，其实一理。盖仁即心也，不是心外别有仁也。（《朱子语类》卷六十一）
>
> 仁者心便是理，看有甚事来，便有道理应他，所以不忧。方子录云："仁者理即是心，心即是理。有一事来，便有一理以应之，所以无忧。"（恪录一作："仁者心与理一，心纯是这道理。看甚么事来，自有这道理在处置他，自不烦恼。"）（《朱子语类》卷三十七）

从上述引文来看，朱子很明显就认为仁就是心，不是心外有仁。更又有趣的是，朱子很明确地说"心即是理"。

我们需要思考的是，朱子在何种意义上说心、性（理）不一，又是在何种意义上说心即是理。即我们应当如何解释朱子系统中所存在着对于心和理关系的这两种处理方式。用朱子自己的话来说，其实是有"合而言处""析而言处"的分别。那这两者所指的又是什么呢？"合而言处"指的是心、性相合，是在圣人（或者是引文中说的仁者）的意义上才是成立的，因为圣人是完满具足的，所以，其心具一切理，心与理无二，这是对圣人境界的描述。而"析而言处"实际上是对普通人来说的，从这个角度来说，普通人的心和理之间不能等同，普通人需要通过格物穷理的方法，去掉人心之私，以全道心之公。当然，当普通人达到存天理之公的时候，自然也是心即是理了，而这个心即是理，则是心与理在工夫的意义上达到合一，是不断在心上锻炼，以心去合外在的天理。所以，需要有不断学习的工夫，而这种工夫也就是向外求的方法。

对于这样的说法，阳明是不满意的。在阳明那里，心和理必然是一个，这不应该分圣人和普通人，所以，阳明单提心即是理，无心外之理：

> 爱问："至善只求诸心，心恐于天下事理，有不能尽。"先生曰："心即理也。天下又有心外之事，心外之理乎？"爱曰："如

事父之孝，事君之忠，交友之信，治民之仁，其间有许多理在。恐亦不可不察。”先生叹曰：“此说之蔽久矣。岂一语所能悟？今姑就所问者言之。且如事父，不成去父上求个孝的理。事君，不成去君上求个忠的理。交友治民，不成去友上民上求个信与仁的理。都只在此心。心即理也。此心无私欲之蔽，即是天理。不须外面添一分。以此纯乎天理之心，发之事父便是孝。发之事君便是忠。发之交友治民便是信与仁。只在此心去人欲存天理上用功便是。”爱曰：“闻先生如此说，爱已觉有省悟处。但旧说缠于胸中，尚有未脱然者。如事父一事，其间温凊定省之类，有许多节目。不知亦须讲求否？”先生曰：“如何不讲求？只是有个头脑。只是就此心去人欲存天理上讲求。就如讲求冬温，也只是要尽此心之孝，恐怕有一毫人欲间杂。讲求夏凊，也只是要尽此心之孝，恐怕有一毫人欲间杂。只是讲求得此心。此心若无人欲，纯是天理，是个诚于孝亲的心，冬时自然思量父母的寒，便自要去求个温的道理。夏时自然思量父母的热，便自要求个凊的道理。这都是那诚孝的心发出来的条件。却是须有这诚孝的心，然后有这条件发出来。譬之树木，这诚孝的心便是根，许多条件便是枝叶。须先有根，然后有枝叶。不是先寻了枝叶，然后去种根。《礼记》言：‘孝子之有深爱者，必有和气。有和气者，必有愉色。有愉色者，必有婉容。’须是有个深爱做根，便自然如此”。(《传习录》上，第3条)

徐爱是阳明先生的妹婿，也是他最早的弟子。从徐爱的提问来看，他主要纠结在两个问题上。首先，心怎么能够穷尽所有外在的理？对于这个问题，阳明以心即理的说法予以回应。但这个还不能让徐爱满意，因为按照朱子的说法，事事物物上都是有具体的理存在，这些具体的理怎么可能被一个心所通通包含呢？在这里阳明作了一个转换，阳明说，那个事事物物的理，事实上都是那纯乎天理的心发用流行的结果，用那纯乎天理的心去做任何的事情，必然都是合乎天理的要求的，所以，具体的理不会违背天理，也是被天理所包含在内的。徐爱的第二个问题是，任何一个具体的理都有具体的形式上的要求，当我们讲心即理的时候，是否会忽视对那些形式上的要求？这是一个很严重的问题，就是说如果把理回摄到人心，只讲求人心的理，会不会导致在具体行为要求上的缺失？阳明也断然否定了这种可能性，阳明用树根和枝条作为比喻，树根就是心之理，枝条就是各个具体细节的要求。在阳明看来，只有根本立了，枝条自然也就有了。所以，根本不会有所妨碍。

在阳明看来，最为重要的就是要确立心即理的观念，而像朱子所主张的即物穷理、向外追求理，是必须否定的。

> 夫物理不外于吾心，外吾心而求物理，无物理矣。遗物理而求吾心，吾心又何物邪？心之体，性也，性即理也。故有孝亲之心，即有孝之理。无孝亲之心，即无孝之理矣。有忠君之心，即有忠之理。无忠君之心，即无忠之理矣。理岂外于吾心邪？晦庵谓“人之所以为学者，心与理而已。心虽主乎一身，而实管乎天下之理。理虽散在万事，而实不外乎一人之心”。是其一分一合之间，而未免已启学者心理为二之弊。此后世所以有专求本心，遂遗物理之患，正由不知心即理耳。夫外心以求物理，是以有暗而不达之处。(《传习录》中，第133条)

事物的道理都在人的心中，在阳明这里，心之为心的最根本的基础就在于心即是理，所以，理就在心中，任何向外求理的做法都不恰当。阳明认为，人们之所以会依赖向外求理这种行为方式，完全就是因为朱子的问题。朱子说“人之所以为学者，心与理而已。心虽主乎一身，而实管乎天下之理。理虽散在万事，而实不外乎一人之心”，阳明说正是朱子的这个说法，“一分一合”之间，就开启了析心与理为二的弊病，怎么理解？朱子说的意思是，心和理是学者所关心的重要问题，心是身的主宰，含摄世界一切道理。天理散落于事事物物，但都与心相合。从道理上来说，朱子讲的没有问题，也是一种比较圆融的说法。但阳明觉得有问题，问题就在于这个分、合。分是指天理分散在事事物物，合是指理合于心。这在阳明看来，其实就是一个以心去合理的过程，是用吾心去求合外在之理，这种外向的方式，就是心与理为二的毛病。

由此可以说，虽然朱子在理论上似乎很好地调和了心与理的关系，但在事实上，尤其是在工夫论的意义上，却容易导致人向外求理，究其原因，是因为心在朱子那里不是作为一个本体，而在阳明这里，恰恰就是以心作为本体。所以，阳明的心就是孟子意义上的本心，就是人的道德本性。因此，在阳明这里讲心外无理、心即是理的时候，所确定的是人的道德本心对于其道德行为的意义。

> 又问心即理之说："程子云'在物为理'。如何谓心即理？"先生曰："在物为理，'在'字上当添一'心'字，此心在物则为理。如此心在事父则为孝，在事君则为忠之类。"先生因谓之曰："诸君要识得我立言宗旨。我如今说个心即理是如何？只为世人分心与理为二，故便有许多病痛。如五伯攘夷狄，尊周室，都是一个私心，便不当理。人却说他做得当理，只心有未纯，往往悦慕其所为，要来外面做得好看，却与心全不相干。分心与理为二，其流至于伯道之伪而不自知。故我说个心即理，要使知心理是一个，便来心上做工夫。不去袭义于外，便是王道之真。此我立言宗旨。"（《传习录》下，第321条）

如果说程朱的主要观念是"在物为理"的话，那么，在程朱那里，主要讨论的是具体的事事物物的理，而当阳明说"此心在物为理"的时候，他强调的已经不是宽泛意义上的物理，而是人的道德行为之理，或者说伦理。在这个意义上，阳明才把心和理非常完善地贯通在一起，心即是理，因为人内心的道德判断，自然会决定人的道德行为，所以在这个意义上必不能按照心与理为二的思路来说。阳明的这种思路具有非常强大的现实批判意义，即所谓"世人分心与理为二，故便有许多病痛。如五伯攘夷狄，尊周室，都是一个私心，使不当理。人却说他做得当理，只心有未纯，往往悦慕其所为，要来外面做得好看，却与心全不相干"，也就是说，阳明讲心即是理，实际上针对的就是人们为私欲所遮蔽之后所产生的种种行为，而所关注的是世道人心，含有非常明显的现实批判意味。所以，阳明之心，即是理，就是孟子讲的道德本性。

四、心犹镜

在阳明对心的界说中，甚至在宋明理学传统中，经常会出现以镜来说心的现象，这种说法究竟有什么深意？如果从中国传统来说，将心和镜放在一起讲，用镜比喻心，大概最早出现在《庄子》中：

至人之用心若镜，不将不迎，应而不藏，故能胜物而不伤。（《庄子·应帝王》）

在这里庄子用“不将不迎，应而不藏，故能胜物而不伤”来说明至人之心的特点，而这个特点就是镜子所具有的特点。按照郭象对这段话的注解，“鉴物而无情，来即应，去即止。物来乃鉴，鉴不以心，故虽天下之广而无劳神之累”，这是说圣人之心没有任何自己的偏向，是无情的，他只是随顺万物而无累，就像镜子照物一样。由此，镜子因无情而照物无累，圣人之心和镜子在这个意义上是一致的，虚以应物。

因为镜子和人心之间存在着这种非常密切的关系，再加上佛教在唐代以来的强大影响力，佛教中常有以磨镜喻修炼心性的说法，所以，在理学讨论心性论的背景之下，以镜喻心也是比较常见的现象。

这在理学中最早是二程说的，在回答弟子提出的“不迁怒”问题的时候，就用到了镜子这一形象：

问：“‘不迁怒，不贰过’，何也？《语录》有怒甲不迁乙之说，是否？”曰：“是。”曰：“若此则甚易，何待颜氏而后能？”曰：“只被说得粗了，诸君便道易，此莫是最难。须是理会得，因何不迁怒？如舜之诛四凶，怒在四凶，舜何与焉？盖因是人有可怒之事而怒之，圣人之心本无怒也。譬如明镜，好物来时，便见是好，恶物来时，便见是恶，镜何尝有好恶也？世之人固有怒于室而色于市。且如怒一人，对那人说话，能无怒色否？有能怒一人而不怒别人者，能忍得如此，已是煞知义理。若圣人，因物而未尝有怒，此莫是甚难。君子役物，小人役于物。今人见有可喜可怒之事，自家着一分陪奉他，此亦劳矣。圣人心如止水。”（《二程集》卷十八）

从二程的这个回答来看，所谓“好物来时，便见是好，恶物来时，便见是恶，镜何尝有好恶也？”这个讲法和前引的庄子的说法非常相似，都是从无情、无累的角度来说明的。在二程这里，圣人本无情，是因对象之可怒而怒、可喜而喜，所以，在这个意义上圣人是“心如止水”，不会受外物所役使，不迁怒的道理也就在此。这就像镜子照物一样，镜子本来没有任何偏向，只是好的东西照出来的是好的，不好的东西照出来也是不好的，这些结果是物本身有的，不是镜子导致的。朱子和阳明也都非常喜欢用镜子作比喻来说心。当然，与二程主要是在庄子（或者说道家）的意义上使用这个比喻不同，朱子和阳明都是在佛教的意义上来用这个比喻，虽然如此，但两者之间还是有一些差别的。首先我们来看一下朱子对镜喻的使用：

> 人心如一个镜，先未有一个影象，有事物来，方始照见妍丑。若先有一个影象在里，如何照得？人心本是湛然虚明，事物之来，随感而应，自然见得高下轻重。事过便当依前恁地虚，方得。（《朱子语类》卷十六）
>
> 心犹镜，仁犹镜之明。镜本来明，被尘垢一蔽，遂不明。若尘垢一去，则镜明矣。（《朱子语类》卷三十一）
>
> “公而以人体之，故为仁。”盖公犹无尘也，人犹镜也，仁则犹镜之光明也。镜无纤尘则光明，人能无一毫之私欲则仁。然镜之明，非自外求也，只是镜元来自有这光明，今不为尘所昏尔。人之仁，亦非自外得也，只是人心元来自有这仁，今不为私欲所蔽尔。（《朱子语类》卷九十五）
>
> 所谓“明明德”者，求所以明之也。譬如镜焉，本是个明底物，缘为尘昏，故不能照；须是磨去尘垢，然后镜复明也。（《朱子语类》卷十四）

人心本是湛然虚明，心如明镜，朱子很自然地说镜本来是虚的。在朱子这里，他用明镜来指心合乎天理的状态，也就是说明镜就是性，就是理，是本来如此的。但是，由于人被私欲所遮蔽，镜子才会不明。在这里，天理就是明镜，欲望就是灰尘。人欲对于天理的遮蔽，就像明镜被灰尘覆盖。所以，要使明镜能够照物，就必须要除去灰尘。就像恢复天理，需要格物穷理一样。这样一来，朱子从方法上强调的是外在的、拂尘的方法，就像神秀所言的“时时勤拂拭，莫使惹尘埃”一样。那么，阳明又是怎样来使用心如明镜这个比喻的？

问："圣人应变不穷，莫亦是预先讲求否？"先生曰："如何讲求得许多？圣人之心如明镜。只是一个明，则随感而应，无物不照。未有已往之形尚在，未照之形先具者。若后世所讲，却是如此。是以与圣人之学大背。周公制礼作乐，以文天下。皆圣人所能为。尧舜何不尽为之，而待于周公？孔子删述'六经'，以诏万世，亦圣人所能为。周公何不先为之，而有待于孔子？是知圣人遇此时，方有此事。只怕镜不明。不怕物来不能照。讲求事变，亦是照时事。然学者却须先有个明的工夫。学者惟患此心之未能明，不患事变之不能尽。"（《传习录》上，第21条）

弟子问圣人为何可以应变无穷，圣人的应变不穷是不是都是事先有准备的？否则，怎么可能每一件事情都能处理得恰到好处呢？阳明断然否定了圣人是预先计划的说法，因为道理很简单，具体的事情有这么多，圣人怎么可能去把这些都准备好呢？唯一的办法在于圣人心如明镜，因为圣人心如明镜，所以，圣人可以照物无穷。所有的具体事情，圣人都是随顺处理的，并不是预先计划的。所以，阳明由此认为最为根本的问题就是需要发明本心，本心一明，一切都明。只要本心明了，对于一切具体事情的应对，自然不在话下。这样一来，朱子和阳明的差别，也就体现出来了，仔细考量阳明得意弟子徐爱[①]的说法，可以直接看出这两者之间的差别：

曰仁云："心犹镜也。圣人心如明镜，常人心如昏镜。近世格物之说，如以镜照物，照上用功。不知镜尚昏在，何能照？先生之格物，如磨镜而使之明。磨上用功。明了后亦未尝废照。"（《传习录》上，第62条）

徐爱的这段话，因为徐爱的特殊性，可以作为阳明的"夫子自道"来理解。按照徐爱的说法，朱子（即近世格物之说）是在照上用功，可是徐爱说，镜本来就已经昏了，怎么能照呢？而阳明是在明上用功，是要恢复镜体本身的明。所以，徐爱认为先要把镜子本身磨明了，自然就可以去照物。而按照朱熹那样的方式，始终只是

① 徐爱，字曰仁。阳明尝曰："曰仁，吾之颜渊也。"可见其对徐爱的推重程度。

一个昏镜，如何去照物呢？如果用一个不太恰当的比方，朱子如前所言是“时时勤拂拭，莫使惹尘埃”的神秀，那么阳明就是“本来无一物，何处惹尘埃”的慧能了。而事实上在阳明那里，他自己对这个也不回避：

> 圣人致知之功，至诚无息。其良知之体，皦如明镜，略无纤翳。妍媸之来，随物见形。而明镜曾无留染，所谓情顺万事而无情也。无所住而生其心，佛氏曾有是言，未为非也。明镜之应物，妍者妍，媸者媸，一照而皆真，即是生其心处。妍者妍，媸者媸，一过而不留，即是无所住处。（《传习录》中，第167条）

阳明用《金刚经》上“无所住而生其心”来解释明镜应物的问题，如果我们考虑到当年慧能正是因听闻经文上“应无所住而生其心”而顿悟的话，似乎在阳明和慧能之间可以找到更多的联系。但是，这当然是属于诠释的问题。更为重要的是，阳明并不否定佛教的说法，而是非常自然地接受并解释了这个说法，可见阳明自身对于明镜如心这个比喻的使用，确实受到了佛教的影响。

当然，阳明的明镜说，虽然有非常明显的佛教影响痕迹。但是，阳明的明镜和佛教的说法最大的差别在于，阳明所说的镜之明就是良知，即儒家的道德价值，在这个意义上，与佛教划清了界限。阳明以明镜说良知，非常强调的是发明本心，而不是向外追求的工夫：

> 至理匪外得，譬犹镜本明。外尘荡瑕垢，镜体自寂然。孔训示克己，孟子垂反身。明明贤圣训，请君勿与谖。（王阳明《郑伯兴谢病还鹿门雪夜过别赋赠三首》之二）
>
> 吾道既匪佛，吾学亦匪仙。坦然由简易，日用匪深玄。始闻半疑信，既乃心豁然。譬彼土中镜，暗暗光内全；外但去昏翳，精明烛媸妍。（王阳明《门人王嘉秀实夫萧琦子玉告归书此见别意兼寄声辰阳诸贤》）

阳明的工夫也是和陆九渊一样的简易工夫，因为心即理，天下之理，吾心具足，由此，对于人来说，最重要的就是要发明本心，而不是向外求索。如同明镜，本来自明，就算是被埋在泥土之中，还是不能改变其内在的那种明。对于人来说，重要的就是要向内求诸本心，本心一明，自无不照。

所以，虽然阳明和朱子都讲了很多心犹镜，都用明镜来喻心，在这个问题上同样都深受佛教影响。但是朱子和阳明的区别还是清楚的。阳明认为人心本来就是具足的、是明的，无需外求。但在朱子那里，明是最后达到的状态，需要有不断完善的过程。

五、心之本体

当然，若要非常直观地把握阳明的心即理观念，就不能不提到阳明所经常说的“心之本体”问题。需要指出的是，在宋明理学当中，本体一词是经常出现，宋明理学家在讲“本体”时，大概有两种常见的意思。第一种是本来状态，或者本来面貌、应然状态；第二种是和工夫相对的，亦即是工夫的根据。我们通常说，宋明理学讨论的是本体论的问题，大致所指的是第二种意义上的本体。

阳明经常谈论“心之本体”，在阳明的思想框架中，他所说的“心之本体”主要是在第二种意义，亦即作为工夫根据的本体意义上来谈论的，也正因如此，我们才可以说，阳明是心学，以心为本体。

> 至善是心之本体。（《传习录》上，第2条）
>
> 性是心之体，天是性之原，尽心即是尽性。（《传习录》上，第6条）
>
> 知是心之本体，心自然会知。见父自然知孝，见兄自然知弟，见孺子入井，自然知恻隐。此便是良知，不假外求。（《传习录》上，第8条）
>
> 学是学存天理。心之本体，即是天理。（《传习录》上，第96条）
>
> 心之本体即是性，性即是理。（《传习录》上，第81条）
>
> 诚是心之本体。（《传习录》上，第121条）
>
> 心之本体即是天理。（《传习录》中，第145条）

“心之本体”的说法，在《传习录》中出现的频率非常高。如果我们考察阳明所说的“心之本体”的含义，它所指的就是天理、性、诚、至善等，实际上就是良知。阳明说的知就是良知，而必定不是作为知识意义上的知，关于这一点，黄宗羲在《姚江学案》中有过非常详细的说明：

> 先生悯宋儒之后学者，以知识为知，谓“人心之所有者不过明觉，而理为天地万物之所公共，故必穷尽天地万物之理，然后吾心之明觉与之浑合而无间”。说是无内外，其实全靠外来闻见以填补其灵明者也。先生以圣人之学，心学也。心即理也，故于致知格物之训，不得不言“致吾心良知之天理于事事物物，则事事物物皆得其理”。夫以知识为知，则轻浮而不实，故必以力行为功夫。良知感应神速，无有等待，本心之明即知，不欺本心之明即行也，不得不言“知行合一”。此其立言之大旨，不出于是。(《明儒学案》卷十《姚江学案》)

所以很清楚，阳明这里讨论的心也好，知也好，指向的都是人的道德本性，也就是良知，由此来针对知识化和空疏化的弊端，有着明显的救弊意义在里面。而这里作为“心之本体”的良知，必然也是在作为本体论意义上讨论，也就是说，阳明的“心之本体”就是一个本体论含义的，这个从阳明对“心之本体”的设定来看，非常清楚。

> 须是廓然大公，方是心之本体。(《传习录》上，第101条)
>
> 心之本体原自不动。(《传习录》上，第81条)
>
> 良知者，心之本体，即前所谓恒照者也。心之本体，无起无不起。(《传习录》中，第152条)
>
> 动、静者，所遇之时；心之本体，固无分于动、静也。(《传习录》中，第157条)

阳明在这里，对于“心之本体”的说法，用了三个层面的限制。首先，用“廓然大公”来规定“心之本体”，所谓廓然大公，就是纯粹天理，无一丝人欲之杂，这是作为本体论意义上的存在的一个非常明显的特征，因为任何本体都是最高的存在，是不可能有所区分的；其次，用“不动”来限定“心之本体”，本体上是不动的，而所有的动静是在某种特殊的状态下出现的；最后，用“无起无不起”来限定“心之本体”，无起无不起就是恒照，就是永恒存在，这也是本体在性质上的重要特征。

当阳明讲“心之本体”时，就是从本体论意义上来说的，讨论的是作为行为根据的心之本体的状况。而这个本体，在阳明这里，就是孟子说的本心、良知，阳明用这样的方式来限定心之本体，目的是希望凸显出行为主体的道德意义，并由此来纠正社会上确实存在的不良行为。当心之本体，或者说当良知本体确定的时候，阳明心学的基础也就自然而然地扎实了。

但是，如前所言，朱子虽然也讲“心之本体”，然而跟阳明的说法有着本质的差别：

> 虚灵自是心之本体，非我所能虚也。（《朱子语类》卷五）
>
> 盖寂然常感者，心之本体。惟其操舍之不常，故其出入之无止耳，惟其常操而存，则动无不善，而瞬息顷刻之间亦无不在也。颜氏之子三月不违，其余则日月至，政以此心之常感而易危故也。（朱熹《答吕子约》）

在这里，朱子讲的“心之本体”大体上就是讲心的本来状态、应然状态，那么心的本来状态是怎样呢？朱子说，心的本来状态就是虚静不动的，但是，因为这个心之中含摄着天理，所以虽然它是虚静不动的，但它可以应感而动。但这种应感而动就会有善、不善之别，道心和人心之别由此产生。因此，人就必须非常重视心的这种动，也就是要在心上做工夫，存天理灭人欲，使得道心常听命于人心，于是，在朱子这里，心又变成为了个体自我修炼工夫的对象。

虽然心作为一个观念，在朱子和阳明的文本中都经常出现。但是，通过上述的梳理，我们可以比较清楚地发现，心在两者思想系统中有着非常明显的差别。在阳明这里，心即是理，这是作为道德本体的存在，就是良知。而在朱子这里，虽然心必须包含道德本体的意思，但由于心不是本体，而是工夫的对象，所以，心在朱子的思想系统中无法获得其最为基础的、重要的意义。

当阳明心学确定『心即是理』的基本理论框架时，心就具有了至为根本的意义，一切价值皆由心获得。当阳明把心确立为人的道德行为根据、强调心即是理时，阳明需要在心和物之间建立起恰当联系，以使得他对心体的讨论趋于圆融状态，故心外无物是阳明由心的本体出发对外物的处理。然『心外无物』并不会因否定物的客观存在而滑向了客观唯心主义。阳明强调心外无物，所关注的并非外在事物是否客观存在，而是外在事物的存在意义由何获得。在阳明看来，事物的存在意义要由人去赋予，而人心则具有强大的赋义功能。

第四章

心外无物

当阳明心学确定心即是理这样的基本理论框架时，对阳明来说，心就是具有至为根本意义的东西，所有一切的价值都由心获得，如果离开心，那么外在一切的意义都不复存在。当阳明把心确立为人的道德行为根据，强调心即是理的时候，那么接下来的问题是，应当如何完善地处理心和外部客观存在的事事物物之间的关系？也就是说在这个时候，阳明需要在心和物之间建立起一个恰当的联系形式，以使得他对心体的讨论趋于圆融的状态。涉及外部客观的事事物物时，在我们通常的理解中，这些物都是自然而然地存在着，它们与我们的内心又怎么可能存在什么样的联系？对阳明来说，这个解决的方式就是心外无物。

心外无物，是阳明由心的本体出发对于外物的一种处理。阳明强调心外无物，所关注的并非是外在事物是否是客观存在的，而是关注的是外在事物的存在意义由何而获得的问题。事物的存在意义，在阳明看来，这是要去赋予的，人心具有强大的赋义功能。

一、什么是物

当阳明把心确立为人的道德行为根据的时候，强调心即是理，那么，接下来的问题是，应当如何完善地处理心和外部客观存在的事事物物之间的关系？[①] 亦即这个时候，阳明需要在心和物之间建立起一个恰当的联系形式，使得他对于心体的讨论趋于一个圆融的状态。涉及外部客观的事事物物时，在我们通常的理解中，这些物都是自然而然地存在着，它们与我们的内心又怎么可能存在什么样的联系呢？但是，在阳明心学的系统中，他必须得去解释好这个问题。

在讨论这个问题时，我们首先需要来看一下物是什么？也就是在通常观念中对物是怎么界定的？在传统文献中，物大体上是被描述为一种跟人的内在状态没有直接联系的外在的、客观的存在物。

---

① 这个问题在上一讲讨论“心即是理”时曾经涉及，就是徐爱给阳明提出的问题，“至善只求诸心，恐于天下事理，有不能尽”（《传习录》上，第3条），这是阳明把本体确立为内在于人的道德本性之后所必然要面对的问题。在朱子那里，不会有这个麻烦，因为朱子所设立的本体恰恰是外在的天理，于是朱子需要解释的是人心如何去合乎天理的问题，即如何存天理、去人欲的问题。

天地与其所产者，物也。(《公孙龙子·名实论》)

四时之散精为物。(《淮南子·天文》)

物也者，大共名也。(《荀子·正名》)

物，万物也。牛为大物，天地之数起于牵牛，故从牛。(《说文解字》)

因此，在传统理解中，物就是物体，就是指客观存在的具体事物，因为它有着各种不同的外在表现形式，所以，又称之为万物。在这样的对物的界定中，有着比较明显的特征，首先这些物就其产生的根据来说，和人一样，都是禀天地之气而来的，所以《淮南子》说是“散精为物”,《公孙龙子》说是“天地与其所产焉”为物，不管怎么去表述，这个物就是自然而然的、气化的结果；其次，作为万物的角度来说，所有的物都是独立于人的一种客观存在。这两个特征比较重要，前者是保证物和人之间存在着联系的关键点，即都是禀气而来的[①]；后者保证了物独立于人的意义，即所谓客观性存在。

虽然在中国后来的传统中对于物有不同讨论方式，但是，大体上就是在上述两个特征之间找到了论述的空间。在宋明理学传统中，物也是被作为一个比较重要的观念在讨论（尤其是在大学格物、致知、正心、诚意工夫的意义上），朱子也曾经非常详细地讨论过物的问题：

天道流行，造化发育，凡有声色貌象而盈于天地之间者，皆物也。既有是物，则其所以为是物者，莫不各有当然之则，而自不容己，是皆得于天之所赋，而非人之所能为也。(朱熹《大学或问》)

夫“天生烝民，有物有则”，物者，形也；则者，理也。形者，所谓形而下者也；理者，所谓形而上者也。(朱熹《答江德功》)

天地之间有理有气。理也者，形而上之道也，生物之本也。气也者，形而下之器也，生物之具也。是以人物之生必禀此理

① 正是因为物也是禀气而来，是天理发用流行的结果，所以，《大学》中才说“格物致知”，通过对物理的理解，自然有通达天理的可能性，程朱也大体在这个意义上强调即物穷理。

> 然后有性，必禀此气然后有形。（朱熹《答黄道夫》）
>
> 天地之间，理一而已。然乾道成男，坤道成女，二气交感，化生万物，则其大小之分，亲疏之等，至于十百千万而不能齐也。……《西铭》之作，意盖如此，程子以为“明理一而分殊”，可谓一言以蔽之矣。（朱熹《西铭论》）

从上述引文的描述来看，朱子首先是非常完整地继承了传统对于物的认识方式，即物就是一个个具体不同的具体事物，天地之间有形的存在都是物，这些物都是阴阳二气相互作用的结果，所谓“二气交感，化生万物”。但是，朱子在这里最为明显的改变，或者说完善，就是从他的理气结构中来讨论物的问题。从理和气的先后关系和决定与被决定的角度来说，理是先于气存在的，因为理是一切状态的最终决定因素。物在禀气而生之后，有物就有理，作为一种具体事物，物能够存在，其根据在于理，理决定物。由此，这里就产生了一个比较特殊的问题，那就是既然具体的事物上都是有理的存在的（所谓“有物有则”），那么这个在具体事物上的理和作为天理的那个理是什么关系？朱子在这里继承了二程所用的“理一分殊”的说法。也就是说，在天理那里，理是整全的一个理，而在事事物物上的理，因其禀气的不同特点，理是作为一个个的分殊的理。分殊的理和整全的理有什么关系？整全的理决定分殊的理，分殊的理体现整全的理，但是，分殊的理和作为整体的理是不一样的。这样一来，整全的天理散落在了具体的事事物物之中。那人要如何才能去把握整全的天理呢？在朱子这里，人就必须不断从分殊的理中去理解天理，由此，格物成为了一种非常重要的和必不可少的工夫：

> 所存既非一物能专，则所格亦非一端而尽。如曰“一物格而万理通”，虽颜子亦未至此。但当今日格一件，明日又格一件，积习既多，然后脱然有个贯通处。（《朱子语类》卷十八）

在这样对于物的理解的基础上，朱子确立了他具有典范性的“今日格一件，明日又格一件”的即物穷理的格物范式，这种方式如前所言，在阳明的时代占据着主导地位，成了理解格物问题的“圣经”。阳明早年的病痛和为学经历，很大程度上是因为受到朱子这个观念影响的结果。

所以，当阳明在龙场悟道之后，他必要对症治疗这个给他带来重大影响的早年病症。也就是说，正是在格物的意义上，阳明早年因朱子学的教导而落下了很严重的病根，并因此而几乎放弃了对圣人之道的追求，遁入佛老。然而，由于种种机缘，促成了阳明在龙场的顿悟。在阳明悟道之后，自然而然，他首先就会来处理这个曾经深刻影响过他的病根。因此，阳明对于朱子格物观念的抛弃，是自然而然的结果。在讨论阳明的格物观念之前，我们先来看阳明是怎么看待物的，阳明思想在这个层面的重大突破，就是从他对于物的颠覆性理解开始。那么，阳明怎么认识物呢？

> 身之主宰便是心，心之所发便是意，意之本体便是知，意之所在便是物。如意在于事亲，即事亲便是一物。意在于事君，即事君便是一物。意在于仁民爱物，即仁民爱物便是一物。意在于视听言动，即视听言动便是一物。（《传习录》上，第6条）
>
> 问："身之主为心，心之灵明是知，知之发动是意，意之所着为物。是如此否？"先生曰："亦是"。（《传习录》上，第78条）
>
> 心者，身之主也，而心之虚灵明觉，即所谓本然之良知也。其虚灵明觉之良知应感而动者，谓之意。有知而后有意，无知则无意矣。知非意之体乎？意之所用，必有其物，物即事也。如意用于事亲，既事亲为一物，意用于治民，即治民为一物，意用于读书，即读书为一物，意用于听讼，即听讼为一物。凡意之所用，无有无物者。有是意，即有是物。无是意，即无是物矣。物非意之用乎？（《传习录》中，第137条）
>
> 耳目口鼻四肢，身也，非心安能视听言动？心欲视听言动，无耳目口鼻四肢，亦不能。故无心则无身，无身则无心。但指其充塞处言之谓之身，指其主宰处言之谓之心，指心之发动处谓之意，指意之灵明处谓之知，指意之涉着处谓之物，只是一件。意未有悬空的，必着事物。（《传习录》下，第201条）

从上述语录中，可以很明显地看出，阳明对于"物"作了一个颠覆性的理解。说颠覆性一点都不夸张，因为在阳明讨论物的时候，已经不像传统那样从气化的客观事物角度来说"物"，而是和人的“意”（意识）密切联系在一起。所以，这个时候，对阳明来说，物就不再简单地指向那些客观存在的万物了，而是跟人的意识、意念直接联系在一起，所谓“意之所在为物”。阳明的物是“意之所着”“意之用”“意之涉着处”“意之所在”，阳明言“物”都是与人的意识密切相关的，是意识的对象，或者说是与意识的作用相联系在一起的一个整体。当物从客观之物，变成了和人的意识密切相关的物，意味着什么？即意味着阳明对物的理解较之传统有了彻底的改变，“物”从这个时候开始，它与人的内在意识状态密切关联，这样的物就是“事”，因为只有在“事”上才能真正表达出“意”的内涵来。所以按照阳明的说法，明显和朱子讲的“物”不同，而是和意联系在一起，不再仅是具体存在的客观事物，所以必然是心外无物的。“物”是和人的意识密切关联的，阳明讲“物”实际上就是事，就是一种行为。

上述阳明对于“物”的讨论，还有一个非常明显的特点需要注意，就是阳明讨论“物”时是把“物”放在“身—心—意—知—物”的框架中来说的，这就是《大学》里面所说修身、正心、诚意、致知、格物的工夫节目，实际上就是宋明理学所特别重视的修养工夫，根据上面阳明的说法，“故无心则无身，无身则无心。但指其充塞处言之谓之身，指其主宰处言之谓之心，指心之发动处谓之意，指意之灵明处谓之知，指意之涉着处谓之物，只是一件”，也就是说，在阳明这里，身、心、意、知、物之间被打通了，成了“一件”。在何种意义上这些可以成为“一件”？就是在“物”被理解为“事”的前提下，因为这个时候整个“身—心—意—知—物”的框架关注的不再是具体的、客观的事物，而是转向了人的行为本身，在行为的意义上，在一个事件呈现的意义上，身、心、意、知、物只是一件，因为就行为来说，身是行为的发出者，心是行为的主导者，意是行为的实现者，知是行为的决定者。知在阳明这里就是良知，心之良知通过意念的发动在身上表现出来，就形成了一个完整的行为过程，也就是事，就是物。这样一来，对修身、正心、诚意、致知、格物的工夫节目的传统理解，在阳明这里，必然会被打破了。

盖身、心、意、知、物者，是其工夫所用之条理。虽亦各有其所，而其实只是一物。格、致、诚、正、修者，是其条理所用之工夫。虽亦皆有其名，而其实只是一事。何谓身？心之形体，运用之谓也。何谓心？身之灵明，主宰之谓也。何谓修身？为善而去恶之谓也。吾身自能为善而去恶乎？必其灵明主宰者欲为善而去恶，然后其形体运用者始能为善而去恶也。故欲修其身者，必在于先正其心也。然心之本体则性也。性无不善，则心之本体本无不正也。何从而用其正之之功乎？盖心之本体本无不正，自其意念发动而后有不正。故欲正其心者，必就其意念之所发而正之。……今欲别善恶以诚其意，惟在致其良知之所知焉尔。何则？意念之发，吾心之良知既知其为善矣，使其不能诚有以好之，而复背而去之，则是以善为恶，而自昧其知善之良知矣。意念之所发，吾之良知既知其为不善矣，使其不能诚有以恶之，而复蹈而为之，则是以恶为善，而自昧其知恶之良知矣。若是，则虽曰知之，犹不知也，意其可得而诚乎？今于良知之善恶者，无不诚好而诚恶之，则不自欺其良知而意可诚也已。然欲致其良知，亦岂影响恍惚而悬空无实之谓乎？是必实有其事矣。故致知必在于格物。物者，事也，凡意之所发必有其事，意所在之事谓之物。格者，正也，正其不正以归于正之谓也。（王阳明《大学问》）

在这里，阳明做了将物作为事的这种根本性的转换，由此，传统的格致诚正修的工夫，虽然名称不一样，实际上都是一个工夫。按照阳明的说法，如果修身就是为善去恶的话，那么，很明显，因为身的主宰在于心，身是不可能自己为善去恶的，所以，肯定要在主宰者——心的上面去做为善去恶的工夫。而问题在于心的本体是性，性是纯粹至善的，而在纯粹至善的本体上是没有办法做为善去恶的工夫的。这样一来，工夫就被转到意上，因为意念发动才有善、恶的差异，于是乎诚意就变得非常重要，或者说唯一的工夫就在于诚意了。而怎么去诚意？意是落实在“物”（即事）上的，那就需要把良知推至事事物物之上，致知与格物，在诚意上找到了结合点。当然，这样一来，所谓的格物，就是要“正其不正以归于正”，这个工夫不是在具体的物上实现的，而是在诚意上实现的，在诚意的工夫上，把物本有的良知之正推至行为，作为行为的唯一标准，所以，对个体来说，重要的就是随时在“物”（事）上来规范自己。

二、格物新解

如前所言，格物这个观念在阳明学的形成过程中具有非常重要的意义。正是在对朱子格物不满足的基础上，经过出入佛老、泛滥词章，最后在龙场悟道，阳明实现了对朱子学的超越。也正是在对“物”的创造性诠释的基础上，阳明形成并完善了与朱子学完全不同风格的自己的心学思想形态。

所以，前面在讨论阳明对“物”的理解时，实际上已经涉及了阳明对格物的理解，和朱子强调即物穷理不一样，阳明重视的是发明本心，然后将其扩充至具体的行为之上。因为物就是事，与人的意识密切相关，对于阳明来说，格物的工夫事实上是和诚意紧密联系在一起的。

> 身之主宰便是心，心之所发便是意，意之本体便是知，意之所在便是物。如意在于事亲，即事亲便是一物。意在于事君，即事君便是一物。意在于仁民爱物，即仁民爱物便是一物。意在于视听言动，即视听言动便是一物。所以某说无心外之理，无心外之物。《中庸》言“不诚无物”，《大学》“明明德”之功，只是个诚意。诚意之功，只是个格物。（《传习录》上，第6条）
>
> 先生又曰：“‘格物’如《孟子》‘大人格君心’之‘格’。是去其心之不正，以全其本体之正。但意念所在，即要去其不正，以全其正。即无时无处不是存天理，即是穷理。（《传习录》上，第7条）
>
> 随时就事上致其良知，便是格物；着实去致良知，便是诚意；着实致其良知，而无一毫意必固我，便是正心。（《传习录》中，第187条）

在阳明这里，格物就是要“随时在事上致其良知”，也就是要求把良知作为对于人的任何行为的最为根本的要求，随时在事上体现出来。阳明把物理解为“意之所在”，从而把内在于人的意识与外部的行为表现很好地关联在一起，这是一个根本性的转换。由此，接下来的通常所说的格物、致知、正心、诚意，都是非常踏实的工夫，因为都是围绕着“事”而展开的，而且，都只是一件事情，那就是确保意念之正。所以，阳明把格物的“格”理解成正，其实就是扩充其良知而确保其意念之正。这种正，不是空泛意义上的（或者说仅仅停留在观念层面的），在阳明这里，这是非常实在的工夫，因为，正与否是要在事上见分晓，即要在行为的事实上体现出来。所以，对于人来说，格物就成为了时时用良知来规范自己的行为，使自己的行为合乎良知的要求。

上述引文中，值得注意的是，阳明对于格物的“格”字的理解，阳明用“正”来解释“格”，那么格物就是正物，就是用良知来规范个体行为。因为这个“正”的标准在于人的道德本性和良知中。所以，格物就不再是一个向外追逐的过程，而是向内的工夫。

> “格”字之义，有以“至”字训者。如“格于文祖”“有苗来格”，是以至训者也。然格于文祖，必纯孝诚敬，幽明之间，无一不得其理，而后谓之格。有苗之顽，实以文德诞敷而后格。则亦兼有“正”字之义在其间。未可专以“至”字尽之也。如“格其非心”“大臣格君心之非”之类，是则一皆正其不正以归于正之义。而不可以“至”字为训矣。且《大学》格物之训，又安知其不以“正”字为训，而必以“至”字为义乎？如以“至”字为义者，必曰“穷至事物之理”，而后其说始通。是其用功之要，全在一“穷”字。用力之地，全在一“理”字也。若上去一“穷”，下去一“理”字，而直曰致知在至物。其可通乎？夫穷理尽性，圣人之成训，见于《系辞》者也。苟格物之说而果即穷理之义，则圣人何不直曰致知在穷理，而必为此转折不完之语，以启后世之弊邪？盖《大学》格物之说，自与《系辞》穷理大旨虽同而微有分辨。穷理者，兼格致诚正而为功也。故言穷理，则格致诚正之功皆在其中。言格物，则必兼举致知诚意正心而后其功始备而密。今偏举格物而遂谓之穷理。此所以专以穷理属知。而谓格物未常有行。非惟不得格物之旨，并穷理之义而失之矣。此后世之学所以析知行为先后两截，日以支离决裂，而圣学益以残晦者，其端实始于此。（《传习录》中，第137条）

从阳明的这个论述来说，像朱子那样，把“格物”的“格”理解成“至”，不仅在文献依据上，而且在义理上、在现实效果上都存在着严重的问题。就文献依据来说，以“至”释“格”并不是唯一的选择，而且，就算是在作“至”解的例子（前引的“有苗来格”“格于文祖”）中，都必须以“正”作为前提的，所以，以“正”来解释，是非常恰当的选择；就义理上来说，以“至”来解释“格”，产生的结论就是“穷理”，但是，如果只说穷理，也就是“穷至事物之理”，按照阳明的说法，重点就在于“穷”和“理”上，如果把这两个点抽离掉，对于“致知在格物”的理解就变成了致知在至物，这样在道理上明显不通；更为重要的是，如果以“至”来解释“格”会产生极为严重的事实后果，这个后果有两个，一是导致人向外追求理的行为，二是知行的分离，乃至知而不能行。所以，在阳明这里，必然要强调以“正”来解释“格”，在阳明看来唯有如此，才能纠正朱子对于格物理解所存在的理论和现实上的弊端。

> 朱子所谓格物云者，在“即物而穷其理”也。即物穷理，是就事事物物上求其所谓定理者也。是以吾心而求理于事事物物之中，析心与理而为二矣。……若鄙人所谓致知格物者，致吾心之良知于事事物物也。吾心之良知，即所谓天理也。致吾心良知之天理于事事物物，则事事物物皆得其理矣。致吾心之良知者，致知也。事事物物皆得其理者，格物也。是合心与理而为一者也。（《传习录》中，第135条）

在这里，阳明把自己和朱子对于格物的理解做了一个分梳。按照阳明的看法，朱子的格物就是即物穷理，也就是要到事事物物上去寻求所谓的定理，这样的结果是析心与理为二。而阳明自己的格物就是要把自己内在的良知推至事事物物，这样，使得天理得以在事事物物上表现出来，这是心与理为一。从这个角度来说，朱子和阳明的方式恰恰是相反的，朱子是向外求理，阳明是推理于外。因此，对朱子来说，工夫就变得非常重要了，所以，必须要时刻做存天理、灭人欲的修炼。而对阳明来说，心体的澄明更为重要，所以，必当以发明本心为根本。

无论是从阳明本身的经历来说，还是从阳明心学的理论风格来说，阳明的格物新说都具有重要意义。从上面的论述来看，阳明正是基于朱子对格物解释中存在的问题出发，通过自身的实践累积，再经过龙场悟道，最终确立与朱子不同的理解路径。阳明非常自信和满意自己对格物的新解，在一定意义上，也是阳明心学思想的一个非常重要的特质。因此，《传习录》中屡屡提及这个观念，而且，就目前《传习录》所保留的话语风格来说，阳明唯有在讨论对格物问题的理解时，才会非常直接地批判程朱，旗帜鲜明地表达出阳明心学的立场，从这种言说风格来看，格物说对于阳明思想而言，可以称得上是一个非常重要的标杆。在《传习录》下，阳明对于他的格物之说，有一段非常详细的讨论，可以说是阳明对自己格物思想的总结：

先儒解格物为格天下之物。天下之物，如何格得？且谓"一草一木亦皆有理"，今如何去格？纵格得草木来，如何反来诚得自家意？我解"格"作"正"字义，"物"作"事"字义。《大学》之所谓身，即耳目口鼻四肢是也。欲修身，便是要目非礼勿视，耳非礼勿听，口非礼勿言，四肢非礼勿动。要修这个身，身上如何用得工夫？心者身之主宰。目虽视，而所以视者心也。耳虽听，而所以听者心也。口与四肢虽言动，而所以言动者心也。故欲修身，在于体当自家心体。常令廓然大公，无有些子不正处。主宰一正，则发窍于目，自无非礼之视。发窍于耳，自无非礼之听。发窍于口与四肢，自无非礼之言动。此便是修身在正其心。然至善者，心之本体也，心之本体那有不善？如今要正心，本体上何处用得功？必就心之发动处才可着力也。心之发动不能无不善，故须就此处着力，便是在诚意。如一念发在好善上，便实实落落去好善。一念发在恶恶上，便实实落落去恶恶。意之所发，既无不诚，则其本体如何有不正的？故欲正其心在诚意，工夫到诚意，始有着落处。然诚意之本，又在于致知也。所谓"人虽不知而己所独知"者，此正是吾心良知处。然知得善，却不依这个良知便做去；知得不善，却不依这个良知便不去做，则这个良知便遮蔽了，是不能致知也。吾心良知既不得扩充到底，则善虽知好，不能着实好了。恶虽知恶，不能着实恶了，如何得意诚？故致知者，意诚之本也。然亦不是悬空的致知，致知在实事上格。如意在于为善，便就这件事上去为；意在于去恶，便就这件事上去不为。去恶固是“格不正以归于正”，为善则不善正了，亦是“格不正以归于正”也。如此则吾心良知无私欲蔽了，得以致其极。而意之所发，好善去恶，无有不诚矣。诚意工夫实下手处在格物也。若如此格物，人人便做得，“人皆可以为尧舜”，正在此也。(《传习录》下，第317条)

在这段话里，阳明开篇就否定了程朱所谓的格物观念，“天下之物，如何格得？且谓‘一草一木亦皆有理’，今如何去格？”这两个问句，代表了阳明对朱子格物观念的彻底否定。“天下之物，如何格得？”这是从即物穷理的可能性上否定了朱子的格物观念，人是不可能格尽天下之物的。“且谓‘一草一木亦皆有理’，今如何去格？”这个提问意味着，就算格到了草木之理，它对于个体的存在有什么意义？换言之，我们能通过格得的草木之理来把握天理吗？按照阳明的说法是不可能的。那么这样的方式对于个体来说，有什么意义呢？由此，阳明劈头上来就把朱子格物观念彻彻底底地给予了否定。也就是说，朱子的格物在理论上不可能实现，而且，也无益于世道人心。在某种意义上，阳明用这两个问句，将朱子的格物观彻底清除出了自己的思想系统。然后接下来阳明明确地提出了自己对于格物的解释，解“格”为“正”，“物”为“事”。这样解释的好处在哪里？解“格”为“正”，也就确立了本心、良知在整个过程中的重要性，这个是内在于我的，是本性，是天理，所以，天理就在于我的内心，是我所有道德行为的根据，并不需要像朱子说的那样去即物穷理。解释“物”为“事”，按照阳明的说法，心体无不善，只有意念会有善恶，那么怎样来正心？就需要以诚意的工夫作为根本的下手处。然而，怎么去诚意？因为意念的发动都是在事上表现出来的，于是，应当在人的行为中去实现，也就是说，要将自己内在的良知在自己的行为事实上表现出来，于是为善去恶这一点就可以得到很好的落实了。

通过这样的改变，阳明最后把格物界定为随时在事上体现良知。当良知（或者说道德本心）成为每个人对于自己行为的要求时，自然是像孟子所说的“人皆可以为尧舜”了。从阳明一再强调必须落实的这一点来看，阳明讲格物有着极其深刻的现实关怀。而阳明的这种对格物的重新解释方式，也恰恰是在回归具体行为（“事”）上才体现出它的特殊意义。

三、心外无物

按照阳明对“物”的新理解，“物”就是事，就是人的行为，毫无疑问，这种行为的状况如何，是受到个体内在状态制约的，在阳明心学中这个转换非常重要，因为只有在这个意义上，才能确立其道德的根本性意义，也可以确立其个体对其行为的决定性影响。主体性和主导性，都在道德本心确立的意义上，自然而然地可以得到保证。由此，在阳明那里，必然心外无物、心外无理，这是由于本心的特性决定的。当阳明把道德本心作为本体、根据，这一点实现的时候，就意味着此外所有的一切的根据都在本心，而不在心之外。

> 爱问：“至善只求诸心，恐于天下事理，有不能尽。”先生曰：“心即理也。天下又有心外之事，心外之理乎？”爱曰：“如事父之孝，事君之忠，交友之信，治民之仁，其间有许多理在。恐亦不可不察。”先生叹曰：“此说之蔽久矣。岂一语所能悟？今姑就所问者言之。且如事父，不成去父上求个孝的理。事君，不成去君上求个忠的理。交友治民，不成去友上民上求个信与仁的理。都只在此心。心即理也。此心无私欲之蔽，即是天理。不须外面添一分。以此纯乎天理之心，发之事父便是孝。发之事君便是忠。发之交友治民便是信与仁。只在此心去人欲存天理上用功便是。”（《传习录》上，第3条）
>
> “爱昨晓思，格物的‘物’字，即是‘事’字。皆从心上说。”先生曰：“然。身之主宰便是心，心之所发便是意，意之本体便是知，意之所在便是物。如意在于事亲，即事亲便是一物。意在于事君，即事君便是一物。意在于仁民爱物，即仁民爱物便是一物。意在于视听言动，即视听言动便是一物。所以某说无心外之理，无心外之物。”（《传习录》上，第6条）
>
> 心外无物。如吾心发一念孝亲，即孝亲便是物。（《传习录》上，第83条）

第一条引文中徐爱的质疑，我们前面曾经提到过，其实徐爱的想法非常合乎逻辑，就是当阳明说心外无理、心外无事、心外无物的时候，我们自然会有如同徐爱一样的疑问，我们的心，怎么可能包含所有的一切东西呢？就现实的意义上来说，我们肯定不能说所有的东西都在我的心中，因为这就像阳明前面给朱子提的问题一样的，“天下之物，如何格得？”如果说，阳明可以如是去提问朱子，我们同样也可以像徐爱那样去质问阳明。所以，阳明必得做一个转换，才能妥善解决这个是否能够包容的问题。阳明的转换是说，心即是理，所有外在的状态都是取决于主体内在的状态，这样一来就意味着，不是主体能不能包容所有外在状况的问题，而是主体以怎样一种合适的方式去看待外在的问题。由此，依阳明所说，以内在于主体的天理去看待一切，一切皆得其理了，换而言之，这个时候不是说外在的事物、外在的理是否在我的心中，而是我这个纯然天理的本性，如何去观照外在的一切。从这个意义上来说，所有外在的事物、具体的理，都仅仅是我的内在状态的反映，由此逃不开我的内在本心。于是，我们自然就可以说心外无理、心外无物了。

所以，心外无物，实际是阳明在本心确立的基础上，再对“物”做“事”的解读之后，非常自然而然得出的一个结论了。关于这个问题的最为经典的描述，就是经常说的看岩中花树：

> 先生游南镇，一友指岩中花树问曰：“天下无心外之物，如此花树，在深山中自开自落，于我心亦何相关？”先生曰：“你未看此花时，此花与汝心同归于寂。你来看此花时，则此花颜色一时明白起来。便知此花不在你的心外。”（《传习录》下，第275条）

很多人以此来论证阳明的“主观唯心主义”性质，即认为阳明是否认外部客观世界的存在，而以“心”去决定物质的存在，所以，阳明是主观唯心主义者。而我们所要问的是，事实真的如此吗？让我们重新回到原文。首先，我们必须解决的问题是，友人诘问阳明时说的“天下无心外之物”中的“物”与阳明心学中的“物”是否是同一回事？从当时的情境及友人的所问出发，我们不难发现，友人所说的“物”，是指客观存在的具体事物，是本然存在的事物，在彼时彼刻下，在彼情彼境中，就是指岩中的“花”。然而，如我们前面讨论的那样，“物”在阳明心学中不仅仅是指客观的存在物，不能只被规定为自在之物，而是与人的意识紧密联系在一起的事，是与人的内心相关联的行为，我们可以说，这种“物”实际上是由客观存在物与人的意识共同构成的意义之“物”。就存在而言，它有别于本然意义上的存在，是一种为人的存在，对人显示某种现实意义的存在。

再者，我们来看一下阳明的答语，看看在这里他是否否认了客观物质世界的存在？在回答中，王阳明说“你未看此花时，此花与汝同归于寂”，这里关键在于“寂”字。根据《辞源》的解释，“寂”有两个义项，即“静无声音”和“安静”。考虑到阳明曾经出入佛老这一事实，“寂”在佛教中有“寂灭”之义。何为寂灭？“寂灭”是涅槃的一种译名，涅槃指的是免除烦恼业因，灭掉生死因果，生死因果俱灭，而人得解脱，永不受三界轮回的束缚，按照《大乘起信论》的说法，“以无明灭故，心无有起；以无起故，境界随灭；以因缘俱灭故，心相皆尽，名得涅槃。”通常意义上，寂灭在佛教中指本体寂静，离一切诸相的意思，有返本归真之义。在佛教传统中，这乃是一种精神的提升，并没有虚无或不存在的含义。那么，显然，不管是“静无声音”“安静”，还是“寂灭”，都不是在否认客观物质世界的存在的意义上使用的。而且，“你未看此花时”“你来看此花时”（注意这两句话），阳明在说这两句话的时候，有一个共同的特点：你未看此花，来看此花，“此花”是阳明在彼时彼刻所强调的。也就是说，在这里，有一个很明显的逻辑预设——即“此花”是存在的，否则又何言“此”，何言“看”与“未看”？由此，我们不难得出这么一个结论，即阳明并没有否认客观事物的存在，也并没有以“心”去构造外物的本然存在。而所谓的“心外无物”，它所强调的是“心”赋义于外部客观世界的那么一种行为，即“心”赋予了外物以相对于主体而言的意义，若“此花一时明白起来”一般。

按照阳明的观念，万物与“心”同体，与“心”同构，这样，我们不能在自身的存在之外去追问对象的存在，而只能是从自身的存在出发，来揭示对象之存在意义。世界处于关系之中，而人则是关系的中心。所以，要考察世界，则必然要从关系中去把握事物的存在，进而把握世界。“心”是主体，而且心有向外开展的趋势，而意则是心外化过程中的一个关键环节，由于“意”的作用，使物有了其存在的直接原因，当然，在这里，物并不是指本然的存在，而是与人的意识直接相关联在一起的“意之所在”的物，是为人的存在，是进入了人的意识领域之内的物。这样，当阳明说“心外无物”时，阳明赋予了物以对象性的含义，它是相对于主体而言的，构造起了对主体而言具有意义的世界。我们再回到“岩中花树”的诘问中来。在这里，如前文所述，友人的诘问，无疑指向的是“花”本然的存在，而王阳明的回答，实际上指向的是作为意义世界中存在的事物，即事物的对象性的存在。王阳明在这里向人们揭示的是一个意义确立的问题，外在的事物只有进入主体的价值系统，也就是阳明说的致良知于事事物物时，在这个意义上，客观的事物才具有意义。亦即，对“花”而言，“花的颜色一时明白起来”，也就是说，当彼时彼刻，主体在欣赏花，而且只有当这时候，花才有作为审美客体而存在的意义，即具有审美意义。否则，花只能是本然的自在存在，是“自开自落”，是“寂”，跟主体没有任何意义上的关联。

而更为重要的是，在阳明这里，通过心体来建构的是一种道德实践意义上的个体行为世界。从这个意义上来说，主体的道德本性，尤其重要。所以，当良知的本体确立时，所有行为都是良知发用流行的结果，这就是阳明所希望确立的一个基于道德意义的世界。因此物的客观存在与否并不重要，重要的是需要和人的内在道德本性相关，从而形成一个道德的世界，这才是最重要的。

阳明最早提及良知，大概在龙场悟道后不久，但此时阳明对良知还没有形成自觉。1519年左右，阳明才开始在其心学中真正系统地、自觉地倡导良知。若从学理角度说，唯有良知才能更好地体现阳明心学所强调的心即理和知行合一的意义，以此，良知（道德）的提出是阳明心学思想成熟的标志，是阳明心学最具有代表性意义的观念，是阳明心学的第一要义。是故『致良知』也就成为整个阳明心学思想的根本旨趣。因为在致良知意义上，阳明心学的理论特质才得以真正彰显。

第五章

致良知教

致良知可以说是整个阳明心学思想的根本旨趣，阳明最早提及良知，大概是在龙场悟道后不久。但从某种意义上说，那个时候阳明对良知这个问题还没有形成自觉。他在整个阳明心学中真正系统地、自觉地倡导良知，是在1519年左右开始的，那个时候阳明刚好在江西平宁王朱宸濠叛乱。可能正是平宁王叛乱这个事件，使得阳明对于良知有了直接的、深刻的领会，此后，良知作为最为重要的一个观念，经常出现在阳明的作品中。当然，如果从学理角度来说，唯有良知才能更好地体现阳明心学所强调的心即理和知行合一的意义，从这个角度来说，良知的提出是阳明心学思想成熟的标志。

良知的提出，是阳明心学最具有代表性意义的观念，这个良知就是道德，在阳明这里，致良知才是心学的第一要义。阳明通过对于良知本体、致良知教的种种讨论，确立了其心学系统最为根本的观念，在致良知意义上，阳明心学的理论特质得以真正彰显。后来阳明后学的展开，也是和良知的问题有着密切的关联，同时，阳明后学的弊端，也同良知的问题多多少少有内在的联系。

一、良知是什么

阳明心学思想的重要资源在于孟子，阳明对心的描述，在很大程度上继承了孟子对本心、四端之心的说法，由此而确立一个作为道德本性的心，并将这个作为其心学思想的基础，这就是前面所讨论的心即理。阳明的良知说，也是直接从孟子那里来的概念，孟子是中国思想传统中最早讲良知的，良知是什么？孟子给良知一个非常简洁的界定：

> 人之所不学而能者，其良能也；所不虑而知者，其良知也。（《孟子·尽心上》）

这里孟子对于良知、良能的说法，是后来传统中对这两个词意义的最基本说法。用“不学而能”“不虑而知”来限定良能、良知，表明作为一种能力，所谓的良能是天生具有的；作为一种认知，良知也是天生所具有的。那么，在孟子的语境中，这种天生所具有的良知和良能是什么呢？那就是道德观念和道德行为能力。因为，在孟子那里，作为天生本性的就是道德。

在某种意义上，宋明理学家要复兴儒学，如前所言，在议题和方法上都受到了佛教和道教的影响，但是，宋明理学要复兴的是儒学而不是佛教和道教，其间最根本的差异即在于宋明理学家依旧坚持的是儒家的道德立场。然而理学家若需要从根本上去讨论道德问题，一个避不开的（或者说具有非常重要价值的）资源，就是孟子说的良知。因此，我们可以看到，在阳明之前理学的传统中，良知事实上也是经常被使用的，朱子就经常使用良知这个观念：

> 明德，谓本有此明德也。“孩提之童，无不知爱其亲；及其长也，无不知敬其兄。”其良知、良能，本自有之，只为私欲所蔽，故暗而不明。所谓“明明德”者，求所以明之也。譬如镜焉，本是个明底物，缘为尘昏，故不能照；须是磨去尘垢，然后镜复明也。（《朱子语类》卷十四）
>
> 穷理者，因其所已知而及其所未知，因其所已达而及其所未达。人之良知，本所固有。然不能穷理者，只是足于已知已达，而不能穷其未知未达，故见得一截，不曾又见得一截，此其所以于理未精也。然仍须工夫日日增加。今日既格得一物，明日又格得一物，工夫更不住地做。如左脚进得一步，右脚又进一步；右脚进得一步，左脚又进，接续不已，自然贯通。（《朱子语类》卷十八）
>
> 良知良能，皆无所由；乃出于天，不系于人。（朱熹《孟子集注》）

在朱子这里，毫无疑问，也承认良知是出于天的，就是天理，是人的一切道德行为的根据。但是，人因为物欲的遮蔽，会忘记本来就有的良知，因此，这个时候，格物穷理就非常的重要，只有在格物穷理的基础上，人才能够回复到良知本来自明的状态。因此，在朱熹这里，良知对人来说，其重要意义不在于良知是人天生就具有的，而是强调在后天的格物穷理过程中，实现对于本有良知的把握。亦即，希望通过后天的、外在的工夫的努力，来实现对于良知的把握。

朱子这样的论述方式，阳明肯定是无法满意的。因为，既然良知本身就是天生的，是天理之在于人，那么它就是完满的、自足的。虽然人在现实的生活中会有物欲遮蔽，但是，对人来说，重要的绝不是向外去穷理以复良知本体之明，而是必须从发明本心开始，也就是必须要先确认自己良知的存在，然后如同孟子所说的，在我们的一切行为中把良知扩充出去（就是“致良知”的“致”的意思）。所以，对阳明来说，首先必须确定的就是良知的本体地位，换而言之，在阳明论良知中，其所首要关注的就是良知之作为本体的地位。

吾心之良知，即所谓天理也。（《传习录》中，第135条）

心者身之主也，而心之虚灵明觉，即所谓本然之良知也。（《传习录》中，第137条）

道心者，良知之谓也。（《传习录》中，第140条）

未发之中，即良知也。无前后内外，而浑然一体者也。有事无事，可以言动静，而良知无分于有事无事也。寂然感通，可以言动静，而良知无分于寂然感通也。（《传习录》中，第157条）

良知不由见闻而有，而见闻莫非良知之用。故良知不滞于见闻，而亦不离于见闻。（《传习录》中，第168条）

良知是造化的精灵，这些精灵，生天生地，成鬼成帝，皆从此出，真是与物无对。（《传习录》下，第261条）

从阳明上述在《传习录》中对于良知的界定来看，在阳明这里很清楚，良知就是天理，就是道心，当然，这一点朱子也不会否认。然而在阳明这里，更为重要的是他对于良知特点的几个限定，首先是良知是“本然”的，本然就意味着最初的、应有的状态；其次是良知是“未发之中”，在理学家这里，未发和已发经常被提及，作为一对相对概念，未发在理学家这里指本体而言，而已发是针对现象而说；第三，良知是“无分于动静”，即不可以用动、静来描绘良知，因为本体无分动静；第四，良知与见闻知识（经验知识）的关系，良知高于经验知识，但良知又在经验知识之中；第五，良知是“与物无对”，作为造化精灵，即一切造化根据的良知，高于具体事物的存在，而不是在与事物相对应的意义上的存在。从阳明的这些限定来看，良知在阳明这里必须是作为最高本体的存在，因为上述这些限定，只有在最高本体意义上才成立。

当然，既然良知作为最高本体确立了，由于良知就是一种道德本性，所以，人的道德行为，在这个意义上可以得到非常有效的说明。因此，在良知作为道德本体的前提下，阳明特别强调良知作为道德行为的根据问题：

> 尔那一点良知，是尔自家底准则。尔意念着处，他是便知是，非便知非，更瞒他一些不得。尔只不要欺他，实实落落依着他做去。善便存，恶便去。他这里何等稳当快乐！此便是格物的真诀，致知的实功。若不靠着这些真机，如何去格物？我亦近年体贴出来如此分明。初犹疑只依他恐有不足，精细看无些小欠阙。(《传习录》下，第206条)
>
> 义即是良知，晓得良知是个头脑，方无执着。(《传习录》下，第248条)
>
> 道即是良知。良知原是完完全全，是的还他是，非的还他非。是非只依着他，更无有不是处，这良知还是你的明师。(《传习录》下，第265条)
>
> “良知只是个是非之心，是非只是个好恶。只好恶就尽了是非，只是非就尽了万事万变。”又曰：“是非两字是个大规矩，巧处则存乎其人。”(《传习录》下，第288条)

在这里，阳明对良知之作为道德行为的根据作了非常详细的说明，阳明一再强调“良知只是个是非之心”，这就意味着从良知而来的就是关乎人的行为的道德判断的问题，人的行为必须要按照良知的要求来进行，因为良知是“尔自家底准则”“你的明师”，准则也好，明师也罢，所强调的都是人必须按照是非标准去行事的一种规定，这是由作为本体的良知所决定的。良知是一种道德本体，它的具体表达就是是非判断，这个是非判断必须要落实到现实的行为中去实现，也就是阳明说的需要“实实落落依着他做去”。这样，良知从道德的本体，经由是非判断的限定，很自然就转换成为对于人的现实道德行为的要求。

二、良知有什么特点

在阳明对良知的界定中，他的思路非常清晰，从道德本体落实到道德行为，由此，知的意义可以直接和行为方式相连接，于是，在良知意义上，知行必然合一。这里的知就是良知，就是道德本性，而行就是道德行为，这两者很显然是同一的。于是，在阳明心学中，良知作为一个核心概念的地位毋庸置疑。对于这么一个核心概念，阳明从不同的层面进行了讨论，在阳明的描述中，良知也具有了丰富的内涵特征。

首先，就作为一个本体而言，良知是永远存在、普遍适用的。

> 良知良能，愚夫愚妇与圣人同。但惟圣人能致其良知，而愚夫愚妇不能致，此圣愚之所由分也。(《传习录》中，第139条)
>
> 良知者心之本体，即前所谓恒照者也。心之本体，无起无不起。虽妄念之发，而良知未尝不在。但人不知存，则有时而或放耳。虽昏塞之极，而良知未尝不明。但人不知察，则有时而或蔽耳。虽有时而或放，其体实未尝不在也。存之而已耳。虽有时而或蔽，其体实未尝不明也，察之而已耳。若谓良知亦有起处，则是有时而不在也，非其本体之谓矣。(《传习录》中，第152条)
>
> 盖良知之在人心，亘万古，塞宇宙，而无不同。(《传习录》中，第171条)

作为一个本体的良知，它是永恒存在、普遍适用的。就永恒存在来说，阳明认为，作为本体的良知，永远都在那里，即便是人在做坏事的时候也存在，知道它存在的时候就会按照它去做，被私欲蒙蔽的时候就按照私欲去做，但是良知本身永远存在，只是人不察觉、没有去存养而已。从这个意义上来说，良知是恒照的，是“亘万古，塞宇宙，而无不同”的。所以，不能认为良知是有一个产生的时间，若以某个时间作为良知的开始，即破坏了良知作为本体的含义。从普遍适用来看，良知是人心之所同然者，不分贤愚，它是一切人的共同本质，从它作为人的本质的角度来说，贤愚都是相同的，在这个意义上，阳明才会说满街都是圣人。当然，圣人和愚夫、愚妇的差别就是孟子说的人和禽兽的区别，不在于良知的有无，而在于我们能不能认识到良知并按照良知去做。所以，良知作为一个本体，在时间上、空间上都是普遍存在并且普遍适用的。

其次，良知之所以可以普遍适用，无间于古今、贤愚，是因为良知是自然会知的，这是从良知作为一种道德判断的意义上来说的。

> 此心若无人欲，纯是天理，是个诚于孝亲的心，冬时自然思量父母的寒，便自要去求个温的道理。夏时自然思量父母的热，便自要去求个清的道理。这都是那诚孝的心发出来的条件。（《传习录》上，第3条）
>
> 知是心之本体。心自然会知。见父自然知孝，见兄自然知弟，见孺子入井，自然知恻隐，此便是良知。（《传习录》上，第8条）
>
> 良知发用之思，自然明白简易，良知亦自能知得。若是私意安排之思，自是纷纭劳扰，良知亦自会分别得。（《传习录》中，第169条）
>
> 盖良知只是一个天理自然明觉发见处，只是一个真诚恻怛，便是他本体。（《传习录》中，第189条）
>
> 七情顺其自然之流行，皆是良知之用，不可分别善恶，但不可有所着。七情有着，俱谓之欲，俱为良知之蔽。然才有着时，良知亦自会觉。觉即蔽去，复其体矣。此处能勘得破，方是简易透彻功夫。（《传习录》下，第290条）

良知会自己判断是非，这个知当然是道德意义上的知，是良知，而不是知识的知。良知的特点就是自然而然，不是私意的安排或者执着，所以，阳明说，七情本来是自然的，但是如果一旦有所执着，就是欲望，因为任何执着都是对于良知的遮蔽，都是私欲。所以良知自然会知，这表明作为一种道德行为的判断，良知是自然而然具有的，在这个过程中，不需要刻意安排。良知自知、自觉，表明作为本体的那个良知是永远存在的、未曾一刻消失，所以对于人来说，重要的是让良知发挥自知、自觉的能力，而一旦自知、自觉，则私欲尽去，一切皆是合乎天理之自然。

第三，因为良知本体是内在于人的，所以，个体对于良知有着非常明显和直接的把握，从这个角度来说，良知是独知的。

> 正之问："戒惧是己所不知时工夫。慎独是己所独知时工夫。此说如何？"先生曰："只是一个工夫。无事时固是独知，有事时亦是独知。人若不知于此独知之地用力，只在人所共知处用功，便是作伪，便是'见君子而后厌然'。此独知处便是诚的萌芽。此处不论善念恶念，更无虚假。一是百是，一错百错。正是王霸义利诚伪善恶界头。于此一立立定，便是端本澄源，便是立诚。古人许多诚身的工夫。精神命脉，全体只在此处。"（《传习录》上，第120条）
>
> 所谓"人虽不知而己所独知"者，此正是吾心良知处。然知得善，却不依这个良知便做去；知得不善，却不依这个良知便不去做，则这个良知便遮蔽了，是不能致知也。（《传习录》下，第317条）

因为良知是从心上说的，那么，很自然，这个良知就是我的良知。既然这个良知是内在于我的，那么它在任何时候都是独知的。从某种意义上来说，自己内心的良知，恰恰是他人所无法判断的，这也正是我们应当特别重视的地方。对于个体来说，重要的是从独知的意义上去领会和把握良知。如果良知是从人所共知的层面来把握，那其实都已经是私意安排的结果，比如，今天我们都说向某人学习，事实上这都是在作伪，因为这样的行为是要把形象、行为做给人看，而并不是发自于内心的。伪就是人为，就不是本来状态。只有在独知才是诚的，没有任何欺骗性，是真实状态，在那个独知之处，才是一切是非的根源。强调良知独知，在阳明这里是要把良知作为一种工夫在个体的身上找到有效的、可靠的基础。因为，只有在独知的意义上，良知才会对个体的行为方式产生有效的影响。

所以，在阳明这里，为了确保良知作为一种道德行为规范的有效性，它必须真正发自于主体内心，而不是出于一种作伪的结果。为了避免伪的出现，从而影响主体的道德行为，就必须要强调良知是我心的良知，是我心独知的，这样，所有的修炼工夫都有了切实有效的依托，阳明曾经通过诗歌的形式，对良知独知给予了非常直接的描述和确认，正如其在《答人问良知二首》中说：

> 良知即是独知时，此知之外更无知。谁人不有良知在，知得良知却是谁？
>
> 知得良知却是谁，自家痛痒自家知。若将痛痒从人问，痛痒何须更问为。

在阳明这里，良知就是独知，也就是强调对良知的体认是“自家痛痒自家知”，别人无法判断。个体的良知，正是在独知时才能够得到非常直接的体现。所以，独知这一点的提出，表明作为道德本性，良知是通过主体自觉、自律的方式来实现的，良知就是内在于自己的，所以必须依靠自己来实现对良知的把握，这就是自家痛痒自家知。

第四，作为道德本性的良知，不同于一般经验意义的知识，从这个角度来说，良知是无知无不知的。

> 良知不由见闻而有，而见闻莫非良知之用。故良知不滞于见闻，而亦不离于见闻。孔子云：“吾有知乎哉？无知也。”良知之外，别无知矣。故“致良知”是学问大头脑，是圣人教人第一义。今云专求之见闻之末，则是失却头脑，而已落在第二义矣。（《传习录》中，第168条）
>
> 知来本无知，觉来本无觉。然不知，则遂沦埋。（《传习录》下，第213条）
>
> 无知无不知，本体原是如此。譬如日未尝有心照物，而自无物不照。无照无不照，原是日的本体。良知本无知，今却要有知。本无不知，今却疑有不知，只是信不及耳。（《传习录》下，第282条）

《传习录》中的这些描述，对于良知无知无不知的特点做了非常清楚的描述。首先，良知无知，这是从良知作为本体来说的，良知作为本体，它不可能是某种经验知识，所以它必须是无知的，因为一旦良知是有知的，它就陷于了经验的、有限的事实之中，而无法成为本体；其次，良知无不知，这是从良知的功用来说的，既然良知本体是所有一切的根据，是天理，那么毫无疑问，良知可以落实到一切经验事实之中，一切事实经验都以良知为基础。所以，良知无知无不知，阳明用太阳照万物来说明这个道理，太阳不是有心去照万物，但万物都被太阳所照，没有任何的遗漏。太阳无心照物，就是无照，就是良知的无知。然太阳无所不照，就是良知的无所不知。从这个角度就很好理解良知作为一种特殊的知的内涵，在阳明这里，所有一切的根据都在于这个无知无不知的良知，这是学问的头脑所在，而我们之所以不相信这一点，那是因为我们没有真正领会到良知的意义，没有确立起良知信仰。所以，阳明强调对待良知必须有一种信仰态度。

最后，因为良知作为本体，超越时间和空间，具有普适性意义，所以，良知在当下亦是具足的、圆满的，无别于贤愚、无别于古今。

> 过去未来事，思之何益？徒放心耳。（《传习录》上，第79条）
>
> 我辈致知，只是各随分限所及。今日良知见在如此，只随今日所知，扩充到底。明日良知又有开悟，便从明日所知，扩充到底，如此方是精一功夫。（《传习录》下，第225条）
>
> 诚是实理，只是一个良知。实理之妙用流行就是神，其萌动处就是几。诚神几曰圣人。圣人不贵前知。祸福之来，虽圣人有所不免，圣人只是知几遇变而通耳。良知无前后，只知得见在的几，便是一了百了。若有个前知的心，就是私心，就有趋避利害的意。（《传习录》下，第281条）

按照上述引文的说法，良知是见在的，良知是当下便知，良知是没有古今分别的，当下具足的、圆满的。当然，当下具足的良知，并不意味着每个人都是具足的。作为本体，良知都是具足的，当然只有在圣人那里，良知是完全表达出来的，而普通人是没有得到完全的表达。所以良知的具足不保证每个人现在就是圣人，即呈现并不就是完满的。这是现象和本体的区别，也是可能和现实的差异。阳明为什么要讲良知是当下具足的、是现在的？我想大概有两个非常重要的原因。首先，良知是见在的，这在理论上确保了良知作为一种普遍有效的规范的存在，即在当下作为一个本体，它依旧是完满的，这一点无别于古今；其次，更为重要的是，良知是见在、具足的，所以，我们必须从当下开始致良知，讲吾心之良知扩充至事事物物的行为，是必须从当下就开始的，换而言之，良知的见在，可以更好地保证道德行为在当下的展开，而不至于流于一种纯粹思辨的兴趣。所以，在这里阳明把过去未来事的意义给取消掉了，“思之何益？”于是，我们需要重视的就是良知在当下的发用流行。另外，阳明对于良知见在的揭示，有着比较浓厚的佛教天台宗影响的痕迹。

三、满街都是圣人

我们说在阳明那里，他把良知确立为最高的本体，就良知作为本体来说，它是普遍适用、永恒存在的，而且也是当下具足的。

> 夫良知即是道。良知之在人心，不但圣贤、虽常人亦无不如此。若无有物欲牵蔽，但循着良知发用流行将去，即无不是道。但在常人多为物欲牵蔽，不能循得良知。(《传习录》中，第165条)
>
> 在虔与于中、谦之同侍。先生曰：“人胸中各有个圣人，只自信不及，都自埋倒了。”因顾于中曰：“尔胸中原是圣人。”于中起不敢当。先生曰：“此是尔自家有的，如何要推？”于中又曰：“不敢。”先生曰：“众人皆有之，况在于中，却何故谦起来？谦亦不得。”于中乃笑受。又论“良知在人，随你如何，不能泯灭，虽盗贼亦自知不当为盗，唤他作贼，他还忸怩。”于中曰：“只是物欲遮蔽。良心在内，自不会失，如云自蔽日，日何尝失了？”先生曰：“于中如此聪明，他人见不及此。”(《传习录》下，第207条)
>
> 人若知这良知诀窍，随他多少邪思枉念，这里一觉，都自消融。真个是灵丹一粒，点铁成金。(《传习录》下，第209条)

良知就是道，就是天理，是本体的最高存在。这个良知既然是本体，所以，无论是贤愚都一样有此良知，从这个角度来说，自然是人皆可以成为圣人，良知的普遍适用和永恒存在，保证了人之成为圣人的可能性从未消失，所以，阳明先生说就算是在一个盗贼那里，作为本体的良知还是没有泯灭的，因为当叫他盗贼的时候，他会觉得忸怩，觉得不好意思，这就意味着，那个良知本体依旧存在。但是，贤愚自有差别，差别在于贤圣随时依着良知而行，普通人依着私欲而行，于是在贤圣那里，当下就是良知的发用流行，在普通人那里，良知被遮蔽，全是为私欲所遮蔽。但是，只要认识到自身良知的存在，用良知去除私欲的遮蔽，那么，自然与圣人无异了。所以，阳明说“人胸中各有个圣人”，但这并不代表每个人都是圣人，因为“只自信不及，都自埋倒了”。

在阳明这里，良知本体的存在，提供了人人可以成为圣人的可能性。但是，因为没有确立起对良知的信仰，所以总是为物欲所遮蔽，于是没有办法在当下就实现成为圣人的可能性。在阳明这里，人皆可以成为圣人的观念，可以说是对孟子“人皆可以为尧舜”的直接继承，当然，与佛教所说“一切众生皆有佛性”同样有着异曲同工之妙，都是在可能性上确立了凡圣无二的观念，这种无二从本体意义上来说，是一种可能性，而并非是从现实性的角度确认。

因为这种可能性的确立，所以后来在阳明学中才有“满街都是圣人”的说法，对于这种说法，阳明先生在《传习录》中的回应十分值得深思：

> 一日，王汝止出游归，先生问曰：“游何见？”对曰：“见满街人都是圣人。”先生曰：“你看满街人是圣人。满街人到看你是圣人在。”又一日，董萝石出游而归，见先生曰：“今日见一异事。”先生曰：“何异？”对曰：“见满街人都是圣人。”先生曰：“此亦常事耳，何足为异？”盖汝止圭角未融，萝石恍见有悟，故问同答异，皆反其言而进之。（《传习录》下，第313条）

按照《传习录》的说法，阳明对于王艮和董沄关于“见满街都是圣人”的说法，根据两人不同的特征给予了不同的评价，表现出阳明先生在教育学生的问题上非常注意从学生的特点出发，强调因材施教，这当然是很重要的事情。如果我们撇开教学方法不说，这段话同样非常值得认真思考。阳明对于“见满街都是圣人”为什么会给予两种截然不同的评价呢？

首先，阳明是从何种意义上认可“见满街都是圣人”的？阳明在回答董沄的时候说，满街是圣人，那是常事。也就是说没有一点值得奇怪的，因为每个人身上都具有良知本体，而且这种良知本体当下具足，所以满街都是圣人。这是没什么值得奇怪的事情，本体如此，理当如此。如果阳明把满街都是圣人作为一种事实来确认的话，他确认的是良知本体的存在，由此而来，成圣的可能性得以确认。

那么，阳明又在何种意义上否定了“见满街都是圣人”？王艮说“见满街都是圣人”，阳明说“满街看你倒是圣人在”，这是什么意思？在阳明看来，虽然满街的人都是有成圣的可能性，但是，这并不等于说现在在街上看到的就是满街的圣人。道理很简单，可能性不等于现实性。如果把可能性等同于现实性有什么后果？那就会产生一种空疏和狂妄的倾向，这也是阳明所必须要去除的。当阳明讲良知的时候，其重要的意义是要人在明白良知本体在己的基础上，在现实中处处以良知来规范自己的行为，从而在真正意义上实现知行合一。如果，据此就认定满街就是圣人，那么道德行为的现实意义又如何得以保证？致良知的工夫，在阳明那里是断断不能被消解掉的。

四、致良知

我们说在阳明那里，良知本体虽然可以确认“满街都是圣人”这种可能性的存在。但对阳明来说，强调良知本体，其更为重要的意义是要求人在现实行为中时时事事按良知的要求来做，也就是说在良知所带来的道德境界和道德行为的两个层面，阳明更强调道德行为的实现，这就是所谓的致良知。

致良知是阳明思想中最为核心的观念，王畿说阳明先生“自江右以后，则专提致良知三字”（《滁阳会语》），钱德洪同样认为，“江右以来，始单提致良知三字，直指本体，令学者言下有悟”（《刻文录序说》），从阳明的两个重要弟子那里，这一点都可以确认。致良知作为阳明最为重要的主张，大体上是在江西之后，阳明非常自觉地强调致良知，并以此作为教化弟子的根本教义。

良知之外，别无知矣。故致良知是学问大头脑，是圣人教人第一义。今云专求之见闻之末，则是失却头脑，而已落在第二义矣。近时同志中盖已莫不知有致良知之说。然其功夫尚多鹘突者，正是欠此一问。大抵学问工夫，只要主意头脑是当。若主意头脑专以致良知为事，则凡多闻多见，莫非致良知之功。盖日用之间，见闻酬酢，虽千头万绪，莫非良知之发用流行。除却见闻酬酢，亦无良知可致矣，故只是一事。若曰致其良知而求之见闻，则语意之间，未免为二。此与专求之见闻之末者虽稍不同，其为未得精一之旨，则一而已。（《传习录》中，第168条）

阳明很直接地说良知之外，别无知。这一点，我们前面强调得很多，就是说在阳明那里，他主要是希望藉由良知本体的确立来强调和规范人的道德行为。因此，在这个意义上，所有的知，在阳明这里都是在道德行为意义上而言的。由此，人所要做的唯一一件事情，就是致良知，即把自己的良知推到人伦日用中去。

从这个角度来说，良知必然是要落实到人伦日用中去，这才是真正有效地实现良知的方式。但是，这与说要到见闻（经验）中去致知是有区别的。他是把良知推到人伦日用，而不是要在外物中找一个良知出来，所有事物都是良知扩充的结果。所以，阳明一再强调，他的这种方式与朱子有着根本的区别，致良知，不是即物穷理，这一点必须明确指出。

吾教人致良知，在格物上用功，却是有根本的学问。日长进一日。愈久愈觉精明。世儒教人事事物物上去寻讨，却是无根本的学问。方其壮时，虽暂能外面修饰，不见有过。老则精神衰迈，终须放倒。譬如无根之树，移栽水边。虽暂时鲜好，终久要憔悴。（《传习录》下，第239条）

若鄙人所谓致知格物者，致吾心之良知于事事物物也。吾心之良知，即所谓天理也。致吾心良知之天理于事事物物，则事事物物皆得其理矣。致吾心之良知者，致知也。事事物物皆得其理者，格物也。（《传习录》中，第135条）

阳明说致良知和即物穷理的根本差别就在于致良知是有根本的学问，而即物穷理则是没有根本的学问。阳明说，没有根本的学问，就像是把一棵无根的树移栽到水边，虽然一开始的时候可能还是比较鲜好，但这不能长久，时间一长，因为没有根，难免就会憔悴了。如果人从事于即物穷理这种没有根本的学问，也是一样，年轻时候可能因为精力旺盛，不见得有什么问题，但年老之后，由于精力衰退，必然会放弃这种方式。由此，两者的差别就非常清楚了。致良知就是有根，因为它要求的是先在心中确立良知本体，这就是根本所在，很明显，阳明在这里用的就是孟子所说的扩充善根的说法。所以，重要的就是要把吾心之良知扩充到事事物物上去，这就是致良知的工夫，

由此，使得事事物物都是符合良知的存在，也就是在道德意义上的存在。因此，致良知很明显就是一种工夫论的要求。

> 一友问“功夫不切”。先生曰：“学问功夫，我已曾一句道尽。如何今日转说转远，都不着根？”对曰：“致良知，盖闻教矣，然亦须讲明。”先生曰：“既知致良知，又何可讲明？良知本是明白，实落用功便是。不肯用功，只在语言上转说转糊涂。”（《传习录》下，第280条）

在阳明看来，良知是本体，致良知是工夫，我们需要做的就是把良知本体不断扩充出去。良知本来是明白的，切实落实在生活实践中去按照良知的要求做就对了。而不是执着在从语言文字上来把致良知这个问题讲清楚，在阳明看来，致良知不需要讲，而是需要切实去做。如果希望通过讲的方式把这个道理讲明白，那没有必要，也不可能，那样的结果只能越讲越糊涂。良知本来就内在于己，只要把自己本有的这个良知扩充到自己的行为中去，这就是致良知工夫。

阳明讲致良知，主要是从现实的行为方面来说的，要求人能够在日常行为中按照自己本有的良知来约束、规范自己，使得自己的行为都能够呈现良知的要求，这是一种切切实实的工夫，而不是单纯的理论探讨。

五、学问头脑

从某种程度来说，阳明把良知作为本体来强调，目的是要倡导致良知的行为，也就是说，阳明认为最重要的是在日常行为中实现良知，而不是局限在把良知当作抽象观念来讨论。就像前面所说的，阳明认为自己的学问和朱子学问最根本的差别在于自己的学问是有根本的学问，而朱子的学问是没有根本的学问。这个批评应该说十分严厉，在这种严厉的背后，展现的是阳明对自己思想的信心。

> 这心体即所谓道心，体明即是道明，更无二。此是为学头脑处。（《传习录》上，第31条）
>
> 故致良知是学问大头脑，是圣人教人第一义。（《传习录》中，第168条）
>
> 故迩来只说致良知。良知明白。随你去静处体悟也好，随你去事上磨练也好。良知本体原是无动无静的，此便是学问头脑。我这个话头，自滁州到今，亦较过几番，只是“致良知”三字无病。（《传习录》下，第262条）
>
> 先生尝曰：“吾良知二字，自龙场已后，便已不出此意，只是点此二字不出，于学者言，费却多少辞说。今幸见出此意，一语之下，洞见全体，真是痛快，不觉手舞足蹈。学者闻之，亦省却多少寻讨功夫。学问头脑，至此已是说得十分下落，但恐学者不肯直下承当耳。”又曰：“某于良知之说，从百死千难中得来，非是容易见得到此。此本是学者究竟话头，可惜此体沦埋已久。学者苦于闻见障蔽，无入头处。不得已与人一口说尽。但恐学者得之容易，只把作一种光景玩弄，孤负此知耳！”（钱德洪《刻文录叙说》）
>
> 致良知之外，无学矣。自孔孟既没，此学失传几千百年。赖天之灵，偶复见之，诚千古之一快，百世以俟圣人而不惑者也。每以启夫同志，无不跃然以喜者，此亦可以验夫良知之同然矣。（王阳明《书魏师孟卷》）
>
> 致知二字是千古圣学之秘……此是孔门正法眼藏，从前儒者多不曾悟到，故其说卒入于支离。（王阳明《寄薛尚谦》）

从上面的论述中，可以看出对阳明来说，良知之说是其经过长期的、艰苦的过程所得出来的结论，也是阳明最为自信的地方。在阳明看来，致良知是这世间唯一重要的学问、也是唯一正确的学问，所以，他屡屡用“学问头脑”“圣人教人第一义”“孔门正法眼藏”这样的字眼来形容致良知，从这些说法中，我们可以明显地感觉到阳明的那种自信，由此可以看出，致良知在阳明思想系统中的重要地位。

致良知在阳明思想中是学问头脑，是其思想的根本所在。如阳明一直所强调的那样，在这里重要的是要把良知扩充到现实的生活经验中去，由此，可以建构一个合乎道德规范的理想社会。因此，对阳明来说，其良知学说的重要意义不在于理论兴趣，而是更多在于现实关怀，或者说，改变现实的需求。所以，有良知本体不是最为重要的，而最为重要的是要把良知扩充到日常生活中，真正用良知来规范经验生活，这就是良知之“致”。

六、良知是一把双刃剑

当良知成为本体的时候，我们在王阳明那里可以看到，阳明更多是强调将良知在现实生活中得到实现，这应当说是对现实有着极为重要规范意义的一种观念，也正是在这个意义上，阳明对自己的良知学说极为自信，并以此作为学问之头脑，将没有头脑的朱子学彻底消解了。

但是，良知毕竟是一个道德观念，按照阳明的思路，良知落实于人心，成为了内在于人的道德本性。而且，良知也是独知的。那么，会不会产生一个问题，就是我们的良知被误用（或者过度使用），从而使得良知滑向反面？也就是说良知恰恰为私欲所利用，成为助长私欲的武器。从历史的角度来说，这种情形还是确实存在的。

> 江陵欲夺情，尽指言者为宋人烂头巾语。此事惟王新建足以知之。夫江陵欲夺情，不管新建不新建，何至以新建之贤而动为乱臣贼子所藉口？则亦良知之说有以启之。（刘宗周《读书说·示儿》）

刘宗周在这里用的是“江陵夺情”这个案例，江陵就是张居正（张居正与阳明学有着密切和复杂的关系），夺情就是当时张居正父亲去世，张居正没有按照要求丁忧给父亲守孝，这件事情在历史上确实发生过。

> 己卯，张居正父丧讣至，上以手谕宣慰……然亦无意留之。所善同年李幼孜等倡夺情之说，于是居正惑之，乃外乞守制，示意冯保，使勉留焉。（谷应泰《明史纪事本末·江陵柄政》）

以《明史纪事本末》的这段说法，张居正之所以夺情，那完全是出于一己私欲，而且是通过跟宦官合作，最后达成的。这个事件在当时引起了极大的争议，根据史书记载，后来反对张居正夺情的人中有很多受到了廷杖，而且这个事件之后，张居正在政治上更加恣意妄为。按照刘宗周的说法，当时张居正就用王阳明来替自己辩护，认为自己的行为只有王阳明可以理解，而反对自己夺情的人，都是固执于宋人的“烂头巾语”，也就是固守着所谓的礼法制度，不知变通。阳明的良知之学，在这里恰恰成为张居正做违反礼制之事的借口。当然，按照刘宗周的说法，对张居正来说，他就是要做夺情这件事情，是不是王阳明不重要，但关键问题在于，为什么王阳明恰恰可以成为张居正的借口呢？刘宗周认为，这是良知说所存在的问题，换而言之，阳明的良知说自然会导致这种情况的发生。

> 先生曰：“大抵发心学问，从自己亲切处起见，即是良知。若参合同异，雌黄短长，即属知解。”陶先生曰：“雌黄参合亦是，良知如一柄快刀子，能除暴去凶，亦能逞凶作盗，顾人用之何如耳。”先生曰：“恐良知之刀止能除盗，不能作盗。”（刘宗周《会录》）

这是发生在刘宗周和陶奭龄关于良知的一段对话。按照刘宗周的说法，良知就是从自己亲切处（相当于阳明说的独知处）而来，如果有比较，就不是良知。但是，陶奭龄的说法却是，良知就是一把快刀子，是价值中立的，可以除暴去凶，可以逞凶作盗，关键就看谁在用良知。所以，对于这个问题，刘宗周断然不能接受，他说，良知只能为善不能为恶。

上面从张居正的夺情说，到陶奭龄认为良知是价值中立，都表明一点，良知有可能滑向自己的对立面。因为张居正是出于私欲而夺情的，却可以用良知说来为自己辩护。关键的问题在哪里？就在于良知是内在于自己的，是独知的，所以可以为私欲找到一个很好的借口，因此良知面临一个很大的问题就是可能成为一柄双刃剑。所谓双刃剑，就是陶奭龄说的，既可以除盗，也可以为盗。这表明良知说在具体的落实上，会存在问题。因为良知落实到人心的时候会不可避免地主观化，无论是人心或者独知，都是主观意义上而言的。如果是纯粹的主观化，那么，就像陶奭龄说的，最后只能取决于使用良知的人了。

对于这样的问题，阳明有没有意识到？我认为在阳明那里，他对于良知的这种主观化有着清醒的认识。所以阳明对良知给予了两个非常重要的限定。阳明始终强调良知即是天理，良知即是至善。说良知是天理，则表明良知有其客观依据，所以良知不能是我认为是正确的就是正确的，它是有天理作为根据的，良知并不是当下的所有判断就是良知，也不是所有人的想法就是良知，只有合乎天理的，才是良知。说良知是至善的，是意味着良知是一种道德本性，是纯粹至善的，所以不能用良知来为恶，在为恶的意义上，只能说是私欲，它不是良知。这就像刘宗周说的，良知恐怕只能为除盗，不能作盗。

虽然阳明自身对这个问题有着清醒的认识，也做了非常重要的理论上的限定和完善。但是，由于良知的主观化所带来的影响，并不是因为阳明这样的努力而得到避免或者消除。上述张居正的夺情事件，以及后来的阳明学的空疏倾向，在某种意义上都和这个问题有着关联。

龙场悟道第二年，阳明主讲贵阳书院，即倡言其一以贯之的『知行合一』。从历史脉络看，作为龙场悟道的结果之一，知行合一在阳明思想系统中占有了重要地位。然而，如果按阳明高弟王龙溪对阳明思想历程的总结，他把知行合一放在良知说之后。这时王龙溪的解释是他自己对阳明思想理解基础上的一种重构，是出于理论上圆融角度的考虑，而非历史事实的还原。因为唯有在良知基础上，才可以更圆融地理解知行合一这种提法。

第六章

知行合一

我们前面在讲到龙场悟道的时候，曾经说到过，阳明在龙场悟道所得出来的结论大概有两个，一个是心即理，一个是知行合一。所以，知行合一应该是阳明心学确立之前或更早就有的观念，当然，也可以说是阳明一以贯之的观念。在阳明龙场悟道第二年，贵州提学官席书聘阳明主讲贵阳书院，阳明即倡言知行合一之旨。

从历史脉络来看，作为龙场悟道的结果之一，知行合一在阳明的思想系统中占有了重要地位。然而，如果我们按照阳明高弟王龙溪对阳明思想历程的总结，知行合一是被放在良知说之后的。很显然，王龙溪的解释不是历史事实的还原，而是在王龙溪自己对阳明思想理解基础上的一种重构。也就是说，王龙溪把知行合一放在了良知说之后，是出于思想建构角度的考虑，而不是出于如实反映历史面貌的目的。当然，知行合一观念在龙场悟道开始，一直到阳明的晚年，都被不断提及并强调。王龙溪把知行合一置于良知说之后，是出于理论上圆融角度的考虑。因为唯有在良知的基础上，才可以更好地、更圆融地理解知行合一这种提法。

一、正人心，息邪说

阳明要讲知行合一，并且从龙场悟道开始，即一直强调这个问题，是出于何种原因？如果我们从阳明思想的历程来看，阳明的很多观念在前后会有一些改变。比如，早期强调心即理，后来主要讲良知。可是，对于知行合一的强调，则是一直没有改变过。为什么？

对阳明来说，讲知行合一，主要并不是出于一种理论建构上的需要，而是具有非常强烈的现实关注和现实忧患在其中，嘉靖五年（1526），在《书林司卷》中，阳明非常直接地表明了这样的一种旨向：

> 昔王道之大行也，分田制禄，四民皆有定制。壮者修其孝弟忠信；老者衣帛食肉，不负戴于道路；死徒无出乡；出入相友；疾病相扶持。乌有耄耋之年而犹走衣食于道路者乎！周衰而王迹熄，民始有无恒产者。然其时圣学尚明，士虽贫困，犹有固穷之节；里闾族党，犹知有相恤之义。逮其后世，功利之说日浸以盛，不复知有明德亲民之实。士皆巧文博词以饰诈，

> 相规以伪，相轧以利，外冠裳而内禽兽，而犹或自以为从事于圣贤之学。如是而欲挽而复之三代，呜呼！其难哉！吾为此惧，揭知行合一之说，订致知格物之谬，思有以正人心，息邪说，以求明先圣之学，庶几君子闻大道之要，小人蒙至治之泽。而哓哓者皆视以为狂惑丧心，诋笑訾怒。予亦不自知其力之不足，日挤于颠危；莫之救，以死而不顾也。不亦悲夫！（王阳明《书林司训卷》）

阳明在这段文字中很直接地表达出了对当时现实的基本思考和批判，阳明认为在春秋战国以来，中国的社会就面临着王道沦丧这样一个基本的社会事实，而到了他生活的年代，这种状况更加糟糕，“功利之说日浸以盛，不复知有明德亲民之实。士皆巧文博词以饰诈，相规以伪，相轧以利，外冠裳而内禽兽，而犹或自以为从事于圣贤之学”。面对这样的社会现实，阳明必须要对这样的社会状况和人心状态进行深刻的反思，才有可能提出改变的方式。非常有意思的是，阳明对社会现实批判的很多话语都直接来自孟子，跟孟子对当时社会弊病的讨论有着极大的相似性。当然，揭示出社会基本状态，并不是最为重要的。重要的是必须要提出改变的方法，阳明提出来的基本策略就是知行合一。从这个角度来说，知行合一具有强烈的社会现实意义，它是阳明从挽救世道人心的角度提出来的、具有针对性意义的一剂良药，用阳明的话来说，就是用来“正人心，息邪说”的。有意思的是，“正人心，息邪说”的说法，最早也是孟子使用的。

> 昔者禹抑洪水而天下平，周公兼夷狄，驱猛兽而百姓宁，孔子成《春秋》而乱臣贼子惧。《诗》云：“戎狄是膺，荆舒是惩，则莫我敢承。”无父无君，是周公所膺也。我亦欲正人心，息邪说，距诐行，放淫辞，以承三圣者；岂好辩哉？予不得已也。能言距杨、墨者，圣人之徒也。（《孟子·滕文公下》）

孟子这段话，事实上也是针对当时的社会事实而来的，所谓“正人心，息邪说”，主要是从拒斥杨朱、墨翟的角度来说的，当时“杨朱、墨翟之言盈天下，天下之言，不归于杨，即归墨。”

（《孟子·滕文公下》）基于杨朱、墨翟之言对于世道人心的破坏，对于圣人之道的遮蔽，孟子愤然而起，所以，孟子说并不是因为自己好辩，只是因为在当时的情境下，为了恢复圣人之道，不得已而为之。对阳明来说，他面对的情形是朱子学带给当时社会极端严重的后果，所以在前面我们提到过，在阳明看来，朱子学就像当年孟子所遇到的杨墨之学，是洪水猛兽，所以，阳明把自己批判朱子学的行为跟孟子拒斥杨墨之学的行为并提，从这个角度来说，阳明和孟子之间心有戚戚焉。

因此，阳明之提倡知行合一，是出于“正人心，息邪说”的现实需要。他的这种现实需要，很明显是指向朱子学对当时社会所带来的不良影响来说的，希望通过强调知行合一这一主旨来重新拯救世道人心。在朱子学占有极为重要掌控地位、具有广泛社会影响的当时，我们又一次看到了阳明所表达出来的悲壮情怀。

当然，阳明从知行合一角度来提出这个问题，很显然，当时所存在的问题必然包含由朱子学所带来的知行不合一的事实状态，并且这个事实状态明显影响到了社会，换而言之，损害到了世道人心，所以阳明才会痛心疾首，必须以“正人心，息邪说”为己任，展开对朱子学的批判，并在批判的基础上重新恢复圣人之学，改变社会现实。由此，我们在理解阳明的知行合一之前，必须要先了解一下朱子对知行问题的基本看法，以及在朱子的这种理论中可能存在的问题。

朱子的理学系统非常庞杂，在这个意义上，他可以说是中国哲学史上百科全书式的大家，是集大成式的人物。关于知行问题，在朱子那里也被非常详细地讨论过，朱子之论知行，最为概括性的、经典的说法是：

> 知、行常相须，如目无足不行，足无目不见。论先后，知为先；论轻重，行为重。（《朱子语类》卷九）

这段短短的陈述中，关于知行的关系问题，朱子主要有三个非常重要的观念。首先，朱子确定的是知行相须，也就是说知行是不能够分离的，朱子用的比喻知行的关系就像眼睛和脚的关系，眼睛虽然能够看见，但是，没有脚的话就算看清了路，也是没有办法走的。反过来也是一样，脚虽然能够走路，但是如果没有眼睛看路，也是不行的。朱子这个比喻，非常形象地描述出了知行不能分开的看法，在这个意义上，任何割裂知、行的做法非但不应该，而且不可能。其次，如果在知行这里要区分先后的话，那么知在先，行在后，也就是说必须得有一定的知识累积，然后才有可能在现实中去实践。在朱子这里，这个知，大体上是从经验知识角度来说的。最后，从知、行的重要性来说，行比知更为重要。

应该说，朱子的论述比较圆融地解决了知行问题。但是为什么会被阳明视为“邪说”呢？这里最为关键的一点，可能在于朱子讲知先行后。当然，如前文所说，朱子在讲知先行后的时候，是在强调知行不能分离，以及知重行轻的背景上来说的。可是，在朱子这里，虽然有着严密的论证逻辑，毕竟在知行之间分了一个先后。再加上朱子对格物致知的解释，如我们前面多次提到的，是以即物穷理的方式来实现的。这就存在着一个把知识隔离出来的危险，知在朱子这里，极有可能成为一个纯粹知识的问题，这一点，阳明非常清醒地意识到了。

> 今偏举格物而遂谓之穷理。此所以专以穷理属知。而谓格物未尝有行。非惟不得格物之旨，并穷理之义而失之矣。此后世之学所以析知行为先后两截，日以支离决裂，而圣学益以残晦者，其端实始于此。（《传习录》中，第137条）

知先行后，格物穷理，这两者结合在一起产生的一个非常严重的后果就是知行的整体性、统一性在事实上被截断了。所以，朱子虽然强调知行相须，知轻行重，但是在朱子的系统中，亦可以自然而然地得出以知为重的倾向。而在阳明的时代，知而不能行、知而不行的状况极其明显。简单地说，阳明知行合一的提出是针对知而不能行，所以是正人心、息邪说。本来在朱子的意义上对知行的论述没有问题，然而，将知理解为知识，强调先知后行，则会导致知行必然被分离。这一点，黄宗羲也有非常清晰的认识：

> 先生悯宋儒之后学者，以知识为知，谓“人心之所有者不过明觉，而理为天地万物之所公共，故必穷尽天地万物之理，

然后吾心之明觉与之浑合而无间”。说是无内外，其实全靠外来闻见以填补其灵明者也。先生以圣人之学，心学也。心即理也，故于致知格物之训，不得不言“致吾心良知之天理于事事物物，则事事物物皆得其理”。夫以知识为知，则轻浮而不实，故必以力行为功夫。良知感应神速，无有等待，本心之明即知，不欺本心之明即行也，不得不言“知行合一”。（《明儒学案》卷十《姚江学案》）

黄宗羲在《姚江学案》中对阳明知行合一说由来的解释，也非常清楚地指出宋儒（朱子为代表）的最大问题在于“以知识为知”，也就是把知限定在了知识性的意义上，由此产生了非常严重的后果——“轻浮而不实”。从这个角度来说，阳明之讲知行合一有着比较明确的针对性，和非常强烈的“正人心，息邪说”的救世意味。由此，在阳明这里，按照黄宗羲的说法，做了一个非常重要的转变，以良知（即道德本性）作为知，而不是以知识做知。如前文所言，在良知的意义上，知行合一，是一个非常自然的结论。由此，我们也可以理解，为什么知行合一在王龙溪那里被放在良知学说之后来论说。

二、知行本体

如前所言，当我们把知仅仅理解成一般意义上的知识（也就是闻见知识、经验知识）的时候，需要先有这样的知识作为我们日常行为的基础，也正是在这个意义上，朱子说知先行后。换而言之，当朱子说知先行后的时候，关注更多的是我们一般意义上的知识性学习。然而，在阳明那里，由于对社会现实的弊病有着极为深刻的、直接的领会，所以并不是主要在经验知识的意义上来讨论知行问题，而是在良知（道德知识）意义上来讨论知行问题。我们可以看到，《传习录》中所涉及的关于知的论说，大体上都是在良知（道德）的意义上立说的，而不是在经验知识的角度来讨论的。

换而言之，对阳明来说，重要的是要救正世道人心。用什么来救正？必须得用儒家的道德教化来改变，重新在社会的意义上树立起良知（道德）信仰，由此来拯救世道人心。所以，在阳明讨论知行的时候，相对朱子而言，已经有了两层转换。首先，在对于知的认定上，阳明不是在宽泛意义上讨论知识问题，而是集中关注道德知识，也就是良知问题。其次，阳明讨论的重点不是集中在学理层面，而关注更多的是知行问题的现实意义，也就是对世道人心的影响。

因此，从社会批判的意义来说，阳明针对的是当时的知行不合一、知而不能行的基本事实，而这个事实在阳明看来，与圣人之学、圣人之道相背离。这就意味着，在圣人之道、圣人之学的背景之下，知行本来就是合一的。所以阳明对知行合一问题的讨论，首先是从知行本体出发的。这里所谓知行本体，就是知行本来状态、应有状态，而不是从本体论的角度来言说的。

> 爱因未会先生知行合一之训，与宗贤惟贤往复辩论，未能决。以问于先生。先生曰："试举看。"爱曰："如今人尽有知得父当孝、兄当弟者，却不能孝，不能弟。便是知与行分明是两件。"先生曰："此已被私欲隔断，不是知行的本体了。未有知而不行者。知而不行，只是未知。圣贤教人知行，正是要复那本体。不是着你只恁的便罢。故《大学》指个真知行与人看，说'如好好色''如恶恶臭'。见好色属知，好好色属行。只见那好色时，已自好了。不是见了后，又立个心去好。闻恶臭属知，恶恶臭属行。只闻那恶臭时，已自恶了。不是闻了后，别立个心去恶。如鼻塞人虽见恶臭在前，鼻中不曾闻得，便亦不甚恶。亦只是不曾知臭。就如称某人知孝，某人知弟。必是其人已曾行孝行弟，方可称他知孝知弟。不成只是晓得说些孝弟的话，便可称为知孝弟。又如知痛，必已自痛了，方知痛。知寒，必已自寒了。知饥，必已自饥了。知行如何分得开？此便是知行的本体，不曾有私意隔断的。圣人教人，必要是如此，方可谓之知。不然，只是不曾知。此却是何等紧切着实的工夫。如今苦苦定要说知行做两个，是甚么意？某要说做一个，是甚么意？若不知立言宗旨。只管说一个两个，亦有甚用？"爱曰："古人说知行做两个，亦是要人见个分晓。一行做知的功夫，一行做行的功夫，即功夫始有下落。"先生

曰："此却失了古人宗旨也。某尝说知是行的主意，行是知的功夫。知是行之始，行是知之成。若会得时，只说一个知，已自有行在。只说一个行，已自有知在。古人所以既说一个知，又说一个行者，只为世间有一种人，懵懵懂懂的任意去做，全不解思惟省察。也只是个冥行妄作。所以必说个知，方才行得是。又有一种人，茫茫荡荡，悬空去思索，全不肯着实躬行，也只是个揣摸影响。所以必说一个行，方才知得真。此是古人不得已，补偏救弊的说话。若见得这个意时，即一言而足。今人却就将知行分作两件去做，以为必先知了，然后能行。我如今且去讲习讨论做知的工夫。待知得真了，方去做行的工夫。故遂终身不行，亦遂终身不知。此不是小病痛，其来已非一日矣。某今说个知行合一，正是对病的药。又不是某凿空杜撰。知行本体，原是如此。今若知得宗旨时，即说两个亦不妨。亦只是一个。若不会宗旨，便说一个，亦济得甚事？只是闲说话"。（《传习录》上，第5条）

《传习录》中的这段话比较长，但是非常详细地阐述了阳明对于知行本体合一的看法。徐爱提问："如今人尽有知得父当孝、兄当弟者，却不能孝，不能弟。便是知与行分明是两件。"阳明自己也很清楚地说了："今人却就将知行分作两件去做，以为必先知了，然后能行。我如今且去讲习讨论做知的工夫。待知得真了，方去做行的工夫。故遂终身不行，亦遂终身不知。此不是小病痛。"因此，阳明讲知行本来合一，就是非常明确地针对当时社会普遍存在的知而不能行的基本事实出发的。所以，阳明才会说，"某今说个知行合一，正是对病的药"，针对当时社会的弊病阳明提出了知行合一来救治。阳明上面对于知行本体的讨论，大体上可以从三个层面来理解。

首先，就知行本体来说，知就是行，行就是知，知行只是一个。知行本体为一，这是真正的圣人之学所在，是未有任何私欲隔断的知行本来状态。阳明用《大学》里"好好色""恶恶臭"来做说明，阳明分析说，"见好色属知，好好色属行"，我们人的行为恰恰就是在见到好色的同时就喜欢了，而并不是在见了好色之后，再立个心去喜欢；"闻恶臭属知，恶恶臭属行"，我们在闻到恶臭的同时就厌恶了，并不是闻恶臭了之后，再立个心去厌恶。为了更清楚地说明这一点，阳明举了一个鼻塞人的例子，鼻塞人因为他没有办法闻到恶臭，所以，他自然也不会有厌恶的行为表达，这表明知和行事实上是一起的。当然，如果我们仔细看这段讨论的话事实上是存在问题的，比如阳明说，“见好色属知”“闻恶臭属知”，事实上无论是“见”还是“闻”都不是在知的意义上讨论的，而恰恰是行。当然，如前所言，我们可以说，在阳明这里，更关注的是对于知、行做道德意义上的界定，而不是一般知识意义上的讨论，所以很明显，这里的“好”“恶”都具有很强烈的道德判断的意义。从道德知识和道德行为的角度来说，阳明想要强调的是人的道德观念和他的道德行为必然是合一的。如果把这个讨论延展到一般性的知识来说，阳明的逻辑就存在着问题，比如阳明说“又如知痛，必已自痛了，方知痛。知寒，必已自寒了。知饥，必已自饥了”，这些例子事实上是不合适的，因为我们人对于痛、寒、饥的经验知识和我们对于痛、寒、饥的事实判断恰恰存在着脱离，在时间上是有先后过程的。

其次，既然知行本体是合一的，为什么古人会把知行分开来说呢？阳明说这是因为“补偏救弊”的需要。也就是说，古人强调知的时候，是针对那种“懵懵懂懂的任意去做，全不解思惟省察”的“冥行妄作”，所以，需要用知来规范其行；古人强调行，是针对那种“茫茫荡荡，悬空去思索，全不肯着实躬行”的“揣摸影响”，所以必得用行来改变这种空想的方式。

最后，阳明对于知行本体的总结，“知是行的主意，行是知的功夫。知是行之始，行是知之成”。需要指出的，这是阳明在知行作为两个概念的前提下，对知行本体做的一种综合性的描述，在这个描述中，知就是良知，就是道德观念。因此，人的道德观念是人的行为指导，人的行为则是其道德观念的实现。所以，道德观念是人的道德行为的开始，而道德行为则是道德观念的实现。由此，道德观念（良知）和道德行为必然一致，将两者分开来说，只是为了从分析上来体现各自不同的特点，事实上，道德观念和道德行为不可分割，本来就是合一的。所以，阳明在回答徐爱第一个问题时就反问：“不成只是晓得说些孝弟的话，便可称为知孝弟？”良知不能仅仅作为一种纯粹的知识而存在，它必然通过人的行为表达出来。在这个意义上，知行本体原是合一。当我们明白这个道理时，不管是从合一的角度来说，还是从分别的角度来说，都没有问题。因为合一是本来状态，分说是“补偏救弊”。

三、知行工夫

当然，如果从道德观念和道德行为的角度来说，知行合一就不仅仅是本来如此，本体如此了。它在现实中的表达也是如此，也就是说从工夫的角度来说，也必然是合一的。所以，在阳明强调知行本体合一的同时，《传习录》中屡屡从知行工夫的角度来强调知行合一。从一定程度上来说，知行工夫的合一比知行本体的合一具有更为重要的现实意义。

因为，对阳明来说，他的立足点更多是要改变知行分离、知而不能行的现实，希望通过知行合一的揭示，使得知行合一的方式在现实中真正得以实现。只有知行合一在现实的、工夫的意义上实现，才是最为有效的方式。所以，在讨论完知行本体之后，阳明更重视的是对知行工夫合一的说明：

> 知者行之始。行者知之成。圣学只一个功夫。知行不可分作两事。（《传习录》上，第26条）
>
> 知之真切笃实处，即是行，行之明觉精察处，即是知。知行工夫，本不可离。只为后世学者分作两截用功，失却知行本体，故有合一并进之说，真知即所以为行，不行不足谓之知。（《传习录》中，第133条）
>
> 今人学问，只因知行分作两件，故有一念发动，虽是不善，然却未曾行，便不去禁止。我今说个知行合一，正要人晓得一念发动处，便即是行了。发动处有不善，就将这不善的念克倒了。须要彻根彻底，不使那一念不善潜伏在胸中。（《传习录》下，第226条）
>
> 知行原是两个字说一个工夫，这一个工夫须著此两个字，方说得完全无弊病。若头脑处见得分明，见得原是一个头脑，则虽把知行分作两个说，毕竟将来做那一个工夫，则始或未便融会，终所谓百虑而一致矣。若头脑见得不分明，原看做两

个了，则虽把知行合作一个说，亦恐终未有凑泊处，况又分作两截去做，则是从头至尾更没讨下落处也。（王阳明《答友人问·丙戌》）

阳明对于知行工夫的讨论，如前所言，有着非常强烈的现实针对性。从阳明对于知行工夫的论述中，他所要强调的，有几个需要值得关注的地方：

首先，知行为什么只是一个工夫？这是由知行本体合一决定的。前面我们在说知行本体的时候提到，知行的本来状态就是合一的，所以，在现实当中，当我们按照其本来状态来实现的时候，必然只有一个工夫，不可能会有所谓的“知”的工夫和“行”的工夫的区别，这种区别一旦存在，就已经违背了知行之间应有的状态。

其次，知行工夫在现实的意义上怎么可能是合一的？阳明说：“知之真切笃实处，即是行，行之明觉精察处，即是知。”如果我们要从现实的效果来考察知行工夫是否为一的话，阳明说当我们的知达到“真切笃实”的时候这就是行，所谓真切笃实就是切实有效的意思。而从行的角度来看，当行达到“明觉精察”的时候就是知，所谓明觉精察就是细微精妙的意思。知为什么可以达到真切笃实的结果？真切笃实事实上是对行为的描述，这表明，知是作为行为的观念指导而存在的，即“知是行之始”。行怎么可以达到明觉精察的结果？明觉精察是对于知的描述，这表明行是把道德观念在现实中得以实现出来，所谓“行是知之成”。

最后，阳明说知行合一工夫，主要的侧重点在于说行，而不是说知。这和阳明所要面对的知而不能行的基本事实有着密切的关系。所以，在知行合一的工夫强调中，阳明是藉由知行的合一来讲行的问题。所谓“真知即所以为行，不行不足谓之知”，在阳明看来，如果是真正的知，那么就必须在行当中体现出来，离开了行，根本就谈不上真知。这正是对于知行分离的弊病有了深刻的领会，“正要人晓得一念发动处，便即是行了”，所以必须强调行，在这个意义上，我们可以说，阳明讲知行合一的工夫，其实讲的是行的工夫，甚至有以行代知的倾向。

四、良知笃行

从前面的讨论来看，我们可以很清楚地理解，阳明讨论的知行和朱子讨论的知行事实上侧重的角度是不一样的。朱子谈知行的时候，从一般经验的知识、一般的行为上来讨论，或者说是在比较宽泛的意义上说知行的。但是，在阳明这里，知就是良知（道德本性），行就是道德行为。因此，阳明的知行合一强调更多的是在良知作为本性的前提下，人的行为必须时时事事体现良知，也就是阳明说的，要把良知扩充到事事物物上去，使得所有的事物都体现良知的要求，这就是致良知，这就是知行合一。所以，我们可以说，能致良知的，就是知行合一的。由此，在阳明的思想系统中，致良知和知行合一事实上是一个层面的意思。因此，在良知的意义上，讨论知行合一是最为恰当的方式。

问："自来先儒皆以学问思辩属知，而以笃行属行，分明是两截事。今先生独谓知行合一，不能无疑。"

曰：此事吾已言之屡屡。凡谓之行者，只是着实去做这件事。若着实做学问思辩的工夫，则学问思辩亦便是行矣。学是学做这件事，问是问做这件事，思辩是思辩做这件事，则行亦便是学问思辩矣。若谓学问思辩之，然后去行，却如何悬空先去学问思辩得？行时又如何去得个学问思辩的事？行之明觉精察处，便是知；知之真切笃实处，便是行。若行而不能精察明觉，便是冥行，便是"学而不思则罔"，所以必须说个知；知而不能真切笃实，便是妄想，便是"思而不学则殆"，所以必须说个行；元来只是一个工夫。凡古人说知行，皆是就一个工夫上补偏救弊说，不似今人截然分作两件事做。某今说知行合一，虽亦是就今时补偏救弊说，然知行体段亦本来如是。吾契但着实就身心上体履，当下便自知得。今却只从言语文义上窥测，所以牵制支离，转说转糊涂，正是不能知行合一之弊耳。……又曰：知之真切笃实处，便是行；行之明觉精察处，便是知。若知时，其心不能真切笃实，则其知便不能明觉精察；不是知之时只要明觉精察，更不要真切笃实也。行之时，其心不能明觉精察，则其行便不能真切笃实；不是行之时只要真切笃实，

更不要明觉精察也。知天地之化育，心体原是如此。乾知大始，心体亦原是如此。（王阳明《答友人问·丙戌》）

在这段回答友人的提问中，阳明非常明白地阐明了他对于知行关系问题的理解。在友人的理解中，“先儒皆以学问思辩属知，而以笃行属行”，这是一个非常普遍的观念，学问思辨那是属于知的问题，而扎实的行为则是行的问题，这里面的差别似乎十分显而易见，而现在要说知行是合一的，如何理解？在这里，阳明对行做了一个重新的界定，认为所谓的行就是踏踏实实去做事情，那么，如此一来，当我们说学问思辨的时候，都是扎扎实实去做学问思辨这件事情了，而不是先悬空地去学问思辨，然后再去做。在这里，阳明再一次强调了其对于知行关系问题最具有代表性意义的说法，“行之明觉精察处，便是知；知之真切笃实处，便是行。”由此非常清楚的是强调知必须得有非常扎实可靠的行为作为保证，而行则必须是建立在道德本性基础上的道德行为。所谓“吾契但着实就身心上体履，当下便自知得”，以“着实”“体履”来说知，毫无疑问，这个知就是良知，不是知识意义上的知了。

良知诚致，则不可欺以节目时变，而天下之节目时变不可胜应矣。毫厘千里之谬，不于吾心良知一念之微而察之，亦将何所用其学乎？是不以规矩而欲定天下之方圆，不以尺度而欲尽天下之长短，吾见其乖张谬戾，日劳而无成也已。吾子谓语孝于温清定省。孰不知之？然而能致其知者鲜矣。若谓粗知温清定省之仪节，而遂谓之能致其知，则凡知君之当仁者，皆可谓之能致其仁之知。知臣之当忠者，皆可谓之能致其忠之知，则天下孰非致知者邪？以是而言，可以知致知之必在于行，而不行之不可以为致知也明矣。知行合一之体，不益较然矣乎？夫舜之不告而娶，岂舜之前已有不告而娶者为之准则，故舜得以考之何典，问诸何人，而为此邪？抑亦求诸其心一念之良知，权轻重之宜，不得已而为此邪？武之不葬而兴师，岂武之前已有不葬而兴师者为之准则，故武得以考之何典，问诸何人，而为此邪？抑亦求诸其心一念之良知，权轻重之宜，不得已而为此邪？使舜之心而非诚于为无后，武之心而非诚于为救民，则其不告而娶，与不葬而兴师，乃不孝不忠之大者。而后之人不务致其良知，以精察义理于此心感应酬酢之间。顾欲悬空讨论此等变常之事，执之以为制事之本，以求临事之无失。其亦远矣。其余数端，皆可类推。则古人致知之学，从可知矣。（《传习录》中，第139条）

这里非常清楚地说明了良知对于个体行为的重要意义，个体行为的道德性取决于什么？阳明举了舜的不告而娶和武王的不葬而兴师作为例子，舜和武王的行为，如果以一个固定不变的道德原则（也就是知识）来说，都是属于不忠不孝的行为，但是，为什么舜和武王的行为是被认可并颂扬的呢？因为舜和武王的行为都是发自于良知本体的，以其心一念之良知而发为大忠大孝的行为方式，很明显，对于个体道德行为起到最终决定性意义的是良知。这里阳明用了一个比较有意思的对比，用规矩和方圆、尺度和长短跟良知和道德行为之间做了一个类比，没有规矩不成方圆，没有尺度不知长短，所以，没有良知就没有道德行为。而良知则必然见之于道德行为。

盖良知只是一个天理自然明觉发见处，只是一个真诚恻怛，便是他本体。故致此良知之真诚恻怛以事亲便是孝，致此良知之真诚恻怛以从兄便是弟，致此良知之真诚恻怛以事君便是忠。只是一个良知，一个真诚恻怛。若是从兄的良知不能致其真诚恻怛，即是事亲的良知不能致其真诚恻怛矣。事君的良知不能致其真诚恻怛，即是从兄的良知不能致其真诚恻怛矣。故致得事君的良知，便是致却从兄的良知。致得从兄的良知，便是致却事亲的良知。不是事君的良知不能致，却须又从事亲的良知上去扩充将来。如此，又是脱却本原，著在支节上求了。良知只是一个，随他发见流行处，当下具足，更无去来，不须假借。（《传习录》中，第189条）

知行二字，即是功夫，但有浅深难易之殊耳。良知原是精精明明的，如欲孝亲，生知安行的，只是依此良知落实尽孝而已；学知利行者，只是时时省觉，务要依此良知尽孝而已；至于困知勉行者，蔽锢已深，虽要依此良知去孝，又为私欲所

> 阻，是以不能。必须加人一己百，人十己千之功，方能依此良知，以尽其孝。圣人虽是生知安行，然其心不敢自是，肯做困知勉行的功夫。困知勉行的却要思量做生知安行的事，怎生成得？（《传习录》下，第291条）
>
> 或疑知行不合一，以“知之匪艰”二句为问。先生曰：“良知自知，原是容易的。只是不能致那良知，便是‘知之匪艰，行之惟艰’。”（《传习录》下，第320条）

这里，阳明对于良知做了三个方面的限定。首先是“只是一个真诚恻怛”，是当下具足的，是天理的自然发现，在这个意义上，只要顺着良知的发用流行，所在无处不是道德的行为，这是从良知本体作为天理、当下具足的角度来说的，良知必有笃行。其次，良知是“精精明明”的，表明在良知的作用上，它会依据人的根器不同（生而知之、学而知之、困而知之），有不同的行为方式的要求。这里更重要的是，阳明说，圣人虽然是生而知之的。但是，在行为上，圣人却愿意更踏实地去做困知的人的行为，这也表明，在阳明这里，虽然良知本体自然能行，必然表现为道德行为。但是，他更倾向于强调人发自于自己内在的意愿，积极地去做道德的行为。最后，良知“自知”，这是我们在说良知特点的时候提及到的作为良知的重要特征之一，良知自知，是意味着良知自然会有道德判断，所以，只要确立了良知本体，人的道德行为自然会实现。如果不能实现，那就是被私欲所遮蔽，不是真正的良知了。

所以，我们前面说，阳明在强调知行合一的时候，更大的意义在于行而不是知。从良知本体的确立上来说，这个倾向也非常明显，良知必得见之于道德行为，或者说必然导致道德行为，否则就不是良知。阳明从良知那里确立出来的是对人的现实道德行为的要求，并以此作为其最为根本的立言宗旨。

五、立言宗旨

在《传习录》中，阳明屡屡提及“立言宗旨”这个说法，如果说是立言宗旨，那么就意味着这是整个阳明思想中最为核心的内容，那么这个立言宗旨在阳明那里又具体指的是什么呢？

圣人教人，必要是如此，方可谓之知。不然，只是不曾知。此却是何等紧切着实的工夫。如今苦苦定要说知行做两个，是甚么意？某要说做一个，是甚么意？若不知立言宗旨。只管说一个两个，亦有甚用？（《传习录》上，第5条）

问知行合一。先生曰："此须识我立言宗旨。今人学问，只因知行分作两件，故有一念发动，虽是不善，然却未曾行，便不去禁止。我今说个知行合一，正要人晓得一念发动处，便即是行了。发动处有不善，就将这不善的念克倒了。须要彻根彻底，不使那一念不善潜伏在胸中。此是我立言宗旨。"（《传习录》下，第226条）

诸君要识得我立言宗旨。我如今说个心即理是如何？只为世人分心与理为二，故便有许多病痛。如五伯攘夷狄，尊周室，都是一个私心，便不当理。人却说他做得当理，只心有未纯，往往悦慕其所为，要来外面做得好看，却与心全不相干。分心与理为二，其流至于伯道之伪而不自知。故我说个心即理，要使知心理是一个，便来心上做工夫。不去袭义于外，便是王道之真。此我立言宗旨。（《传习录》下，第321条）

在这些论述中，阳明十分明白地提到了立言宗旨，这个立言宗旨，可以说就是良知，就是知行合一，在这个意义上致良知和知行合一是在一个义理层面来讨论的。如果说致良知和知行合一，在阳明思想里所指向的意义相同，那么，我们就会明白，这个观念对于阳明来说是多么重要的一件事情。

当然，这两个说法在阳明的思想系统中还是有略微的差别的。阳明说致良知，其所针对的是朱子所谓的"格物致知"，否定了向外追求理的行为，而把天理落实在个人的良知上，是个体的道德本性，这样对于个人来说重要的是向内发明本心，然后向外扩充这个良知到事事物物，这就是致良知。所以，从致良知来说，阳明重要的是从心之本体的角度来确立道德本性对于人的决定性意义，在良知本体的基础上，扩充本体，也就成为了题中应有之意。而知行合一，其所针对的更多是现实知行分离而导致知而不能行的事实，也就是说知行合一的讨论更多是从现实的层面展开的，所以，我们前面说阳明有很严重的以行代知的倾向，这明显是出于纠正现实弊病的需要。如果简单地概括，那么致良知是从本体的角度来说，而知行合一是从现象的层面来说。当然，这只是分析着说而已了，因为阳明自己说的很清楚，工夫本来就只有一个，所以，从这个角度来说，无论是致良知还是知行合一，都是彻上彻下、彻彻底底的工夫。

黄宗羲在《姚江学案》中对于阳明的良知学说和知行合一有一个比较准确的评论：

> 夫以知识为知，则轻浮而不实，故必以力行为功夫。良知感应神速，无有等待，本心之明即知，不欺本心之明即行也，不得不言“知行合一”。此其立言之大旨，不出于是。（《明儒学案》卷十《姚江学案》）

在这里，黄宗羲把良知和力行很好地结合在一起，说力行是为了纠弊，说良知，因为其是本体。所以知行合一，在黄宗羲这里，就是在良知这里合一的。良知可以很好地把真知和笃行联系在一起，所以这就是阳明“立言之大旨”，也就是前面所言的“立言宗旨”。

在阳明学中，本体和工夫极受关注。阳明强调良知本体，其在个体（完善内在于己的道德本体）与社会（在知行合一基础上拯救世道人心）意义上都有着根本性的作用。在《传习录》中，阳明也集中讨论了直指人在经验世界中的行为要求的现实层面的工夫问题。而且阳明既强调心上工夫（确立良知本体并通过『立志、居敬、主静和诚意』而保证其有效扩充），也强调事上工夫（事上工夫、事上磨练，即要在经验生活中实现良知本体，并形成一个理想的、道德的世界）。且在致良知意义上，所有行为都是对良知的扩充，都是一种现实的事上工夫。故在阳明系统中，本体和工夫是一个非常圆融的整体。

第七章

本体工夫论

本体和工夫是中国哲学传统中非常重要的两个观念，在阳明学中，本体和工夫都受到了极为重要的关注。阳明强调的本体，主要是良知本体，正是因为良知的提出，无论是从个体的意义上来说，还是从社会的意义上来说，都是有着根本性作用的。从个体来说，由此可以确立其自我的意义，个体的道德行为由此具有了一个内在于己的道德本体，它对于个体道德的唤醒和道德行为的实现，乃至于个体的最终完善都提供了非常重要的保证。对于社会而言，就是我们前面多次提到的在知行合一的基础上，拯救世道人心。而同样在阳明的《传习录》中，也非常集中地讨论了工夫问题，如果我们说，阳明更重视的、关注的是现实层面的问题，那么，毫无疑问，工夫论是一个极为重要的点，因为工夫本身所直接指向的就是对人在经验世界中的行为要求。这个方面，阳明既强调心上工夫，也强调事上工夫。在阳明强调心上工夫时，阳明实际上想要做的就是确立良知本体，并且保证良知本体的有效扩充，因此，阳明提出了立志、居敬、主静和诚意四种具体的方法。而事上工夫则是阳明思想中最为重要的工夫，事上工夫、事上磨练就是要把良知本体在我们的经验生活中实现出来，亦即把道德的本性通过个体的道德行为实现出来，由此形成一个理想的、道德的世界。在致良知意义上，我们所有的行为都是对良知的扩充，都是一种现实的事上工夫。除此之外，更无工夫可言。在阳明系统中，本体和工夫都受到了极为重要的关注，是一个非常圆融的整体。

一、什么是本体

自日本学者用中国传统的“本体”一词去翻译西语中的“Ontology”，伴随着西洋哲学在中国传播并被广泛接受，本体论作为哲学的一个核心问题[①]，成为中国哲学研究中提及频率极高的词。在西洋哲学的意义上，一般将本体论视为与现象界相对的、宇宙最

① 比如熊十力在《新唯识论》中所言：“只有本体论是哲学的范围。”本体论观念在中国哲学研究中影响深远，有没有本体论，成为了判断一种思想传统是不是真正哲学的基本标准。近代以来，对中国哲学讨论的范式来说，受西洋哲学影响的模式就是以本体论、宇宙论、认识论等西方哲学中的基本框架来重新梳理中国传统思想资源，而在所有这些区分中，本体论被视为是最为根本的。所以，熊十力先生的这句话也是非常具有代表性的看法。

高的根据，成为了在哲学研究中不能不涉及的话题。由此，在中国传统思想的研究中，存在着非常多的误解、肢解以及曲解的情形，这种情形不唯对中国传统来说是削足适履，对于西洋传统中的本体论一词来说，也是误解重重，当然，这种状况的出现跟整个中国学术传统的现代转型有着莫大的关系。

中国传统中原本就有本体一词，由本和体两个字而来，“本”的意思，按照《说文》：“本，木下曰本”，就是根的意思。“体”的意思，根据《说文》：“体，总十二属也”，就是身体、形体的意思。从本和体的字义来看，都是具有根本的意思，所以，在后来的传统中，才有“本体”连用成为一个词的出现。当然，在中国早期的文献中，本是与末相提并论的，本是根，末是枝节，延伸的意思是，本是重要的，末是次要的，这个意思从舍本逐末这个词中可以很明显地看到，本末的这个意思在先秦时候就有，孟子称“不揣其本而齐其末”（《孟子·告子下》）。而体是和用并提的，体表示形体，用表示功用，在先秦时期也就出现了，“万物同宇而异体，无宜而有用，为人数也”（《荀子·富国》），后来体发展成根据、本体，用发展成功用、现象的含义。

所以从字义的相关性来看，本和体两个字的连用，其最根本的义项应该有两种：本来的形态、根本的依据。从第一个义项来说，它指向的是最初的状态，或者说是原初的状态。从第二个义项来说，它指向的是依据问题，也就是类似于在西洋哲学中本体论的含义，但是两者有着根本的差别，即在于中国传统的本体不是脱离于现象界而存在的，同时，中国传统的本体是必须在现实中体现出功用来的，所谓圣人之学，有体有用。在佛教传入之后，中国传统对于本体的理解有了比较大的变化，在早期佛教中，本体是作为真如法性的代名词而出现的，在这个意义上，本体就是法性，而按照佛教的基本理解，作为真如的法性，亦即本体，是超越现实世界的，也就是说，在佛教哲学传统中，我们大体上可以看到一个类似于西洋哲学意义上的本体概念。① 但是，这样对于本体的描述，在佛教中国化过程中很快就被抛弃（或者说不占主导地位），天台宗的三谛圆融、华严宗的理事无碍以及禅宗的明心见性，在这些最具有代表性的中

① 在西洋传统中，本体是独立于现象界之外的，像柏拉图的理念论，康德的物自体的概念。

国佛教宗派里面，对于本体的讨论，重新回到现实生活之中，本体不离现象，不离发用，这是中国的基本传统。当然，我们可以看到的是，对于本体的讨论，自唐代佛教影响以来，比较重视第二个义项，并且不断地从思辨的角度予以完善。如前所言，从佛教对儒学复兴的刺激来说，佛教对本体的讨论，应该是对儒学的复兴有着非常深刻的影响。如果从文献上来看，“本体”这个词在唐代以来出现的频率就比较高，尤其是在佛教的文献中。而宋明以后，在儒家文献中，也经常出现。说明自宋明以来，儒家谈本体，是一个非常普遍的事实。当然，需要说明的是，这时候对于本体的使用，就其义项来说，还是以作为本来的状态和根本依据为主，而对于根本依据问题做思辨化的思考，则是这一时期的重要特色。

阳明是宋明理学家中谈本体最多的，也最具有影响力，关于这一点我们在后面会涉及。这里我们先来看，阳明是在何种意义上讨论本体的？仅在《传习录》中，本体就出现了109次[①]，从这个频率来说，阳明对本体这个词的重视程度可见一斑。从《传习录》的描述来说，阳明对本体的论述，大概有以下几个方面的意思，首先，从道德本性上来说本体，在这个意义上，阳明用良知、至善、天理、诚等来说明。

至善是心之本体。（《传习录》上，第2条）

知是心之本体。（《传习录》上，第8条）

定者心之本体。天理也。（《传习录》上，第41条）

诚是心之本体。求复其本体，便是思诚的工夫。（《传习录》上，第121条）

良知者，心之本体，即前所谓恒照者也。（《传习录》中，第152条）

阳明把心之本体限定为良知、至善等具有道德判断意义的词，具有非常重要的意义。这种意义大概可以从理论和现实两个角度来说，从理论意义上来说，讲道德确立为人之本体，这是真正意义上的价值本体的确立，由于道德本体被确立，那么对于人来说，它的

① 这个数字仅仅以《传习录》上、中、下三卷而论，不包括后来所作的增补。

生命意义就是去实现道德，从而完善自我的生命。从现实上来说，前面讨论过很多，它可以为知行合一提供最为有效的保证。

其次，本体具有境界上的意义，这个层面阳明用中和、乐等来说明，所谓的中和是人的情感达到一种恰到好处的表达，这种恰到好处就是乐，所以阳明也把乐当做心之本体，这种乐自然不是七情之乐，但是，它又不离七情之乐，这就是说它在七情之中达到乐这种恰到好处的地步，这就是一种无过、无不及的中庸境界，也就是中和。

> 喜怒哀乐，本体自是中和的。（《传习录》上，第58条）
>
> 中和是人人原有的。岂可谓无？但常人之心既有所昏蔽，则其本体虽亦时时发见，终是暂明暂灭，非其全体大用矣。（《传习录》上，第76条）
>
> 中和便是复其性之本体。（《传习录》上，第127条）
>
> 乐是心之本体，虽不同于七情之乐，而亦不外于七情之乐。（《传习录》中，第166条）
>
> 人心本体原是明莹无滞的，原是个未发之中。（《传习录》下，第315条）

这里特别需要指出的是，把乐作为本体的确立，具有极为重要的意义。当然，在儒家，这也是一贯的传统，从这个角度来说，这是阳明对于儒家传统境界的延续。为什么必须是乐的？简单地说，因为在传统中强调乐与天同，从这个意义上来说，乐可以说就是儒家所认为的理想境界的达成。关于乐，我们在后面还要涉及，这里不多延伸。

第三，本体是恒照的，即永恒存在的。

> 良知者，心之本体，即前所谓恒照者也。心之本体，无起无不起。虽妄念之发，而良知未尝不在，但人不知存，则有时而或放耳：虽昏塞之极，而良知未尝不明，但人不知察，则有时而或蔽耳。虽有时而或放，其体实未尝不在也，存之而已耳：虽有时而或蔽，其体实未尝不明也，察之而已耳。若谓真知亦有起处，则是有时而不在也，非其本体之谓矣。（《传习录》中，第152条）

恒照（或者说永恒存在）这一点对本体的限定非常重要，它取消掉的是对本体的时间限制。这种讨论方式与西方哲学中对于本体的讨论有相似之处。按照阳明的说法，良知本体不会因为人是否意识到，它都是普遍存在，无所不照的，这个特质消除掉了时间对于一般意义上的存在物的限制，使得作为良知的本体具有了超越时间的属性，由此它可以作为世间一切存在的根据。

第四，本体不能从动、静的角度来论说，这样的说法在《传习录》中也经常出现。

> 若论本体，元是无出无入的。（《传习录》上，第48条）
>
> 心之本体原自不动。心之本体即是性。性即是理。性元不动。理元不动。集义是复其心之本体。（《传习录》上，第81条）
>
> 来书云：周子曰“主静”，程子曰“动亦定，静亦定”，先生曰“定者心之本体”，是静定也，决非不睹不闻，无思无为之谓，必常知常存，常主于理之谓也。夫常知常存、常主于理，明是动也，已发也，何以谓之静？何以谓之本体？岂是静定也，又有以贯乎心之动静者邪？理无动者也。常知常存、常主于理，即不睹不闻，无思无为之谓也。不睹不闻，无思无为，非槁木死灰之谓也：睹闻思为一于理，而未尝有所睹闻思为，即是动而未尝动也；所谓“动亦定静亦定”，体用一原者也。（《传习录》中，第156条）
>
> 心之本体，固无分于动、静也。理无动者也，动即为欲。循理则虽酬酢万变，而未尝动也。从欲则虽槁心一念，而未尝静也。（《传习录》中，第157条）
>
> 良知本体原是无动无静的。（《传习录》下，第262条）
>
> 心之本体原是不动的。（《传习录》下，第272条）
>
> 人之本体，常常是寂然不动的，常常是感而遂通的。未应不是先，已应不是后。（《传习录》下，第328条）

这里需要解释两个问题，一是本体为什么不能以动静来说？二是本体为什么又可以以动静来说？因为从上面引文之中，我们确实看到了这两种看似矛盾的说法。本体不能用动静来说，那是因为所有的动、静都是针对具体的情形来说的，换而言之，都是在时间中展开的，一切在时间中展开的东西，都是有限的，有限的东西只能是现象，不能是本体，如前所言，作为本体必然要取消掉时间的限制。本体在何种意义上可以说动静？只要本体确定，也就是说在合乎良知和天理的前提下，“动亦定，静亦定”，所以“循理则虽酬酢万变，而未尝动也。从欲则虽槁心一念，而未尝静也”。

第五，本体无所不包，无所不含。

> 本体原无内外。（《传习录》下，第204条）
>
> 人心是天渊。心之本体，无所不该，原是一个天。（《传习录》下，第222条）
>
> 无知无不知，本体原是如此。（《传习录》下，第282条）

本体作为天地万物的根据而存在，既然是万物，那么，在本体之中可以涵盖万物。但是，本体又不是一个具体存在的事物，从这个角度看，本体就是无的，没有任何具体的存在。因此本体是既有又无的存在，说它有，因为它可以成为所有存在的根据；说它无，是因为它不是某种具体存在的事物。

最后，在阳明这里，本体是指没有任何物欲的本然状态。

> 毕竟从好色，好利，好名等根上起。自寻其根便见。如汝心中决知是无有做劫盗的思虑。何也？以汝元无是心也。汝若于货色名利等心，一切皆如不做劫盗之心一般，都消灭了。光光只是心之本体。看有甚闲思虑？（《传习录》上，第72条）
>
> 须是廓然大公，方是心之本体。（《传习录》上，第101条）
>
> 心之本体原无一物。……《书》所谓‘无有作好作恶’，方是本体。（《传习录》上，第119条）
>
> 良知在夜气发的方是本体，以其无物欲之杂也。（《传习录》下，第268条）

这里，从阳明使用的“光光”“廓然大公”“无一物”等词语来看，这是阳明对本体描述的一种限定，这种限定指向的是作为本体的本来状态。

从前面的梳理来看，在《传习录》中，阳明对本体的使用大概有以上六个不同侧面的限定。从这些限定来说，阳明论本体有以下几个比较突出的特点：

首先，在阳明这里，本体的两层主要含义都存在。即作为本然状态的本体和作为根据意义的本体在阳明这里都可以看到，但是阳明更注重作为根据意义上的本体，上述所做的梳理，除了最后一个角度是讲本来状态的，前面五个角度都是从作为根据的意义上讨论的。

其次，在作为根据的意义上，阳明把本体确立在人的内心，这个观念除了来自孟子的儒家资源之外，另受佛教影响的痕迹甚多（主要是禅宗和天台宗）。

最后，这个内化在人心的本体就是良知。这一点特别重要，正是因为良知的提出，无论从个体意义上说，还是从社会意义上说，都有着根本性作用。从个体来说，由此可以确立其自我的意义，个体的道德行为由此具有了一个内在于己的道德本体，它对于个体道德的唤醒和道德行为的实现，乃至于个体的最终完善都提供了非常重要的保证。对社会而言，就是我们前面多次提到的在知行合一的基础上，拯救世道人心。

二、什么是工夫

工夫（功夫）是中国哲学自宋明以来被广泛讨论的一个概念。工夫这个词在中国传统中出现的时间也比较早，非是宋明才出现的。早期的工夫含义，大体上有几个方面的含义，最为直接的意思是工程役夫，这个可以从工字的原义（《说文》："工，巧饰也，象人有规矩也"，是工具的意思，由此引申为工匠）和夫的原义（《说文》："夫，丈夫也"，即是作为成年男子通称之义）中体现出来。此后，这个词又有做事所花费的时间和精力的意思，比如我们常说，"此事颇费工夫"，就是在这个意义上来使用的。这两层含义，基本上在汉晋之际就已经比较常见，最晚不迟于晋代。

当然，这两层意思都不是我们这里所要关注的。我们这里主要讨论作为跟本体相对而言的工夫的意义，如前所言，中国传统讨论体是和用相联系的，也就是说中国思想在讨论本体时，不是作为一个纯粹抽象的实体而独立于现实之外的，中国思想当中的本体必然是在现实生活中表现出来的，必然在现实中实现出来的。从本体在现实之中的呈现和实现来说，就是用，也就是工夫。在宋明理学家那里，功夫主要指的是个体的道德修养实践。由于理学家十分强调儒学传统与佛道二教的差别，很大意义上就在于儒家思想有着极其扎实的功夫，也就是说，儒家的道德观念可以经由具体的、现实的实践在现实生活中体现出来，是扎实功夫。由此，在理学思想系统中，十分重视对工夫问题的讨论。而且，理学家讨论的基本形式，是把本体和工夫作为对等的、一体的方式来进行的，这是理学家对于工夫思考的基本特点，这一特点，在程颐那里就被确定了。

> 君子居则观其象而玩其辞，动则观其变而玩其占。得于辞不达其意者有矣，未有不得于辞而能通其意者也。至微者，理也。至著者，象也。体用一源，显微无间。观会通以行其典礼，则辞无所不备。故善学者求言必自近，易于近者，非知言者也。予所传者辞也，由辞以得意，则在乎人焉。（程颐《程氏易传序》）

从程子的这段描述来看，主要是讨论《周易》的卦爻辞和其中所包含的圣人之道（意）之间的关系。简单地说，圣人之道（易理）十分精微，而现象则十分显著。理是精微的、无形的，所以理存在于现象之中。所有的现象都是表现在外的，所以都非常明显。这里程子着重提出了象和理之间的关系。理在内，象在外；理微象著，理本象用。换而言之，精细微妙之理作为现象的根据而存在，而现象是表达理的。由此，理是体，现象是用，理在象中，象由理成，象与理之间相即不离。程子在这里虽然只是讨论《周易》的象和理之间的关系，提出了"体用一源，显微无间"，但是其对于宋明理学家的意义却是巨大的，在理学家那里，这个说法的意义已经完全超越了对《周易》本身的理解，而成为了理学家对于本体和现象之间关系处理的基本原则。①

自《宋元学案》以"明体达用"标识胡瑗之学，对于体用的讨

① 事实上，这也是自宋明之后，中国传统思想处理本体和现象之间关系最为根本的原则。如果我们依此来考察宋明之前的中国思想传统，大体上也是这样的一种基本思路。由此可以说，程颐在这里事实上是对于整个中国传统思维方式的最为精准的概括，此概括影响深远。

论也被视为理学的核心议题。理学家们对于儒家思想的复兴重构总是围绕着体和用展开，而到了程颐这里提出“体用一源，显微无间”，确立了理学家思考体用问题最为基本的方式，体在用中，用由体成。体用的这种一致性表达，传递出理学家对用（现象）的层面的重视，因为对理学家来说，重要的是要把圣人之道在现实中展现出来。所以，工夫论的强调，在这个背景下就是和圣人之道的实现联系在一起，和圣人之道的实现联系在一起，就是和变革现实的要求联系在一起。因此，工夫论的出现，从理论上来说，使得理学作为一个学理系统的完善，而不仅有抽象的、思辨的对于本体问题的讨论。但是，理学对于本体的讨论，绝不空泛，而是有着其非常清楚的内容指向的，其内容指向就是现实的世道人心。由此，理学建构出一个从形而上的本体，到形而下的工夫的完整系统。从现实层面来说，儒家之道之所以不是空疏之道，是因为它可以在现实中得到完整的表达、可以被完善出来，这种完善就是通过工夫论，通过强调人的具体的道德实践来实现。正是在这个意义上，理学家把自己和佛道二教区别开来。①

当然，这里有一个问题需要澄清，就是我们说在宋代儒学这里开始，儒家传统十分注重工夫论问题，并不是说在宋代之前，儒家没有这方面的意识。诚然工夫一词作为道德修炼、自我完善意义，可以确定是理学传统的重要贡献，也就是在理学家的语境中，讨论工夫，就是讨论对于人的道德实践问题。而在宋代之前，所谓工夫是一个意义非常宽泛的词，并不是专指与本体相关的、对于人的现实行为完善而言的。就儒家传统来说，就是个体的修身、个体的道德完善。从修身和道德完善来说，儒家有着十分丰富的传统，无论是《大学》里面的格致诚正修，还是《孟子》所说的存养、养浩然之气、尽心知性，抑或是《中庸》说的慎独、戒慎恐惧等，都是儒家在传统上非常强调的道德修养方式，从这个角度来说，我们会发

---

① 当然，不是说工夫论这一点就可以区别佛道与儒家，这种区别不是从工夫论的有无出发的。其实在佛道那里也有非常详细的工夫论传统，佛教、道教都有自己的修炼工夫，而且，佛道的修炼工夫在具体的讨论上甚至是比儒家更完善，更具有普遍性。从某种意义上，佛道作为一种宗教形态，对于个体修炼的问题十分重视，其工夫论系统相当完善，这也是在某种程度上使得理学家非常重视工夫论的一个原因所在。儒家工夫论和佛道工夫论最为根本的差别是，儒家经由工夫论是要实现道德观念的落实，也就是说，儒家是从道德修养的意义上来完善自我，而不是像佛道那样以仙、佛作为自己追求的对象。

现宋儒在工夫论的选择上很多就是直接对儒学固有资源的回归，尤其是在“四书”那里找到了很多的资源，所以，从文本依据来说，“四书”的经典化也是极其自然的结果。

除开具体的讨论内容，或者文献根据，我们需要思考本体和工夫的问题是在什么意义上讨论问题的？也就是说，这个问题的讨论是在何种意义上延续了传统儒学的观念。本体和工夫的问题，或者说工夫论问题涉及了儒家一个极其重要的命题，即性与习的问题。这个问题最早在《论语》中出现，孔夫子说“性相近也，习相远也”（《论语・阳货》），后来儒家的人性论传统都是这个问题的延续。性作为本性来说实际上讨论的是本体问题，而习作为后天的行为方式，侧重工夫层面。性习问题讨论的实质是，人如何可以通过后天的努力来实现、成就理想境界。从这个角度来说，中国传统中所有的人性论设定，都不是在讨论性善与恶的这种先天规定性本身，而是注重如何在现实工夫层面来完善个体、成就理想境界，当然，工夫论的具体展开与人性的本体设定关系密切。

在阳明的《传习录》中，也非常集中地讨论了工夫问题，如果我们说，阳明更重视的、关注的是现实层面的问题，那么，毫无疑问，工夫论是一个极为重要的点，因为工夫本身的直接指向就是对人在经验世界中的行为要求。

三、心上工夫

阳明对工夫的重视，我们首先从《传习录》中阳明对“工夫”（功夫）这个词的反复使用中可以很直接地感受到，现存《传习录》上、中、下三卷中，阳明总共使用了92次“功夫”，而“工夫”一词则更多，达到了132次。

阳明对工夫问题的讨论非常有特点，一般来说，我们都会把工夫置于现实层面来展开，因为工夫大体上就是在现实中去践履的问题，但在阳明这里，明显强调工夫是有心上工夫的，如果我们考虑到心是阳明所确立的本体所在，那么，这种心上工夫是针对本体展开的。

> 讲学中自有去取分辨，然就心地上着实用工夫，却须如此方是。（《传习录》中，第191条）

分心与理为二，其流至于伯道之伪而不自知。故我说个心即理，要使知心理是一个，便来心上做工夫，不去袭义于外，便是王道之真。此我立言宗旨。(《传习录》下，第321条)

道问学即所以尊德性也。晦翁言“子静以尊德性诲人，某教人岂不是道问学处多了些子。”是分尊德性道问学作两件。且如今讲习讨论下许多工夫，无非只是存此心，不失其德性而已。(《传习录》下，第324条)

圣人之心如明镜。只是一个明，则随感而应，无物不照。……然学者却须先有个明的工夫。学者惟患此心之未能明，不患事变之不能尽。(《传习录》上，第21条)

此心真切，见善即迁，有过即改，方是真切工夫。(《传习录》上，第97条)

九川问：“此功夫却于心上体验明白，只解书不通。”先生曰：“只要解心。心明白，书自然融会。若心上不通，只要书上文义通，却自生意见。”(《传习录》下，第217条)

我这里功夫不由人急心，认得良知头脑是当，去朴实用功，自会透彻。(《传习录》下，第263条)

人有习心，不教他在良知上实用为善去恶功夫，只去悬空想个本体，一切事为俱不着实，不过养成一个虚寂。此个病痛不是小小，不可不早说破。(《传习录》下，第315条)

我们前面在使用心犹镜的比喻时，曾经讨论过，阳明和朱子一样，都是不否定心体本来是明的那种状态，亦即镜本明。他们的差别恰恰是在工夫的意义上，朱子强调需要去拂拭，以避免心体被欲望遮蔽。而对阳明来说，重要的是在心上做工夫，即发明本心。怎么发明本心？后来阳明用了良知这个词，这是一个极为重要的理论转变，当本心被良知取代之后，阳明所要强调的心体工夫也就十分清晰。那就是道德价值的落实，所以，心上的工夫大体就是要恢复本有的良知，在良知确立的基础上，心体自然澄明，为善去恶的道德实践从心体处找到了最为强大的根据。所以，对阳明来说，要讲工夫，必当以心体的确立为第一要务，而心体如何确立？那就是良知。所以，在心体上做工夫，绝对不是苦思冥想，而是有着非常扎实的工夫，即为善去恶。

那么，如何在心体上做工夫？在阳明看来，最为重要的就是要立志：

问立志。先生曰："只念念要存天理，即是立志。能不忘乎此，久则自然心中凝聚，犹道家所谓结圣胎也。此天理之念常存，驯至于美大圣神，亦只从此一念存养扩充去耳。"(《传习录》上，第16条)

善念存时，即是天理。此念即善，更思何善？此念非恶，更去何恶？此念如树之根芽。立志者长立此善念而已。(《传习录》上，第53条)

我此论学，是无中生有的工夫，诸公须要信得及。只是立志，学者一念为善之志，如树之种，但勿助勿忘，只管培植将去，自然日夜滋长，生气日完，枝叶日茂。树初生时，便抽繁枝，亦须刊落，然后根干能大。初学时亦然，故立志贵专一。(《传习录》上，第115条)

大抵吾人为学，紧要大头脑，只是立志。所谓困忘之病，亦只是志欠真切。今好色之人，未尝病于困忘，只是一真切耳。自家痛痒，自家须会知得，自家须会搔摩得；既自知得痛痒，自家须不能不搔摩得。(《传习录》中，第144条)

如果从阳明的一生来看，立志这件事情对阳明影响深远。阳明自十二岁立志做圣贤，至临终前说，"此心光明，夫复何言？"那都是在立志意义上所成就出来的一个极为完满的人格形象。那么立志是什么？在阳明这里，立志就是要将至善确立为自己的目标，也就是说要以良知作为自己行为的志向，在阳明看来，这个志向问题虽然是"自己痛痒自家知"，但是，它毫无疑问决定着我们人生的基本脉络，就像种树一样，树从种下的时候开始，要长成参天大树，就必须要时时不忘培植。人也一样，立志为善，然后时时坚持，这样必当成就至善，达致圣人境界。所以阳明说，这是一个"无中生有"的工夫。从无到有，最为关键的一点就在于立志，这具有决定性意义。所以，对于心上工夫来说，在阳明看来，首先就必须要立志。

那么，在立志之后，何以能够保证此为善志向的实现呢？换句话说，阳明以种树为例，种树之后，需要做的是不断地去培植，必须有一些具体的方式才有可能使得树苗变成树。对于人心来说，立志为善是重要的，但是，也必须有一些方式的保证，才有可能真正扩充此善根。从这个意义上来说，阳明提出了三个具体的工夫，即居敬、主静和诚意。

什么是居敬？

> 居敬是存养工夫……一者，天理。主一是一心在天理上。若只知主一，不知一即是理，有事时便是逐物，无事时便是看空。惟其有事无事，一心皆在天理上用功。所以居敬亦即是穷理。就穷理专一处说，便谓之居敬。就居敬精密处说，便谓之穷理。却不是居敬了，别有个心穷理。穷理时，别有个心居敬。名虽不同。功夫只是一事。（《传习录》上，第117条）

宋明理学家非常强调敬的工夫，从程颐到朱熹，都在讲主敬，简单地说，程朱在讲敬的时候，主要强调人的虔敬、敬畏之心，并作为个体修养的重要方法。如上文所引，在阳明这里，他对于敬的理解，和程朱有了区别。阳明是用“主一”来讲居敬，主一，主在何处？主在天理。若就立志来说，天理就是至善，就是志之所在，所以，主一就是要求人始终一念都保持在至善上，也就是居敬。所以，阳明强调居敬，出于天理落实在人心上的保证，也就是人的为善之志的持续的保证，唯有居敬，才有可能将至善不断扩充出去。

当然，居敬何以可能得以实现？也就是说，问题在于怎么保持居敬？因为现实生活毕竟有种种诱惑，怎样才能够保证人心居敬，也就是一直以善作为志向呢？阳明又提出了主静：

> 只要去人欲，存天理，方是功夫。静时念念去人欲，存天理；动时念念去人欲，存天理，不管宁静不宁静。若靠那宁静，不惟渐有喜静厌动之弊，中间许多病痛，只是潜伏在，终不能绝去，遇事依旧滋长。以循理为主，何尝不宁静？以宁静为主，未必能循理。（《传习录》上，第28条）
>
> 本来面目，即吾圣门所谓良知。今既认得良知明白，即已不消如此说矣。随物而格，是致知之功，即佛氏之“常惺惺”，亦是常存他本来面目耳。体段工夫，大略相似。但佛氏有个自

私自利之心，所以便有不同耳。今欲善恶不思，而心之良知清静自在，此便有自私自利，将迎意必之心，所以有不思善不思恶时用致知之功，则已涉于思善之患。孟子说夜气，亦只是为失其良心之人指出个良心萌动处，使他从此培养将去。今已知得良知明白，常用致知之功，即已不消说夜气。却是得兔后不知守兔而仍去守株，兔将复失之矣。欲求宁静欲念无生，此正是自私自利，将迎意必之病。是以念愈生而愈不宁静。良知只是一个。良知而善恶自辨，更有何善何恶可思？良知之体本自宁静，今却又添一个求宁静；本自生生，今却又添一个欲无生。非独圣门致知之功不如此，虽佛氏之学，亦未如此将迎意必也。只是一念良知，彻头彻尾，无始无终，即是前念不灭，后念不生。今却欲前念易灭而后念不生，是佛氏所谓“断灭种性”，入于槁木死灰之谓矣。（《传习录》中，第162条）

吾儒养心未尝离却事物，只顺其天则自然就是功夫。释氏却要尽绝事物，把心看做幻相，渐入虚寂去了。与世间若无些子交涉，所以不可治天下。（《传习录》下，第270条）

为什么需要主静？从阳明来说，良知本来就是静的。这里，我们需要说的是儒家对动静的一种基本理解，按照《乐记》所给出的经典描述，“人生而静，天之性也。感于物而动，性之欲也”，也就是说人性本来就是静的，动是因为受到外物（欲望）影响的结果。换而言之，在理学家的传统中，本体自然是静的，而动是物欲影响的结果。所以，对于静的强调，在阳明这里，毫无疑问是出于良知本体的规定，是良知本体的特点。主静的工夫，就是存天理，去人欲，也就是去除掉外在物欲的诱惑，回复良知本体的静，这是理学家的一贯观念，阳明继承的是这种基本思路。当然，在理学传统中，主静、静坐都作为工夫被不断地强调，这除了儒学自身的传统之外，也明显地和佛教有着密切的关系。所以，作为一种工夫，也必须要同佛教所讲的静区分开来。阳明在上述引文中也非常注意儒家的主静工夫和佛教主静工夫的差别，阳明的论述很详细，简单地说，佛教主静，是为了主静而主静，把主静当作一个目标来追求；而儒家讲主静，是为了存天理、灭人欲，所以基本立足点还是在现实社会，并不是要取消现实世界的意义。

在阳明提出主静工夫之外，为了区分于佛教的主静，阳明又特别强调了诚意工夫。诚意以至善作为基本要求，在动心起念的那个源头处，必须要用良知来规范。

> “诚”字有以工夫说者。诚是心之本体。求复其本体，便是思诚的工夫。（《传习录》上，第121条）
>
> 《大学》工夫只是诚意，诚意之极便是至善。（《传习录》上，第129条）
>
> 故欲正其心在诚意，工夫到诚意始有着落处。（《传习录》下，第317条）
>
> 意既诚，大段心亦自正，身亦自修。（《传习录》上，第88条）
>
> 正心只是诚意工夫里面。体当自家心体，常要鉴空衡平，这便是未发之中。（《传习录》上，第119条）
>
> 此独知处便是诚的萌芽。此处不论善念恶念，更无虚假。一是百是，一错百错。正是王霸义利诚伪善恶界头。于此一立立定，便是端本澄源，便是立诚。古人许多诚身的工夫。精神命脉，全体只在此处。真是莫见莫显，无时无处，无终无始，只是此个工夫。（《传习录》上，第120条）

在阳明这里，诚意工夫极为重要，在一定程度上，诚意决定了良知作为本体能否很好地在现实中实现出来的关键，所谓“正是王霸义利诚伪善恶界头”。

由此，在阳明强调心上工夫的时候，阳明实际上想要做的就是确立良知本体，并且保证良知本体的有效扩充，因此，阳明提出了立志、居敬、主静和诚意四种具体方法。

四、事上工夫

我们说在某种意义上，相较于心上工夫，阳明更重视现实层面所实现出来的工夫，因为那才是阳明“正人心，息邪说”的所有努力所在。因为就工夫论层面来说，它本身就是一个要求个体自我完善的过程，是对个体在现实中的道德实践的要求，就儒家传统来说，这极其重要。

在阳明那里，我们可以说心上工夫和现实工夫没有偏废，但是就作为工夫的现实意义来说，阳明更注重切实的现实工夫形式。因为切实的工夫，非惟是对于个体有直接的道德行为实践的要求，而且，也是道德本体在现实中得以实现的必要方式。

> 先生问在坐之友："比来工夫何似？"一友举虚明意思，先生曰:"此是说光景。"一友叙今昔异同，先生曰:"此是说效验。"二友惘然，请是。先生曰："吾辈今日用功，只是要为善之心真切。此心真切，见善即迁，有过即改，方是真切工夫。如此则人欲日消，天理日明。若只管求光景，说效验，却是助长外驰病痛，不是工夫"。（《传习录》上，第97条）
>
> 问："近来妄念也觉少，亦觉不曾着想定要如何用功。不知此是工夫否？"先生曰："汝且去着实用功，便多这些着想也不妨，久久自会妥帖。若才下得些功，便说效验，何足为恃？"（《传习录》下，第332条）

从上述两段《传习录》中的文字来看，阳明提出了工夫论上的两种错误方式，即光景工夫和效验工夫。何为光景工夫？这是阳明针对友人以"虚明"来讲工夫的评价，本体虚明毫无疑问也是阳明所倡导的，那也是良知本体的本然状态，也就是心上工夫的结果。可是，如果执定在"虚明"之上，就会变成一种极端的心上工夫的方法，仅仅关注心体的澄明，而忘记了比心体澄明更为重要的是扩充这一点澄明来达致至善。什么是效验工夫？效验是阳明针对友人用"今昔异同"来论工夫的评价，所谓今昔异同，说的是将我们在具体实践中所达到的效果和古人相比较，试图用古人的行为方式来验证我们今日行为方式的有效性，这是从结果上来验证，按照阳明的说法，我们更应该注重在良知本体上和圣人一致，而不是执定在现实效果上和圣人一致，即良知本体的一致更为重要。

所以，光景工夫是一种极端化的心上工夫，而效验工夫是一种极端化的事上工夫。在阳明那里都要不得。阳明毫无疑问强调要把工夫落到实处，但这种实处肯定不是在求效验基础上的实，而是在良知自然流行意义上的实。

知行如何分得开？此便是知行的本体，不曾有私意隔断的。圣人教人，必要是如此，方可谓之知。不然，只是不曾知。此却是何等紧切着实的工夫。（《传习录》上，第5条）

澄尝问象山在人情事变上做工夫之说。先生曰："除了人情事变，则无事矣。喜怒哀乐非人情乎？自视听言动以至富贵贫贱患难死生，皆事变也，事变亦只在人情里。其要只在致中和，致中和只在谨独。"（《传习录》上，第37条）

若此者皆是就文义上解释，牵附以求混融凑泊，而不曾就自己实工夫上体验，是以论之愈精，而去之愈远。（《传习录》中，第188条）

心何尝有内外？即如惟浚今在此讲论，又岂有一心在内照管？这听讲说时专敬，即是那静坐时心。功夫一贯，何须更起念头？人须在事上磨练做功夫乃有益。若只好静，遇事便乱，终无长进。那静时功夫，亦差似收敛，而实放溺也。（《传习录》下，第204条）

要做实工夫，这个实工夫自然不能是以苦思冥想的方式来实现，因为那样的方式跟个体真实生活没有任何关联。所以，实首先是要切实和人的日常生活相关的，必须是在日常经验生活中的。其次，这种实是根源于良知本体的实，而不是从结果来评价的实，是没有任何私欲缠绕的实。对于这样的工夫，阳明强调，必须在"事上磨练"，就像象山说的"在人情事变上做工夫"，这都意味着作为一种事上工夫，它必须在人的经验生活中表达出来。如何表达？阳明首先提到的是对于礼的学习。

凡习礼需要澄心肃虑，审其仪节，度其容止。毋忽而惰，毋沮而怍，毋径而野。从容而不失之迂缓，修谨而不失之拘局。久则体貌习熟，德性坚定矣。（《传习录》中，第198条）

爱问："先生以博文为约礼功夫。深思之未能得略。请开示。"先生曰："'礼'字即是'理'字。理之发见可见者谓之文。文之隐微不可见者谓之理。只是一物。约礼只是要此心纯是一个天理。要此心纯是天理，须就理之发见处用功。如发见于事亲时，就在事亲上学存此天理。发见于事君时，就在事君上学存此天理。发见于处富贵贫贱时，就在处富贵贫贱上学存此天理。发见于处患难夷狄时，就在处患难夷狄上学存此天理。至于作止语默，无处不然。随他发见处，即就那上面学个存天理。这便是博学之于文，便是约礼的功夫。博文即是惟精。约礼即是惟一。”（《传习录》上，第9条）

我们很多时候会错误地认为，在阳明和象山的心学传统中，只是一味地强调发明本心，先立乎其大，会脱落了对现实生活中的种种规范的学习和把握。比如对于礼，阳明也是非常强调的，在阳明看来，“礼貌习熟”并不是一种单纯的技术性行为，它可以直接作用于、体现于个体的道德行为之中，所谓“德性坚定”是也。当然，在阳明这里，认为“礼”字即是“理”，也就是人在学习礼的过程中对天理的一种把握，这样一来，学礼的过程就不应该只看成是对礼的具体的、细节的规定的了解，而是对天理本身的把握。因为这样的学习，实际上是人把握天理的一种非常重要的方式。在阳明看来，这是发明本心的过程，因为此心纯然是天理。也就是说，这个学习的过程，无非是本心的重新体认过程，并不是像朱子所说的即物求理，这种方式是向内的，而不是向外的追求。在这个意义上，诗、书等一切形式的日常意义上的学习，都有着共同的效果。

凡歌诗须要整容定气，清朗其声音，均审其节调。毋躁而急，毋荡而嚣，毋馁而慑。久则精神宣畅，心气和平矣。（《传习录》中，第197条）

凡授书不在徒多，但贵精熟。量其资禀，能二百字者止可授以一百字，常使精神力量有余。则无厌苦之患，而有自得之美。讽诵之际，务令专心一志，口诵心惟，字字句句，紬绎反覆，抑扬其音节，宽虚其心意，久则义礼浃洽，聪明日开矣。（《传习录》中，第199条）

每日工夫，先考德，次背书诵书，次习礼或作课仿，次复诵书讲书，次歌诗。凡习礼歌诗之类，皆所以常存童子之心。使其乐习不倦，而无暇及于邪僻。（《传习录》中，第200条）

由此，读书、诵诗实际上都是一种关乎心体的行为，都可有助于发明本心，所谓“凡习礼歌诗之类，皆所以常存童子之心”，童子之心，在这里就是本心，就是良知，完全可以通过日常经验的学习来达到道德本性的存养。所以，在阳明这里，重要的不是说外在的学习就会破坏心性，或者说对外在的经验形式采取一种拒斥态度。对阳明来说，更加强调任何经验生活的事实都可以以一种恰当的方法来使之有助于心体的澄明。错误的方式是，忘记了良知本体内在于我，不知道发明本心，而是一味地向外追逐。当然，在阳明这里，最为重要的事上工夫就是致良知，即将内在的道德原则扩充到事事物物上去，使得事事物物都实现其所当然之理。

> 若鄙人所谓致知格物者，致吾心之良知于事事物物也。吾心之良知，即所谓天理也。致吾心良知之天理于事事物物，则事事物物皆得其理矣。致吾心之良知者，致知也。事事物物皆得其理者，格物也。（《传习录》中，第135条）
>
> 天地间活泼泼地无非此理，便是吾良知的流行不息。致良知，便是必有事的工夫。此理非惟不可离，实亦不得而离也。无往而非道，无往而非工夫。（《传习录》下，第330条）

所以，这是阳明思想中最为重要的工夫。如果说阳明强调事上工夫的话，阳明主要的意思是要把良知本体在我们的经验生活中实现出来，亦即把道德的本性通过个体的道德行为实现出来，由此形成一个理想的、道德的世界。在致良知的意义上，我们所有的行为都是对于良知的扩充，都是一种现实的事上工夫。除此之外，更无工夫可言。

因此，我们可以说，阳明并不否定任何形式的经验生活实践，但阳明重点强调的是这种经验生活，必须在良知的规范下，才能获得其应有的意义。一切脱离良知的行为，都是不合理的行为，都是禽兽行为。而唯有致良知，才是真正值得肯定和践行的方法，因为只有在良知的意义上，人才能真正成为人。

五、本体即是工夫

从前面对阳明关于本体、工夫的讨论中，我们可以非常直接地感受到，无论是从本体，还是从工夫的意义上，阳明都非常强调良知。从本体上说良知，那是要确定良知作为最高本体的存在，如前所言，这样的转变具有重要意义，它由此为个体存在确立了价值基础。即人之为人的价值基础，经由良知本体这一点，确凿无疑地确立了起来。从工夫上说良知，表明对于人之为人的实现来说，就是把内在的良知扩充到我们整个生活世界，由此，整个世界的意义就由良知确定，在工夫论的角度，良知赋予了世界存在的终极意义——作为道德意义上的存在。

由此，在良知意义上，我们可以看到，本体和工夫得到了非常好的结合，良知的本体必然表达为良知的工夫。对于良知本体的发明工夫，实际上也就是致良知的工夫，于是内外之间的差别，本体和工夫的差别，在阳明这里被彻彻底底地打通了：

> 只是一个工夫。无事时固是独知，有事时亦是独知。……古人许多诚身的工夫，精神命脉，全体只在此处。真是莫见莫显，无时无处，无终无始，只是此个工夫。（《传习录》上，第120条）
>
> 功夫不离本体。本体原无内外。只为后来做功夫的分了内外，先其本体了。如今正要讲明功夫不要有内外，乃是本体功夫。（《传习录》下，第204条）
>
> 性无定体，论亦无定体。有自本体上说者，有自发用上说者，有自源头上说者，有自流弊处说者。总而言之，只是一个性，但所见有浅深尔。若执定一边，便不是了。（《传习录》下，第308条）

从阳明的角度来看，良知就一个，本性就一个，只不过是我们从不同的角度来看待而已，于是就有了本体和发用、本体和工夫等不同差别。但事实上，我们所说的就是那个良知本体而已。为什么在通常意义上会有本体和工夫的差别呢？那是因为后人在做工夫的意义上产生了差别，当我们把工夫指向外在行为时，本体自然就成为了内在根据，于是就有了本体、工夫的内外之别。在阳明先生那里，工夫只有一个，本体只有一个，没有内外差别，这就叫做本体工夫。

认为工夫不离本体，本体不离工夫，于是就有了本体工夫之说。本体工夫在何种意义上成立？即在良知本体意义上才成立。阳明就本体和工夫的贯通，对整个中国思想传统有着重要的影响：

> 自先师提出本体工夫，人人皆能谈本体、说工夫，其实本体工夫须有辨。自圣人分上说，只此知便是本体，便是工夫，便是致；自学者分上说，须用致知的工夫，以复其本体，博学、审问、慎思、明辨、笃行，五者废其一，非致也。世之议者或以致良知为落空，其亦未之思耳。先师尝谓人曰："戒慎恐惧是本体，不睹不闻是工夫。"戒慎恐惧若非本体，于本体上便生障碍。不睹不闻若非工夫，于一切处尽成支离。盖工夫不离本体，本体即是工夫，非有二也。（王畿《冲元会纪》）

按照王龙溪的说法，在阳明先生讲本体和工夫之后，本体工夫成为了一个普遍流行的学术话语，"人人皆能谈本体、说工夫"，从这个角度来说，我们可以很直观地看到阳明先生本体工夫之说影响的深刻。当然王龙溪在这里对于本体工夫关系做了一番说明，认为两者之间事实上还是有差别的，不能直接把本体工夫视为一个，这主要是因为每个人的不同根器。[①] 王龙溪说，如果从圣人的角度来说，圣人那里本体就是工夫，就是致良知。但是，对一般人而言，必须经由非常扎实的致良知工夫来实现良知本体的复归。所以，从这个角度来说，恐怕不能把本体工夫直接混为一谈，如果不做任何区分直接讲本体即工夫，那么自然会导致空疏的后果。

由此，王龙溪对于阳明的本体工夫之说，似乎做了非常圆满的梳理。但是，重要的是在这段话的最后部分，王龙溪又提出了一个说法，"盖工夫不离本体，本体即是工夫，非有二也"，尤其是"本体即是工夫"的说法，在这里似乎有些令人费解，因为前文刚刚从不同的根器角度对于本体工夫说做了分析，认为不能一概而论，而这里立马又转过来总结一句，本体即工夫。也就是说，这表明，在王龙溪那里所真正认同阳明先生的，就是本体即工夫的观念，这也

① 关于这一点，在后面的四句教中会有涉及，此处不展开。

代表着他自己的价值立场。[①]

我们需要继续思考的是，在阳明先生那里，他到底是在什么意义上认同本体即功夫呢？如果按照我们前面所言，良知是本体，良知必然导致笃行的话，那么事实上阳明是在良知本体的意义上来说的，当阳明这么说的时候，这是他基于对良知本体的自信。然而这并不代表阳明先生对本体工夫的那种空疏化倾向的认可，或者说，我们可以提问的是，阳明先生对本体工夫说带来的空疏化问题有没有自觉？这个显然是有的，从前文所引阳明一直强调“切实”工夫这个角度出发，很明显，阳明先生反对任何形式的空疏化，他强调的是基于良知本体，自然而然可以实现出来的道德行为，因为，这个是扎扎实实致良知工夫的结果。由此，阳明先生对于本体和工夫的关系有过一个说法：

> 合着本体的是工夫，做得功夫的方识本体。（王阳明《传习录拾遗》）

这两句话可以视为阳明先生对本体工夫关系问题处理的最为恰当的表达。首先，合着本体的是工夫。工夫是什么？工夫不是我们日常经验生活中的一切行为，而是那些符合良知本体的行为。那些不符合良知本体的行为，就不是人所应当做的行为，所以，在这个意义上不能称为工夫。当阳明说合着本体的是工夫，强调的是良知本体对于人的行为的限定、规范。其次，做得功夫的方识本体。这表明对于我们来说，我们应当如何去体认良知本体？除了我们在经验生活中按照道德规范的要求去行为之外，别无他法。在这里需要指出的是，当我们按照道德规范来行为的时候，并不一定是我们自觉地按照良知本体的要求来做，个体只有在日常经验的具体行为过程中，才能够真正自觉地领会到良知本体的存在。于是，从两个不同角度的限定，前者是从本体来规范工夫，后者是从工夫来体认本体，由此达到本体和工夫之间关系的一种圆融解决，这才是阳明讨论本体工夫论的含义所在。

---

① 由此，我们似乎也可以说，王龙溪虽然非常直接地认识到本体即工夫会导致阳明学被批评为空疏的倾向，但是，他并没有试图去纠正这种倾向，而恰恰在一定程度上更加推进了这种倾向的扩大。从这个角度上来说，王龙溪对于阳明后学的种种弊端，负有一定的责任。

阳明心学所确立起来的最为重要的是良知本体，而阳明最为关注的是在知行合一的基础上将个体固有的良知，扩充到事事物物上去，这就是致良知的工夫。那么，我们需要关注的是，阳明期望通过关注现实生活层面这种方式而达到什么样的效果？换言之，假设我们每个人都能做到致良知，那么我们的生活将是怎样的一种状态？而在阳明看来，这样的世界首先是符合良知的道德世界；其次，也就是阳明特别指出的，这是一个活泼泼的快乐的生活世界。

第八章

活泼泼的生活世界

我们说在阳明的思想系统中，所确立起来的最为重要的是良知本体。而阳明最为关注的是在知行合一的基础上将个体固有的良知，扩充到事事物物上去，这就是致良知的工夫。那么，我们需要关注的是，如果阳明的关注点主要是在现实生活层面的话，那么通过这种方式，阳明期望达到的效果是什么？

换而言之，假设我们每个人都能做到致良知的话，那么我们的生活将是怎样的一种状态呢？对阳明来说，这样的世界当然首先是伦理性的，也就是符合良知的道德判断；其次，阳明特别指出，这是一个活泼泼的快乐的生活世界。

一、乐是心之本体

所有的现实生活世界的实现，从理论层面来说都必然是根源于本体的设定。因为在宋明理学传统中，本体重视的是根本依据的梳理，而现实生活世界的呈现状态，则是取决于人按照本体的要求在现实中做切实的工夫。

所以，如果我们说在阳明那里要呈现出一个活泼泼的快乐的生活世界的话，也必得在本体上找到根据。在这个层面，阳明非常明确地提出乐是心之本体。由此，将乐在本体的意义上得以确立。这就意味着，现实生活世界所实现出来的种种方式，也必须是在乐本体的要求下展开。由此，生活世界的乐就有乐最高的本体依据，这就为人在现实生活中快乐地生活提供了最高的保证。

事实上，我们需要注意的是，不是阳明先生首次强调生活世界的这种乐的本性，儒家传统一直如此，从孔子开始，儒家从其开端处就十分强调这种乐的精神，这在儒家的经典系统中有着非常明显的表达：

> 子曰："学而时习之，不亦说乎？有朋自远方来，不亦乐乎？人不知而不愠，不亦君子乎？"（《论语·学而》）

这段我们都耳熟能详的话，就是《论语》的第一章。按照我们惯常的思维方式，第一章是具有代表性意义的。[①]那么这段话的代

① 关于《论语》的编撰虽有着种种不同的说法，但当我们选择把某一章置为全书的第一章的时候，应当是有其非常明显的编撰意图在里面的，绝不至于任意妄为。

表性意义在哪里？从形式上来说，我们可以讲这一章是以“学”为开始，表明儒家传统有一个根本特点，就是对“学”给予特别重要的关注。这一点无论在孔夫子那里，还是在后来儒家的发展历史中，都可以得到非常妥善的说明。那么，从内容上来看，这一章讨论的是什么问题呢？虽然关于《论语》的解读有无数多种，有各种不同的进路。但是，在我看来，这里面所呈现出来的恰恰就是一种快乐的精神。第一句话，从个体的学习行为来说，是快乐的。第二句，从跟朋友交往的事实来说，是快乐的。第三句，从人对于自我认识的意义上来说，是快乐的。如果从一个人的经验生活来看，这三层的描述，既有经验知识的学习，又有人际交往，还有自我体认，大体上可以说覆盖到人的整个生活世界，这就意味着，对于人来说，生活世界的本质特征就是快乐。

而孔夫子则是用他一生的经历践行了这一点，虽然他一生凄凄惶惶，如丧家之犬，但是，他发自于内心深处的那种快乐从来没有消失，这其实就构成了孔子形象的最大意义。孔子对其最为重视的学生颜回，也正是在这个意义上给予了肯定：

> 子曰：“贤哉回也！一箪食，一瓢饮，在陋巷，人不堪其忧，回也不改其乐。贤哉回也！”（《论语·雍也》）

由此，在孔子和颜回那里，恰恰都非常准确地传递出了儒家对于生活世界的这种快乐精神的坚持，快乐是儒家所揭示的精神境界。这种传统，在一定意义上就是儒家的最为重要的传统①。

在通常情况下，我们关注宋明理学的时候，都会注意到他们对于本体层面非常精妙的讨论，由此形成了儒学在宋明时代的复兴。但是，其实在宋明理学传统中，在儒学复兴运动甫一开始，理学家们同样十

---

① 虽然儒学在后来的发展中，有各种层面的展开，尤其是自汉代以来，儒学在传统政治格局中起到了最为重要的作用，由此政治儒学的提法也成为了比较通行的说法。当然，从儒家本身的义理和历史的基本事实来说，这个提法都没有问题。但是，如果从孔子和颜回的这种形象来考察，从上述的论述来说，我认为对于儒家的定位首先应该在于现实生活层面。也就是说从今天的意义上，儒家留给我们最大的精神财富就是其对于人心的意义，以及由此而来的对于经验生活的态度——快乐精神。如果我们说儒学有其现代意义的话，这种意义首先应当是在人心上发生共鸣。从这个角度来说，能否在现代人的内心当中找到根据，这是儒学能否实现现代转化的重要前提。由此，与其说政治儒学，倒不如说生活儒学，更加能够呈现出儒学对现实人生的关注，在这个意义上，也是更加能够实现儒学的现代转化。

分重视从孔子、颜回身上所传递出来的那种快乐精神的传递，这一点首先在后来被称为“理学开山”的周敦颐那里就被提出来了：

> 颜子“一箪食，一瓢饮，在陋巷，人不堪其忧而不改其乐”。夫富贵，人所爱也；颜子不爱不求，而乐乎贫者，独何心哉？天地间有至贵至爱可求而异乎彼者，见其大而忘其小焉尔。见其大则心泰，心泰则无不足；无不足，则富贵贫贱，处之一也。处之一，则能化而齐，故颜子亚圣。（周敦颐《通书·颜子》）
>
> 昔受学于周茂叔，每令寻仲尼、颜子乐处，所乐何事。（《河南程氏遗书》卷二）

在《通书》中，周敦颐十分重视颜回的形象，并对孔夫子所说的“一箪食，一瓢饮，在陋巷，人不堪其忧而不改其乐”的颜回形象进行了自己的阐释，在周敦颐看来，颜回在那么困难的生活中，何以表现出那种快乐精神呢？换句话说，如果说普通人的快乐都是建立在物质财富基础之上的话，那么，颜回在如是匮乏的物质生活中，怎么还可以那么快乐？颜回所乐的到底是什么？周敦颐提出的说法是，“天地间有至贵至爱可求”，也就是说颜回找到了比一般意义上的物质财富更为重要的东西，这个东西在后来理学传统中认为就是道。颜回的乐基于他对于道的体认和追求，圣人之道成为了颜回生活中最为重要的价值，所以，不管是富贵也好、贫贱也罢，颜回的内心不会有什么改变，颜回的内心始终以道为乐，这种快乐使得颜回成为儒家传统中的亚圣。按照程颢的回忆，当年他和程颐一起向周敦颐学习的时候，周敦颐就经常让他们寻思什么东西是孔子、颜回的快乐所在？这就是后来在理学家传统中具有重要影响意义的“孔颜乐处”问题。此问题由周敦颐开端，经由二程的倡扬，成为理学的重要课题之一。

按照理学家的通行理解，所谓孔颜乐处，是基于孔子和颜回对于圣人之道的认识而来的，孔子和颜回因为体认到了圣人之道，所以，他们的这种快乐是在这种体认的基础上所达到的一种精神状态、精神境界，这种境界让他们超越了一般世俗意义上基于财富而来的快乐，而是真正发自于内心的快乐。从这个角度来说，理学家传统对孔颜之乐的理解是基于把这种快乐作为经由其道德实践工夫而来的精神境界。

在阳明这里，也继承了理学家对这个问题的讨论。但是，阳明的说法，和之前的理学家相比较，还是有了比较大的差别：

来书云：昔周茂叔每令伯淳寻仲尼颜子乐处。敢问是乐也，与七情之乐同乎否乎？若同，则常人之一遂所欲，皆能乐矣，何必圣贤？若别有真乐，则圣贤之遇大忧大怒大惊大惧之事，此乐亦在否乎？且君子之心，常存戒惧，是盖终身之忧也，恶得乐？澄平生多闷，未常见真乐之趣，今切愿寻之。

乐是心之本体。虽不同于七情之乐，而亦不外于七情之乐。虽则圣贤别有真乐，而亦常人之所同有。但常人有之而不自知，反自求许多忧苦，自加迷弃。虽在忧苦迷弃之中，而此乐又未尝不存。但一念开明，反身而诚，则即此而在矣。每与原静论，无非此意。而原静尚有何道可得之问，是犹未免于骑驴觅驴之蔽也。(《传习录》中，第166条)

这段话是阳明和弟子陆澄（原静）之间关于孔颜之乐的讨论。陆澄是徐爱之后阳明最为得意的弟子，“曰仁殁，吾道益孤，至望原静者不浅”（《明儒学案》卷十四《浙中王门学案》）。按照陆澄的提问，大概有三个方面的问题，孔颜之乐与七情之乐是否相同？君子作戒慎恐惧的时候是不是还有这个乐的存在？怎样找到孔颜之乐？阳明对于这个问题的回答特别重要，他直接上来就说，“乐是心之本体”。也就是说，这个乐就是人的本心。从这个意义上来说，乐也就是良知，是人的本体。如果作为本体来说，圣人和普通人都一样，人人都有这个本体。当然，人人都有，不等于在人人身上都表现出来。差别在于，这个乐的本体在圣人那里当下就是，而在普通人那里，会因为种种现实的状况而忘记了这个本体的乐的存在。但是，虽然常人会遗忘，而这个本体是不会不见的，作为本体，这个乐是永恒存在的。只要我们意识到的时候，反身而诚，心体当下澄明，乐自然表现出来。就孔颜之乐和七情之乐的关系来说，阳明认为作为本体的乐虽然不同于现实意义上的七情之乐，但是，它又必然存在于七情之乐中。

喜怒哀惧爱恶欲，谓之七情。七者俱是人心合有的，但要认得良知明白。比如日光，亦不可指着力方所。一隙通明，皆

> 是日光所在。虽云雾四塞，太虚中色象可辨，亦是日光不灭处。不可以云能蔽日，教天不要生云。七情顺其自然之流行，皆是良知之用，不可分别善恶，但不可有所着。七情有着，俱谓之欲，俱为良知之蔽。(《传习录》下，第290条)

这里阳明用云蔽日这个现象来说明七情问题，也就是说只要确立良知本体，七情自然是人心所应有的，是自然而然的。但是，如果对七情有所执着，就变成了欲望，而不是良知。所以，孔颜之乐与七情之乐的关系，也就是如此。这就意味着孔颜之乐不是在我们经验生活事实之外而独立存在的，它就在我们的经验生活之中，就是我们的良知本体。阳明说，如果在这个情况下，要说寻找一个孔颜乐处，或者说问怎么样去寻找孔颜乐处，那都是骑驴找驴的行为。

因此，阳明把乐确立为本体，这是阳明在讨论孔颜乐处问题上的一个重要变化，这个变化就是，孔颜乐处不再是通过道德行为实践而最后呈现出来的一个结果，而是心体本来就是，当我们能够发明本心的时候，当下就是，无需外求。关于这一点，阳明有着非常清楚的理论自觉和自信。

> 天下之道，说而已。天下之说，贞而已。乾道变化，於穆流行，无非说也。天何心焉？坤德阖阙，顺成化生，无非说也。坤何心焉？仁理恻怛，感应和平，无非说也。人亦何心焉？故说也者，贞也。贞也者，理也。全乎理而无所容其心焉之谓贞，本于心而无所拂于理焉之谓说。故天得贞而说道以亨，地得贞而说道以成，人得贞而说道以生。贞乎贞乎，三极之体，是谓无已。说乎说乎，三极之用，是谓无动。无动故顺而化，无已故诚而神。诚神，刚之极也。顺化，柔之则也。故曰："刚中而柔外，说以利贞，是以顺乎天而应乎人。说之时义大矣哉！"非天下之至贞，其孰能与于斯乎！请字说曰贞夫。敬斋曰："广矣，子之言！固非吾儿所及也。请问其次。"曰：道一而已，孰精粗焉，而以次为？君子之德不出乎性情，而其至塞乎天地。故说也者，情也；贞也者，性也。说以正情之性也；贞以说性之命也。性情之谓和；性命之谓中。致其性情之德而三极之道备矣，而又何二乎？吾姑语其略而详可推也，本其事而功可施也。

> 目而色也，耳而声也，口而味也，四肢而安逸也，说也，有贞焉，君子不敢以或过也，贞而已矣。仁而父子也，义而君臣也，礼而夫妇也，信而朋友也，说也，有贞焉，君子不敢以不致也，贞而已矣。故贞者，说之干也；说者，贞之枝也。故贞以养心则心说，贞以齐家则家说，贞以治国平天下则国天下说。说必贞，未有贞而不说者也；贞必说，未有说而不贞者也。说而不贞，小人之道，君子不谓之说也。（王阳明《白说字贞夫说》）

阳明这篇《白说字贞夫说》是为白圻（敬斋）的儿子白说的冠礼而写的，为白说取字贞夫。如果从文献的角度来看，阳明对于为“说”取字“贞夫”，这个根据就在于《周易》的第五十八卦兑卦，兑就是说，就是喜悦、快乐的意思。当然，阳明这篇文字基本上就是一篇朋友之间应酬之作。即便如此，这里面有几个说法值得注意。首先，阳明说“天下之道，说而已”，这个提法讲说（快乐）提高到了道的高度，认为说可以涵盖天下之道，这与前面“乐为心之本”的说法，其实是比较相似的，也就是说，这样一来，阳明在其思想系统中，毫无疑问地把乐当作本体来确立了。其次，“天下之说，贞而已”，贞就是正，什么是正？“贞也者，理也”，这就是说，这种乐应当以理作为最根本的限定，这就在乐和理之间找到了关联，事实上，如果我们从乐是心之本体，而以良知来限定心，同样可以得出这样的结论，也就是阳明在这里强调的乐乃是基于良知（天理）之乐，在这个意义上，它和一般的七情之乐区分开来。最后，这种基于“贞”而来的“乐”可以达到非常良好的现实社会效果，所谓“贞以养心则心说，贞以齐家则家说，贞以治国平天下则国天下说”，这样在乐的基础上，可以达到很好地改变世道人心的现实效果。

阳明对于“乐是心之本体”的确认并不是在空泛意义上来说的，这种乐必须落实到良知之上才是阳明真正的意图所在。

> 乐是心之本体。仁人之心，以天地万物为一体，欣合和畅，原无间隔。来书谓“人之生理，本自和畅，本无不乐，但为客气物欲搅此和畅之气，始有间断不乐”是也。时习者，求复此心之本体也。悦则本体渐复矣。朋来则本体之䜣合和畅，充周无间。本体之䜣合和畅，本来如是，初未尝有所增也。就使无朋来而天

> 下莫我知焉，亦未尝有所减也。来书云“无间断”意思亦是。圣人亦只是至诚无息而已，其工夫只是时习。时习之要，只是谨独。谨独即是致良知。良知即是乐之本体。此节论得大意亦皆是，但不宜便有所执着。（王阳明《与黄勉之二·甲申》）

这里阳明就直接说，良知是乐之本体，在这个意义上，我们才能够发现这是非常完善的一个逻辑过程，更为重要的是对生活世界的乐的实现有着重要的规范意义。

二、常快活，便是功夫

对阳明来说，有本体即有工夫，前面我们在讨论本体工夫论的时候提到过，本体工夫的贯通，只有在理论意义上才能够真正圆融。而对乐来说，如果作为心之本体是阳明在本体层面对乐做的一个限定，那么，在现实中，我们应当如何在生活事实中把这个乐的本体实现出来呢？

由于乐是一个极为普遍的经验事实，它和经验生活之间的关系原本就非常密切，在确立乐为心之本之后，阳明对现实中乐的工夫，也有非常直接的说明：

> 九川卧病虔州，先生云：“病物亦难格。觉得如何？”对曰：“功夫甚难。”先生曰：“常快活，便是功夫。”（《传习录》下，第215条）

这里阳明说“常快活，便是功夫”，当然，阳明这么说的一个背景就是阳明的弟子陈九川在虔州（即江西赣州）生病卧床，针对弟子生病这件事情，阳明说，要把生病这个东西格正了（也就是我们今天说的战胜疾病）是一件比较困难的事情（俗语所谓“病来如山倒，病去如抽丝”），所以他问弟子的感觉如何？陈九川说，“功夫甚难”，也就是比较辛苦的意思。在这个关于生病讨论的背景下，阳明说，“常快活，便是功夫”，这就意味着针对病痛这件事情本身来说，时刻保持一种快乐的心态，就是战胜疾病的功夫。所以，“常快活”最为直接的意思就是要时刻保持一种快活的心态，用这个心态去面对生活经验中的种种（包括疾病），也就是说如果“常快活”是一种功夫的话，它首先也是治心的功夫，用前面的话来说，事实上也是一种心上功夫。

那么，常快活这种功夫应当怎么去做？也就是说怎样的行为算得上常快活？

> 尝以为君子素其位而行，不愿乎其外。素富贵行乎富贵，素贫贱行乎贫贱，素患难行乎患难，故无入而不自得。后之君子，亦当素其位而学，不愿乎其外。素富贵学处乎富贵，素贫贱患难学处乎贫贱患难，则亦可以无入而不自得。（王阳明《与王纯甫书》）

在给王纯甫的信中，阳明提出了“君子素其位而行，不愿乎其外”，这可以视为常快活的一个非常重要的方式。“君子素其位而行，不愿乎其外”原本出自《中庸》，也就是常说的“素位而行”，对君子来说，就应该安于他所处的位置，去做他应该做的事情，而不应该有非分之想。阳明的这段论述，基本上和《中庸》的原文没有太大的区别。从这个说法来看，如何能够“无入而不自得”（也就是常快活），就必须对自身现状有清醒的认识，从自己的现状出发，而不是不安于现状，常常有外在的、非分的想法。当下的状况，是我们每个人能够“常快活”的根据，也是决定我们所有行为的出发点，我们所能够做的正确方式，就是针对这种事实而来。如果我们在贫贱时想着富贵会怎样，在患难时想着安逸会怎样，我们就无法获得一种恰当地应对所处之境的方法。

由此可以说，阳明的常快活的意思是，我们人必当从自我的当下处境出发，该做什么就做什么，而不是一味地去埋怨、批评我们的事实处境，在与所处之境达到一种内心契同的背景下，我们才有可能自得于心，才有可能常快活。阳明自己的亲身实践也非常直接地说明了这一点。

> 昔孔子欲居九夷，人以为陋。孔子曰：“君子居之，何陋之有？”守仁以罪谪龙场，龙场，古夷蔡之外，于今为要绥，而习类尚因其故。人皆以予自上国往，将陋其地，弗能居也。而予

处之旬月，安而乐之，求其所谓甚陋者而莫得。独其结题鸟言山栖羝服，无轩裳宫室之观，文仪揖让之缛，然此犹淳庞质素之遗焉。

盖古之时，法制未备，则有然矣，不得以为陋也。夫爱憎面背，乱白黝丹，浚奸穷黠，外良而中螫，诸夏盖不免焉。若是而彬郁其容，宋甫鲁掖，折旋矩矱，将无为陋乎？夷之人乃不能此，其好言恶詈，直情率遂，则有矣。世徒以其言辞物采之眇而陋之，吾不谓然也。

始予至，无室以止，居于丛棘之间，则郁也。迁于东峰，就石穴而居之，又阴以湿。龙场之民老稚，日来视予，喜不予陋，益予比。予尝圃于丛棘之右，民谓予之乐之也，相与伐木阁之材，就其地为轩以居予。予因而翳之以桧竹，莳之以卉药，列堂阶，辩室奥，琴编图史，讲诵游适之道略俱，学士之来游者，亦稍稍而集。于是人之及吾轩者，若观于通都焉，而予亦忘予之居夷也。因名之曰“何陋”，以信孔子之言。

嗟夫！诸夏之盛，其典章礼乐，历圣修而传之，夷不能有也，则谓之陋固宜；于后蔑道德而专法令，搜抉钩繁之术穷，而狡匿谲诈，无所不至，浑朴尽矣！夷之民，方若未琢之璞，未绳之木，虽粗砺顽梗，而椎斧尚有施也，安可以陋之？斯孔子所为欲居也欤？虽然，典章文物，则亦胡可以无讲？今夷之俗，崇巫而事鬼，渎礼而任情，不中不节，卒未免于陋之名，则亦不讲于是耳。然此无损于其质也。诚有君子而居焉，其化之也盖易。而予非其人也，记之以俟来者。（王阳明《何陋轩记》）

这是王阳明在谪居龙场的时候，所写的《何陋轩记》，题目来自孔子所说的“君子居之，何陋之有？”（《论语·子罕》）我们在前面龙场悟道的时候，已经提到过龙场这个地方的特点，简单来说，是生存环境极端恶劣。王阳明在当时因得罪宦官刘瑾而被贬为龙场驿丞，对于阳明来说，这是生命中重要的转折。当然，我们从后来阳明的经历，尤其是从阳明思想的角度来说，毫无疑问，阳明在龙场实现的是其思想的突破，从而成就了阳明学。从思想史的意义上来说，没有龙场就没有阳明学。我们这么去讨论龙场的意义时，事实上已经把龙场的基本特征抽离掉了，做了一个纯粹抽象化的理解。

而对阳明来说，龙场绝不是那么抽象的存在，而是对于他的生活来说，必须面对的一个基本事实，各种各样的恶劣环境，包括自然的和社会的，都是阳明必须面对的。阳明应当如何去做？如果阳明在那个当下，所想到的都是京城的繁华或者余姚的温暖，所想到的都是以前仕途上的种种顺利，他会怎么样？可能也就在这种困境中难以超脱了。“君子居之，何陋之有？”这个观念，给阳明来了彻底的转换，也就是说，环境的基本事实不可选择，但是对人来说，我们可以从自己的内心接纳这样一个事实，并且，通过自己的行为和这个环境之间达到融合，唯有如此，我们才有可能在这个环境中获得生存的安宁。阳明做到了，《何陋轩记》的这种描写，很清楚地体现出来了阳明“素位而行”的观念，其实不只是观念，而是在阳明身上得到了非常具体的体现，而其随后写的《君子亭记》，也是基于同样的立场：

阳明子既为何陋轩，复因轩之前营，驾楹为亭，环植以竹，而名之曰君子。曰：“竹有君子之道四焉：中虚而静，通而有间，有君子之德；外节而直，贯四时而柯叶无所改，有君子之操；应蛰而出，遇伏而隐，雨雪晦明无所不宜，有君子之时；清风时至，玉声珊然，中采齐而协《肆夏》，揖逊俯仰，若洙、泗群贤之交集，风止籁静，挺然特立，不挠不屈，若虞廷群后，端冕正笏而列于堂陛之侧，有君子之容。竹有是四者，而以君子名，不愧于其名；吾亭有竹焉，而因以竹名名，不愧于吾亭。”门人曰：“夫子盖自道也。吾见夫子之居是亭也，持敬以直内，静虚而若愚，非君子之德乎？遇屯而不慑，处困而能亨，非君子之操乎？昔也行于朝，今也行于夷，顺应物而能当，虽守方而弗拘，非君子之时乎？其交翼翼，其处雍雍，意适而匪懈，气和而能恭，非君子之容乎？夫子盖谦于自名也，而假之竹。虽然，亦有所不容隐也。夫子之名其轩曰‘何陋’，则固以自居矣。”阳明子曰：“嘻！小子之言过矣，而又弗及。夫是四者何有于我哉？抑学而未能，则可云尔耳。昔者夫子不云乎？‘汝为君子儒，无为小人儒’，吾之名亭也，则以竹也。人而嫌以君子自名也，将为小人之归矣，而可乎？小子识之！”（王阳明《君子亭记》）

和《何陋轩记》一样，《君子亭记》也是阳明龙场生活的具体反映。如果说在《何陋轩记》那里，阳明实现的是对环境的认同，并由此确立来自我对个体生活的意义的话，在《君子亭记》里则更为重要地传递出这种意义在哪里？在于成为一个君子，以君子的行为规范来要求自己的行为。藉由阳明门人的话，把阳明的这种内心状态和自我品性非常直观地表达出来，这里特别重要的就是“顺应物而能当，虽守方而弗拘”，只有在顺应物（也就是素位）的前提下，个体的内心才有可能和所处之困境之间获得一种融合的结果，才有可能泰然处之。

从《何陋轩记》到《君子亭记》，我们可以很清楚地感受到了阳明在龙场经验生活的基本事实，并且，阳明是如何通过与其所生活的环境达到融合，以实现对君子之道的坚守。这样，在阳明这里才有可能真正实现内心的转换，并由此确立出本心作为根本性的意义。这里关键点就在于常快活的工夫，如果没有这种建立在常快活基础上的工夫，我们就很难想象会有后来阳明思想的突破。

三、无入而不自得

当乐的本体经由常快活的工夫在现实当中得以实现出来的时候，对主体来说可以使自己的内心和经验世界的具体情况达到很好的融合，由此，内心状况在应对一切经验事实中都能够很好地占主导地位，此即阳明所提到的“无入而不自得”。

“无入而不自得”，是常快活工夫的结果，这是在乐的本体作用下，人可以应对经验世界的各种状况，这在一定意义上是因为人在心灵上实现了对各种现实状况的超越而占据了主导地位，从这个意义上说，人是顺从自己的内在本性来行为的，而不是受限于外在的经验事实。

问：“孔门言志，由求任政事，公西赤任礼乐，多少实用？及曾皙说来，却似耍的事。圣人却许他，是意何如？”曰：“三子是有意必。有意必，便偏着一边，能此未必能彼。曾点这意思却无意必，便是‘素其位而行，不愿乎其外。素夷狄，行乎夷狄。素患难，行乎患难。无入而不自得矣。’三子所谓‘汝器

也’。曾点便有不器意。然三子之才，各卓然成章。非若世之空言无实者。故夫子亦皆许之。”（《传习录》上，第29条）

《传习录》中的这段话，阳明弟子提出的问题非常有意思，孔子的弟子子路、冉求想主持政事，公西赤想主管礼乐，多多少少还有点实际用处。而曾皙所说的，似乎是玩耍之类的事，却得到孔圣人的称许，这是怎么回事？阳明说无论是子路、冉求还是公西赤都只是在一个实用的层面讨论，这种实用性的讨论，其实都是执着在具体用处之上，有非常强烈的意必固我的主观倾向，而曾皙实际上是超越了这种实用性的讨论，根据《论语》中所记载，当时曾皙希望“莫春者，春服既成，冠者五六人，童子六七人，浴乎沂，风乎舞雩，咏而归”（《论语·先进》），从这段描述来说，曾皙的心灵境界已经超越了具体经验事实的束缚，在阳明看来，唯有这样的人才能真正做到“素位而行”，才能“无入而不自得”，这表明，只有在心体澄明，不被任何外物所限制的时候，才能够真正实现对现实生活情境的超越，而体会到那种“无入而不自得”的快乐境界：

昔者孔子之在当时，有议其为谄者，有讥其为佞者，有毁其未贤，诋其为不知礼，而侮之以为东家丘者，有嫉而沮之者，有恶而欲杀之者。晨门荷蒉之徒，皆当时之贤士，且曰：“是知其不可而为之者欤？”“鄙哉硁硁乎！莫己知也，斯已而已矣。”虽子路在升堂之列，尚不能无疑于其所见，不悦于其所欲往，而且以之为迂。则当时之不信夫子者，岂特十之二三而已乎？然而夫子汲汲遑遑，若求亡子于道路，而不暇于暖席者，宁以蕲人之知我信我而已哉？盖其天地万物一体之仁，疾痛迫切，虽欲已之而自有所不容已，故其言曰：“吾非斯人之徒与而谁与？”“欲洁其身，而乱大伦。”“果哉末之难矣！”呜呼！此非诚以天地万物为一体者，孰能以知夫子之心乎？若其“遁世无闷”“乐天知命”者，则固“无入而不自得”“道并行而不相悖”也。（《传习录》中，第182条）

这里，阳明又提到了孔子的例子。按照阳明的说法，孔子在当时备受世人的质疑，到处碰壁，不受理解，甚至是孔子的学生（比如子路）都对孔夫子的行为有着怀疑和不理解，从当时的基本事实来看，孔夫子所面临的环境相当不理想。可是，即便在这种情形之下，孔夫子还是非常积极、乐观地推广着他的观念，“汲汲遑遑，若求亡子于道路，而不暇于暖席者”（《传习录》中），并不是说孔夫子要寻求人们对他的行为的理解而这么做，而是孔夫子那里，这就是天理之必然，必须这么去做，也正是如此，孔夫子才能够达到遁世无闷、乐天知命，在孔子那里，毫无疑问地实现出了“无入而不自得”的生命境界。

在《传习录》中，这种基于本体所流露出来的快乐，也是常见的。在阳明那里，我们人的行为何以可能达到“无入而不自得”的境界，这一点关键在于使得我们的心和天理达到一致，不受任何的私欲控制。从一定意义上来看，阳明所谓的快乐实际上就是人实现对欲望的超越。超越欲望，就意味着人的行为不受欲望控制，而是顺从天理之本然、顺良知的自然而然的结果了，这才是真正的快乐，也是乐之本体在现实中实现出来。

如果能够摆脱外在限制，“无入而不自得”的那种快乐怡然的状态就实现出来了，而我们日常经验生活的不快乐，主要不是因为经验生活本身的种种缺乏引起的，而恰恰是在于内心没有实现超越外在欲望，反而受制于欲望，所以，痛苦由此产生。由此，内心状态的澄明，或者说良知本体的复明，对个体来说，具有十分重要而又现实的意义。

侃去花间草。因曰：“天地间何善难培，恶难去”？先生曰：“未培未去耳。”少间，曰：“此等看善恶，皆从躯壳起念。便会错”。侃未达，曰：“天地生意，花草一般，何曾有善恶之分？子欲观花，则以花为善，以草为恶。如欲用草时，复以草为善矣。此等善恶，皆由汝心好恶所生，故知是错。”曰：“然则无善无恶乎？”曰：“无善无恶者理之静，有善有恶者气之动。不动于气，即无善无恶，是谓至善。”曰：“佛氏亦无善无恶，何以异？”曰：“佛氏着在无善无恶上，便一切都不管，不可以治天下。圣人无善无恶，只是无有作好，无有作恶，不动于气。然遵王之道，会其有极。便自一循天理，便有个裁成辅相。”曰：“草既非恶，即草不宜去矣？”曰：“如此却是佛老意见。草若有碍，何妨汝去？”曰:“如此又是作好作恶。”曰:“不作好恶，非是全无好恶，却是无知觉的人。谓之不作者，只是好恶一循于理，不去又着一分意思。如此即是不曾好恶一般”。曰：“去草如何是一循于理，不着意思？”曰：“草有妨碍，理亦宜去，去之而已。偶未即去，亦不累心。若着了一分意思，即心体便有贻累，便有许多动气处。”曰：“然则善恶全不在物。”曰：“只在汝心。循理便是善，动气便是恶。”曰：“毕竟物无善恶。”曰：“在心如此，在物亦然，世儒惟不知此，舍心逐物，将格物之学错看了。终日驰求于外，只做得个义袭而取。终身行不著，习不察”。曰：“如好好色，如恶恶臭，则如何？”曰：“此正是一循于理，是天理合如此，本无私意作好作恶。”曰：“如好好色，如恶恶臭，安得非意？”曰：“却是诚意，不是私意。诚意只是循天理。虽是循天理，亦着不得一分意。故有所忿懥好乐，则不得其正。须是廓然大公，方是心之本体。知此即知未发之中。”伯生曰：“先生云：‘草有妨碍，理亦宜去。’缘何又是躯壳起念？”曰：“此须汝心自体当。汝要去草，是甚么心？周茂叔窗前草不除，是甚么心？”（《传习录》上，第101条）

阳明的弟子薛侃和阳明的这段对话，在我们的经验生活中也会出现。薛侃要拔去花间草，可能是因为草很多吧，所以薛侃就感慨，为什么在现实中善是这么难以培养，而恶却是这么难以去除呢？这样的感慨，很多人都会有。阳明说，其实这个问题的根本在于我们自己。比如就花间草来说，我们为什么要除去草？那是因为我们自己设定了一个前提，花是好的，草是不好的，所以我喜欢花，于是就要除去草。在这个设定里面，关键原因在于我要满足我的个人想法，也就是私欲，于是，就有了善恶的念头。当然，这并不是说草不能除去。草要不要除去，在这里变得不重要了，重要的是，我们自己的内心是不是完全符合天理的本来要求，如果顺从天理，一切行为都是自然而然的结果，不管除与不除。如果不顺从天理之本然，不管除与不除，都是私心的结果。而一旦有了私心，人的行为都受制于欲望，就会有忿懥好乐，这都是欲望的结果，不是真正意义上的“无入而不自得”的状态。最后阳明举周敦颐不除窗前草的故事，这个故事在理学传统中也很重要，“周茂叔窗前草不除去，问之，云：‘与自家意思一般。’”（《河南程氏遗书》卷三），在周敦颐那里，他从窗前草中体会到的是天地的好生之意，于是，对周敦颐来说，这样的情形，就是自然本应有的状态。所以，阳明说我们需要去想的，恰恰是思考我们为什么要除草的那个心是什么？

在人的内心与外物达到融合的状态下，人的行为自然可以“无入而不自得”，即不管外在的经验世界如何变化，人都能够找到属于他的快乐，他的内心也不会受到外在的改变。当然，对于阳明来说，这个内心的状态就是良知，良知是本体，所以，经由良知本体（或者说乐本体）而实现出来的这种自得之乐，毫无疑问也是道德意义上的快乐，也就是阳明一直说的君子之乐。

> 君子乐得其道，小人乐得其欲。然小人之得其欲也，吾亦但见其苦而已耳。“五色令人目盲，五声令人耳聋，五味令人口爽，驰骋田猎令人心发狂。”营营戚戚，忧患终身，心劳而日拙，欲纵恶积，以亡其生，乌在其为乐也乎？若夫君子之为善，则仰不愧，俯不怍；明无人非，幽无鬼责；优优荡荡，心逸日休；宗族称其孝，乡党称其弟；言而人莫不信，行而人莫不悦。所谓无入而不自得也，亦何乐如之！（王阳明《为善最乐文》）

阳明说的乐，说的常快活，绝对不是基于欲望之上的乐。在这里，阳明区分了君子的乐和小人的乐。小人的乐建立在欲望基础上，可是阳明说，这种欲望能够真的带来快乐吗？小人终其一生在欲望上蝇营狗苟，这实际上不是一种真正的快乐，因为小人的生命就在那样的提心吊胆中被耗费了。真正的快乐应当就是君子的快乐，君子的快乐是建立在道的基础上的快乐，在他的那种发自于内心的道德行为中，君子真正达到了“无入而不自得”的快乐境界。所以，对阳明来说，真正的快乐是建立在良知本体上实现出来的道德意义上的快乐，绝对不是外在欲望所带来的快乐。

四、活泼泼的生活世界

在阳明这里，在确定“乐为心之本体”，然后强调“常快活，便是功夫”，在此基础上，方可以实现“无入而不自得”的生活境界，由此，快乐可以作为一种精神价值在现实之中得到完整的体现，而不是仅仅停留在抽象的观念之中。

阳明之立说重在对现实世界进行重新的价值树立和价值改造，以使得儒家的道德原则能够真正有效地落实在现实的经验生活之中，这种方式的实现，就是真正快乐精神的体现，也就是孔颜乐处的实现，也就是良知的发用流行，这在阳明那里，其实就是一个意思。因此，我们需要问的是，在这样的方式下实现出来的现实生活世界，到底是怎样的一个世界？在阳明的《传习录》中，六次用到了“活泼泼”一词，在一定程度上也体现出阳明对于这个观念的认可。

> 九川问：“近年因厌泛滥之学，每要静坐，求屏息念虑。非惟不能，愈觉扰扰。如何？”先生曰：“念如何可息？只是要正。”曰：“当自有无念时否？”先生曰：“实无无念时。”曰：“如此却如何言静？”曰：“静未尝不动，动未尝不静。戒谨恐惧即是念。何分动静？”曰：“周子何以言‘定之以中正仁义而主静’？”曰：“无欲故静，是‘静亦定，动亦定’的‘定’字，主其本体也。戒惧之念是活泼泼地，此是天机不息处，所谓‘维天之命，於穆不已’，一息便是死。非本体之念即是私念。”（《传习录》下，第202条）
>
> 问：“‘逝者如斯’，是说自家心性活泼泼地否？”先生曰：“然。须要时时用致良知的功夫，方才活泼泼地，方才与他川水一般。若须臾间断，便与天地不相似。此是学问极至处。圣人也只如此。”（《传习录》下，第253条）
>
> 孟子不动心，与告子不动心，所异只在毫厘间。告子只在不动心上着功，孟子便直从此心原不动处分晓。心之本体，原是不动的。只为所行有不合义，便动了。孟子不论心之动与不动，只是集义。所行无不是义，此心自然无可动处。若告子只要此心不动，便是把捉此心，将他生生不息之根反阻挠了。此非徒无益，而又害之。孟子集义工夫，自是养得充满，并无馁歉，自是纵横自在活泼泼地，此便是浩然之气。（《传习录》下，第272条）
>
> 问先儒谓“鸢飞鱼跃”与“必有事焉”，同一活泼泼地。先生曰：“亦是天地间活泼泼地无非此理。便是吾良知的流行不息。

致良知便是必有事的工夫。此理非惟不可离，实亦不得而离也。无往而非道，无往而非工夫。”（《传习录》下，第330条）

从这四段出现“活泼泼”的语境来说，阳明在说“活泼泼”的时候，大体上都把“活泼泼”这个词解作天地之间基于良知本体而来的生机流露、生生不息的一种状态，那么这种状态到底是什么意思呢？首先，这个活泼泼是基于良知本体的，也就是说它有着非常明显的道德限制在其中；其次，活泼泼主要呈现出来的是一种生机勃勃、流动不息的状态。这种说法，当然在阳明那里就是对生活世界的一种基本状态的描写。这个经验的生活世界，在良知本体发用流行之下，呈现出来的理想状况就是活泼泼的。活泼泼的就是合乎天理自然的快乐精神的实现，就是一个快乐的生活世界。

当然，需要指出的是，“活泼泼”这个词不是阳明首先使用，也不是儒家传统中最早出现的。它是唐宋时期在禅宗的语录中经常出现的词汇：

（活泼泼）是禅宗的熟语，大致反映出禅宗如下的特色：首先是与自心相契合，所谓“直指人心，明心见性”。其次是与生动具体的现实生活“打成一片”，所谓“目击道存，触事而真”。再次是机锋往来，“如击石火，似闪电光”。正如宋代宗杲《大慧禅师语录》卷十九所说：“不用安排，不假造作，自然活泼泼地，常露现前。正当恁么时，方始契得一宿觉。所谓不见一法即如来，方得名为一宿觉。”后俗语中用活泼泼形容生动自然，充满生机。（赵朴初《俗语佛源》）

也就是说禅宗传统中最早使用“活泼泼”这个词，除去机锋的方面之外，赵朴初先生所说的另外两层意思在历史上对后来包括阳明在内的宋明理学家有着重要的借鉴意义。

可能是由于禅宗的广泛影响力，在宋明理学传统中，有很多理学家自觉不自觉地接过了“活泼泼”这个话头，用来讨论他们对圣人之道的体认，对此，钱钟书先生曾评价说：“盖宋儒论道，最重活泼泼生机，所谓乾也，仁也，天地之大德曰生也，皆指此而言”（《谈艺录》）。无论是二程，还是朱子都曾使用过活泼泼：

"鸢飞戾天，鱼跃于渊，言其上下察也。"此一段子思吃紧为人处，与"必有事焉而勿正心"之意同，活泼泼地。会得时，活泼泼地；不会得时，只是弄精神。(《河南程氏遗书》卷三)

仁有两般：有作为底，有自然底。看来人之生便自然如此，不待作为。如说父子欲其亲，君臣欲其义，是他自会如此，不待欲也。父子自会亲，君臣自会义，既自会恁地，便活泼泼地，便是仁。(《朱子语类》卷六)

很清楚，按照上述二程和朱子的说法，事实上这个"活泼泼"都是仁的这个本体在现实当中的发用流行，是充满生机的。当然，毫无疑问，这种生机的原因即在于道体，在于仁。

阳明也讲"活泼泼"，有非常明显的禅宗影响痕迹，当然，我们也可以说这是在程朱这个传统的脉络中讲"活泼泼"的。这个不重要，因为在宋明时代，"活泼泼"显然是作为一个重要的词汇被广泛接受，在这个意义上，重要的不是"活泼泼"本身，重要的是如何去讲"活泼泼"。如果按照上引程朱的基本描述，大体上可以说，在程朱（尤其是朱子）那里，这种"活泼泼"是道体的发用流行，由仁的本体而来的一种活泼泼的现实特征。

在阳明这里，这种活泼泼的生机又是什么？当然，肯定是仁，是道体，都没有问题。但更为重要的是，从前面阳明对"活泼泼"的描述来说，良知就是活泼泼的，而良知本体无所不在，即良知本体即是功夫，那么，这种活泼泼其实就是对生活世界本身特点的描述。换言之，如果说从程朱那里，我们看到的更多是从本体角度来决定这种活泼泼的特性的话，在阳明这里，更为重要的是强调生活世界本身就是活泼泼的。从这种强调方式来看，阳明学较之于朱子学更加重视经验的生活世界。

由此，我们可以说，生活世界就是活泼泼的，无论乐的本体和常快活的工夫，都在这个意义上呈现出生活世界的特质。于是，无论是就境界来说，还是就生活状态来说，活泼泼都是必然的、不可或缺的。

阳明之前关于万物一体的讨论，大体都是从圣人一体之仁角度展开的。而阳明则非常直接地从良知角度来讨论万物一体，是将万物一体的根据落实在良知上，即落实在了普通个体之上。那么，阳明将一体之仁的根据落实到普通人身上的转换的意义在于，这种境界可在普通人身上得到实现，因为它的根据就是人心的那一点灵明，即贤愚皆有的良知。由此，普通人在自己的良知之上就可以实现万物一体的崇高道德境界，道德的实现由此变得非常扎实，其可实现性更加明显。良知的这个根据决定了普通人对万物一体之仁的真切感受，从而对普通人的道德行为具有巨大的规范性意义。

第九章

万物一体论

万物一体的观念，在宋明理学中非常普遍，阳明在其良知心学的意义上，非常直接地从良知的角度来讨论万物一体，阳明这样的理解方式非常重要，将万物一体的根据落实在良知上，就是落实在了普通个体之上。这一点，与阳明强调良知的永恒存在、广泛适用这个特点有着非常密切的关系。而在此前关于万物一体的讨论，大体都是从圣人一体之仁角度展开的。那么，一体之仁的根据落实到普通人身上有着什么样特殊的意义？因为，如果一体之仁的根据只是在圣人那里，只是在那个仁的境界上，对一般人来说，除了作为一种理想化的目标外，没有太为现实的意义。然而，至高的那个理想化目标，在现实上很多时候会消解掉人的现实努力。而阳明这样转换的意义就在于，这种境界可以在普通人身上得到实现，因为它的根据就是人心的那一点灵明，也就是良知，这个东西可是贤愚皆有的。由此，在良知的意义上，这种一体之仁才具有更好的现实规范的意义，而不是仅仅作为一种价值引导的意义。换句话说，由此，普通人在自己的良知之上就可以实现万物一体的崇高道德境界，道德的实现由此变得非常扎实，其可实现性更加明显。当然，这里最后剩下的问题是，取决于人如何在现实中战胜个体的私欲，常常保持良知的作用。所以，毫无疑问，良知的这个根据就决定了普通人对万物一体之仁的真切感受，从而对普通人的道德行为具有巨大的规范性意义。

一、万物一体的思想渊源

谈到万物一体观念时，我们很自然会把这个思想的源头追溯到庄子那里，这也是比较惯常的解释方式，因为在庄子所强调的齐物论基础上，确实可以很自然地得出万物一体的观念，所以庄子可以说“天地与我并生，而万物与我为一”（《庄子·齐物论》）。这段经典的说法，也是后来在讨论宋明理学中关于万物一体观念时所找到的理论来源。

但是，这里需要说明的是，庄子虽然讲万物与我为一，但他的理解进路和儒家的方式有着根本的差异。很明显，在庄子那里，这个结论的得出是从道的角度来看待天地万物，天地万物禀道而生，从这个意义上，万物齐一，所以我们不能用一种区别的眼光（“成心”）去看待他者。而儒家的万物一体，是建立在儒家道德理想角度，换言之，最终要把儒学的价值在这里得到实现。那么，我们是否可以在儒家自身的传统中找到这样的论说方式？于是，后来很多的视角就关注到了《孟子》。

> 万物皆备于我矣。反身而诚，乐莫大焉。强恕而行，求仁莫近焉。（《孟子·尽心上》）
>
> 曰：“我知言，我善养吾浩然之气。”“敢问何谓浩然之气？”曰：“难言也。其为气也，至大至刚，以直养而无害，则塞于天地之间。其为气也，配义与道；无是，馁也。是集义所生者，非义袭而取之也。行有不慊于心，则馁矣。我故曰，告子未尝知义，以其外之也。必有事焉，而勿正，心勿忘，勿助长也。”（《孟子·公孙丑上》）

《孟子》“万物皆备于我”，由此被认为是儒家传统中最能呈现出万物一体观念的提法。而从《公孙丑上》这段孟子关于养浩然之气的论述中，我们可以为万物一体找到更为直接的根据，那就是浩然之气。从这个角度来说，孟子找到万物一体的根据就是气，这从传统关于气化成物的角度来说，非常直接，它表明人和天地万物具有本质上的一致性。当然，孟子更重要的是指出这个气不是其他气，而是浩然之气，也就是说，人只有在浩然之气的意义上才可以实现与天地万物齐。什么是浩然正气？按照孟子的解释就是“配义与道”，即以义和道作为基本限定的气。这是什么样的气？毫无疑问，这是从道德的意义上来说的，从孟子把道德作为人的本心这个层面来说，也可以理解。

当然，如果我们这样来理解万物一体的思想来源，至少还可以把这个源头追溯到后来同样被确立为四书之一的《中庸》。

> 唯天下至诚，为能尽其性；能尽其性，则能尽人之性；能尽人之性，则能尽物之性；能尽物之性，则可以赞天地之化育；可以赞天地之化育，则可以与天地参矣。（《中庸》）

《中庸》的这段说法，是从尽性角度来阐释的，从人性到物性，再推到参赞化育，然后在此基础上实现与天地参，也就是与天地并立。这里的思路，大体上和孟子说的“尽其心者，知其性也。知其性，则知天矣。存其心，养其性，所以事天也”（《孟子·尽心上》）的思路基本一致，就是从人的存在反推到天地万物的过程。由此确立人在天地万物这个框架中的意义。

当然，不管这种追溯过程怎样。万物一体的观念在宋明时代，成为了宋明理学家所共同关注、讨论的问题。当然，如果说我们在前面讨论的无论是庄子，还是儒家传统，不管试图从哪个角度来论证人和天地万物之间的这种共通性，其实都是从人和天地万物具有共同本质的角度来切入的。当然，差别是这个本质是自然之道，还是仁义，还是气，就其根本的思维方法上来说，基本一致。

宋明理学对万物一体观念的讨论，则不仅仅是停留在共同本质的角度，而是更多地进入了境界论意义上的讨论。如果说对人和天地万物是有共同本质的确立，然后找到万物一体的根源的话，那在很大意义上是在为人在天地之间的存在找到合理的根据，为人的生存确立基础。那么，从境界论上来讨论万物一体，则要从人的角度出发，为天地万物的存在确立意义。也就是说，如果此前对万物一体的讨论主要侧重从天地万物那里来确定我的存在的意义，宋明对万物一体的讨论，就是要去从我的角度来论证天地万物的意义。所以，虽然都是在讨论万物一体的问题，但是，讨论的角度有了根本性的翻转。由从天地万物的角度出发，变成了从人的角度出发，由此可见，人的这种主导性、主宰性在宋明这里得到了极大的确认。

按照我们通常的理解，宋明理学对万物一体观念的讨论，主要从被称为北宋五子之一的张载那里开始。张载作为理学传统中的重要一员是以其气本论而著名的，后来的关学就是在张载思想的基础上形成的，在北宋儒学复兴的过程中，有非常重要的影响。张载对于万物一体的描述，最早体现在他的“大心”说之中：

> 大其心则能体天下之物，物有未体，则心为有外。世人之心，止于闻见之狭。圣人尽性，不以见闻梏其心，其视天下无一物非我，孟子谓尽心则知性知天以此。天大无外，故有外之心不足以合天心。见闻之知，乃物交而知，非德性所知；德性所知，不萌于见闻。（张载《正蒙·大心》）

根据张载这段对心的描述，他把人的认识分为见闻之知（具体经验的认识）和德性之知，见闻之知是普通人认识世界的方式，但是这种认识往往是局限的，从这种认识出发，我们是无法认识到天地之大，虽然它可以让我们在一定程度上认识到天地。与常人不同，圣人对天地的认识是通过德性之知来实现，在德性之知这个意义上，圣人"视天下无一物非我"，这个说法与阳明"心外无物"的观念极其相似，从这个角度来看，张载的大心说具有非常浓厚的心学倾向。从大心说中，我们可以非常清晰地感受到张载用心去包容万物的那种方式，即在大心的基础上实现万物一体的理论倾向。当然，从张载的论述来看，他的这种观念如同他自己所说的那样，受到了孟子非常直接的启发。当然，张载对万物一体观念最具有影响力的说法是表现在他的"民胞物与"上。

乾称父，坤称母。予兹藐焉，乃混然中处。故天地之塞，吾其体。天地之帅，吾其性。民吾同胞，物吾与也。大君者，吾父母宗子，其大臣，宗子之家相也。尊高年，所以长其长。慈孤弱，所以幼吾幼。圣其合德，贤其秀也。凡天下疲癃残疾，惸独鳏寡，皆吾兄弟之颠连而无告者也。于时保之，子之翼也。乐且不忧，纯乎孝者也。违曰悖德，害仁曰贼。济恶者不才，其践形唯肖者也。知化则善述其事，穷神则善继其志。不愧屋漏为无忝，存心养性为匪懈。恶旨酒，崇伯子之顾养。育英才，颍封人之锡类。不弛劳而底豫，舜其功也。无所逃而待烹，申生其恭也。体其受而归全者，参乎！勇于从而顺令者，伯奇也！富贵福泽，将厚吾之生也。贫贱忧戚，庸玉女于成也。存吾顺事，没吾宁也。（张载《正蒙·乾称》）

这篇原是张载解释《易传》的一部分文字，张载曾将其录于学堂双牖的右侧，称为《订顽》，后来被程颐称为《西铭》，经朱子的注释，成为宋明理学中的名篇。在这段文字中，张载从"乾称父，坤称母"这个《易传》的通常说法出发，由父母的这种称谓，把"我"纳入了这个系统，由此"我"和天地万物一样，都是从乾坤父母而来的，所以，"我"和万物都是禀天地父母之气而来的，这是在传统的本质论意义上说明存在的意义，但接下来张载直接就转到“民吾同胞，物吾与也”，这是著名的民胞物与的观念，从这里开始，张载转向伦理意义上的讨论，不再纠缠本质论的立场，所以朱熹曾评价说：“中间句句段段，只说事亲事天。自一家言之，父母是一家之父母。自天下言之，天地是天下之父母。通是一气，初无间隔。‘民吾同胞，物吾与也。’万物皆天地所生，而人独得天地之正气，故人为最灵，故民同胞，物则亦我之侪辈。”（《朱子语类》卷九十八）从这个意义上看，张载转向了“我”对于万物的伦理价值的确定，这也是后来理学家所基本认同的路向。

因此，在宋明理学讨论万物一体的观念中，张载具有重要转折性意义。如前所言，如我们在思想史的具体演变过程中所看到的那样，此前对万物一体观念的讨论主要是从本质论（人与天地万物有共同的本质）角度展开的，主要是确立人在天地万物之中的意义。从张载这里开始，转向了人对天地万物的伦理赋义，就这个角度而言，万物一体，主要是在道德境界上展开的，这个路向经由张载揭开，成为理学中主要的观念，这一点，在程颢那里得到了非常直接的体现：

> 学者须先识仁。仁者，浑然与物同体，义、礼、智、信皆仁也。识得此理，以诚敬存之而已，不须防检，不须穷索。若心懈，则有防；心苟不懈，何防之有！理有未得，故须穷索；存久自明，安待穷索！此道与物无对，“大”不足以明之。天地之用，皆我之用。孟子言“万物皆备于我”，须“反身而诚”，乃为大乐。若反身未诚，则犹是二物有对，以己合彼，终未有之，又安得乐！订顽意思，乃备言此体，以此意存之，更有何事。“必有事焉，而勿正，心勿忘，勿助长”，未尝致纤毫之力，此其存之之道。若存得，便合有得。盖良知良能，元不丧失。以昔日习心未除，却须存习此心，久则可夺旧习。此理至约，惟患不能守。既能体之而乐，亦不患不能守也。（程颢《识仁篇》）

这是程颢著名的《识仁篇》，与前面张载的《西铭》一样，后来都成了理学名篇。在这里，程颢直接上来就说“学者须先识仁”，把识仁当作学者最为重要的事情，而这个识仁的指向是什么？就是孟子所说的良知良能，而这个东西，按照程颢的说法，是内在于人的，所谓“元不丧失”，从这个角度讲，程颢的思想路向就是心学的。[①] 于是，仁的这一点提出，不仅在道德意义上来讨论问题，而且，程颢还把这种道德确定为内在于人的本性。接着，程颢就说“仁者，浑然与物同体”，这个浑然与物同体，就是万物一体，为什么是一体的？这是仁者境界。所以，程颢是在道德境界意义上来谈论一体问题，已经完全抛弃了本质论方向。

程颢在《识仁篇》中对万物一体的这种讨论方式，对阳明有着非常深刻的影响，或者说，阳明实际上就是在程颢的思路上继续讨论万物一体的，这个影响在湛若水后来给阳明写的祭文中可以清楚地看出来：

> 嗟惟往昔，岁在丙寅。与兄邂逅，会意交神。同驱大道，期以终身。浑然一体，程称“识仁”。我则是崇，兄亦谓然。（湛若水《奠王阳明先生文》）

按照湛若水的说法，在他和阳明1506年（丙寅年，其实应该是1505年）第一次见面时，他们都对程颢《识仁篇》中阐述的“浑然一体”说法十分佩服。

二、良知与万物一体

阳明对万物一体观念的阐释，直接受到程颢的影响，这一点从前文湛若水在祭文中的描述中可以看出，因此，如果我们从阳明对万物一体的这种描述中，也还可以看到非常清晰地受到程颢影响的痕迹。

> 夫圣人之心，以天地万物为一体。其视天下之人，无外内远近，凡有血气，皆其昆弟赤子之亲。莫不欲安全而教养之，以遂其万物一体之念。天下之人心，其始亦非有异于圣人也。

---

① 正因如此，一般说程朱理学的时候，是以程颐和朱熹并称。程颢的思想倾向与陆王的理路有非常接近之处。当然，从这个理路来说，相似的还有前面提及的张载。大体上从张载到程颢到陆王，是心学的方向。

特其间于有我之私，隔于物欲之蔽。大者以小，通者以塞。人各有心，至有视其父子兄弟如仇雠者。圣人有忧之，是以推其天地万物一体之仁以教天下。使之皆有以克其私，去其蔽，以复其心体之同然。……盖其心学纯明，而有以全其万物一体之仁。故其精神流贯，志气通达，而无有乎人己之分，物我之间。譬之一人之身，目视耳听，手持足行，以济一身之用。目不耻其无聪，而耳之所涉，目必营焉。足不耻其无执，而手之所探，足必前焉。盖其元气充周，血脉条畅。是以痒疴呼吸，感触神应，有不言而喻之妙。此圣人之学所以至易至简，易知易从，学易能而才易成者，正以大端惟在复心体之同然，而知识技能，非所与论也。（《传习录》中，第142条）

从这段话来说，阳明对万物一体的论说，与前述程颢的说法比较类似。阳明的立足点在于圣人之心，也就是说万物一体的根据在于圣人之心，阳明在圣人之心那里，为万物一体找到了根据。那么，什么是圣人之心？圣人之心，在阳明的解释中就是仁，就是“万物一体之仁”，这样的说法，和程颢的“仁者，浑然与物同体”没有根本上的差别，都以仁作为万物一体的最终根据，由此，进入了对万物一体观念的伦理意义上的讨论。当然，在阳明这里，还是有一些本质论的讨论在这里的，“盖其元气充周，血脉条畅。是以痒疴呼吸，感触神应，有不言而喻之妙”，这很明显是从元气角度来说的，当然，我们可以把这种状况理解为圣人所具有的最为完满的状态（“元气充周，血脉条畅”），这也是仁的最直接和形象的表达（在理学传统中，常以生生之理来说仁，在这个背景下，“元气充周，血脉条畅”完全可以表达为一种生生之理的最充沛、完满的状态，而并不一定就是事实上的元气论）。总体上说，阳明的思路也很清楚，就是万物一体，必须从圣人之心那里找到根据，也就是从仁那里出发。于是，无论在阳明这里，还是在程颢那里，万物一体都被当作圣人的境界而存在。

然而，如果这种一体之仁，仅是圣人境界而有的话，那么，它对于我们一般个体存在除了在境界上引导个体行为之外，还有什么重要的意义？因为如果这种万物一体的观念，如果仅仅是一种对于最高状态的描述（不管是本质论的描述，还是伦理境界意义上的描述），似乎对普通人没有太现实的意义。除了对个体行为有引导、规范意义之外，普通人很难对此有切身的体会和认同。于是，阳明在一体之仁的最高境界意义上陈述之外，在程颢强调“良知良能”的这个思路启发之下，直接把这个一体之仁的根据落实到了良知之上。

> 夫人者，天地之心。天地万物本吾一体者也。生民之困苦荼毒，孰非疾痛之切于吾身者乎？不知吾身之疾痛，无是非之心者也。是非之心，不虑而知，不学而能，所谓良知也。良知之在人心，无间于圣愚，天下古今之所同也，世之君子，惟务致其良知，则自能公是非，同好恶，视人犹己，视国犹家，而以天地万物为一体，求天下无治，不可得矣。（《传习录》中，第179条）
>
> 天地既开，庶物露生，人亦耳目有所睹闻，众窍俱辟。此即良知妙用发生时。可见人心与天地一体。故“上下与天地同流”。（《传习录》下，第267条）
>
> 人的良知，就是草木瓦石的良知。若草木瓦石无人的良知，不可以为草木瓦石矣。岂惟草木瓦石为然？天地无人的良知，亦不可为天地矣。盖天地万物与人原是一体。其发窍之最精处，是人心一点灵明。风雨露雷，日月星辰，禽兽草木，山川土石，与人原只一体。故五谷禽兽之类，皆可以养人。药石之类，皆可以疗疾。只为同此一气，故能相通耳。（《传习录》下，第274条）

于是，在阳明这里，因为人是天地之心①，天地万物与我本来就是一体的。那么作为天地之心这个人的主要特征是什么？也就是说人在何种意义上具有天地之心的地位？在阳明这里，这个东西就是是非之心，就是良知。存在于人心之中的良知，在阳明看来，就是这么一点作为人心之灵明的良知构成了人与天地万物之间一体的

① 儒家传统中，天地之间，人为贵，以人作为天地之灵而存在，所以，儒家传统必然要有人禽之辨，希望在人和禽兽区分的意义上确立人之为人的意义。这个人之为人的意义，从孟子那里开始主要就是以道德表达出来。由此，天地的意义主要是由人确定的，所以张载在其著名的四句教中首先提出的是“为天地立心”（横渠四句：为天地立心，为生民立命，为往圣继绝学，为万世开太平）。

最终根据。用仁来说万物一体，与用良知来说万物一体，有什么差别？当然，首先我们看到的是，无论是仁还是良知，都是在道德意义上来说的，这一点也是后来很多人提到阳明的万物一体的观念时，说阳明的这种观念其实是一种政治制度的重构理想。当然，作为一种对理想世界的描述，我们自然不能否定其所具有的政治导向意义。但是，这种理想的描述，更多的是从抽象的意义来谈论所谓的政治制度重构问题。在这里阳明更多的还是救人心的意义多于现实制度变革的意义。其次，良知和仁的不同在于，良知是人人都具有的，即所谓“良知之在人心，无间于圣愚，天下古今之所同也”，其描述具有更强的个体性，这种转换极为重要，在良知的意义上，阳明希望确立起普通个体对万物一体观念的直观感受，而不是主要从圣人境界来讨论。

在普通个体上找到万物一体的根据，这是阳明把良知确立为万物一体根据的一个重要缘由，这一点，与阳明强调良知的永恒存在、广泛适用这个特点有着非常密切的关系。那么，一体之仁的根据落实到普通人身上有什么特殊意义？因为，如果一体之仁的根据只在圣人那里，只是在那个仁的境界上，对一般人来说，除了作为一种理想化的目标之外，没有太为现实的意义。然而，至高的那个理想化目标，在现实很多时候会消解掉人的具体努力。而阳明这样转换的意义就在于，这种境界可以在普通人身上得到实现，因为它的根据就是人心的那一点灵明，也就是良知，这个东西可是贤愚皆有的。由此，在良知的意义上，这种一体之仁才具有更好的现实规范意义，而不是仅仅作为一种价值引导的意义。换句话说，普通人在自己的良知之上就可以实现万物一体的崇高道德境界，道德的实现由此变得非常扎实，其可实现性更加明显。当然，这里最后剩下的问题是，取决于人如何在现实中战胜个体私欲，常常保持良知的作用。所以，毫无疑问，良知的这个根据就决定了普通人对万物一体之仁的真切感受，从而对普通人的道德行为具有巨大的规范性意义。

当然，在普通个体那里，万物一体观念很难被接受，因为我们的日常生活经验都是建立在与他者区分的立场之上的，何以是一体的呢？

问：“人心与物同体。如吾身原是血气流通的，所以谓之同体。若于人便异体了。禽兽草木益远矣，而何谓之同体？”先生曰：“你只在感应之几上看。岂但禽兽草木，虽天地也与我同体的，鬼神也与我同体的。”请问，先生曰：“尔看这个天地中间，甚么是天地的心？”对曰：“尝闻人是天地的心。”曰：“人又甚么教做心？”对曰：“只是一个灵明。”曰：“可知充天塞地中间，只有这个灵明，人只为形体自间隔了。我的灵明，便是天地鬼神的主宰。天没有我的灵明，谁去仰他高？地没有我的灵明，谁去俯他深？鬼神没有我的灵明，谁去辨他吉凶灾祥？天地鬼神万物离却我的灵明，便没有天地鬼神万物了。我的灵明离却天地鬼神万物，亦没有我的灵明。如此便是一气流通的。如何与他间隔得？”又问：“天地鬼神万物，千古见在，何没了我的灵明，便俱无了？”曰：“今看死的人，他这些精灵游散了，他的天地万物尚在何处？”（《传习录》下，第336条）

《传习录》这段话中，阳明弟子很直接地提出了这个疑问，如果说人心和天地万物都是同体的，这个同体，按照常人的理解就是血气流通的那个体，这怎么可能同体呢？我跟他人之间就已经不一样了，更何况和禽兽草木之间？换言之，这种事实上的差异非常清晰，怎么可以说万物一体呢？阳明如此解答——这种同体的根据在于“感应的几”上。这就意味着这种同不是在形体意义上的同，而是在其变化的根据上的同，这个根据就是心，就是“我的灵明”（即良知），在这个意义上，个体才与他者找到了同体的根据。为了更好地让弟子能够直观地理解这个说法，阳明举了死人的例子。人死了之后，良知不复存在，那么，对他来说的那个天地鬼神呢？一样都不复存在了。从这个角度来说，我们可以很清楚地看到，阳明说良知时更侧重于为个体的道德存在确立意义。

三、拔本塞源论

讨论阳明的万物一体观念，就不能不说到《拔本塞源论》，这是一篇充满着批判意义的作品，有着极为深刻的思想内涵。《拔本塞源论》是阳明在嘉靖四年（1525）给顾东桥信中的最后一段，因其开头有“夫拔本塞源之论”，后来通常称为《拔本塞源论》。关于这篇文字在阳明思想中的重要意义，我们先来看看陈荣捷先生在《王阳明传习录详注集评》中所引的历代诸家对此文的评论：

刘宗周云：快读一过，迫见先生一腔真血脉，洞彻万古。蒙尝谓孟子好辨而后，仅见此篇。

施邦曜云：此书前悉知行合一之论，广譬博说，旁引曲喻。不啻开云见日。后拔本塞源之论，阐明古今学术升降之因。真是从五藏八宝，悉倾以示人。读之即昏愚亦恍然有觉。此是先生万物一体之心，不惮详言以启后学也。当详玩毋忽。

孙奇逢云：拔本塞源之论，以宇宙为一家，天地为一身。真令人恻然悲，戚然痛，愤然起。是集中一篇大文字，亦是世间一篇有数文字。

王应昌云：先生此篇文字，明白痛快，能入人心髓。至于切中时弊，在贾长沙之上。

唐九经云：长沙过秦，在秦亡后。先生过明，在明方盛。此所以入神。

三轮执斋云：是至论中之至论，明文中之明文。自秦汉以来数千岁之间，惟有此一文而已。

佐藤一斋引陈龙正曰：拔本塞源论，乃先生直接道统处。智略技能，至先生极矣。然一毫不恃，尽擘破之，而唯求复心体之为贵。解悟灵通，至先生极矣。然一毫不恃，尽擘破之，而唯师行五伦之为贵。其心则唯欲安天下之民，惟共成天下之治。道学一点真血脉，先生得之。恐后世以顿悟而疑其为儒之禅，以事功而疑其为儒之杂，不可不辨也。先生固云："趋向同而论学或异，不害其为同。"若自道云。又曰：耿定向请从祀疏有曰："所著《拔本塞源论》，指示人心，最为明切。使中外臣工，实是体究。则所以翼太平之治实多，而守仁之志已得。彼唯欲朝廷协一德之交。而不乐有倡道之名也。"可谓深见先生之志矣。(以上均转引自陈荣捷《王阳明传习录详注集评》)

从上述转引中，我们可以很清楚地看到这篇文字的重要性，不仅在阳明思想本身，也在整个思想史传统之中。从上面的陈述中，我们大体上可以得出几个结论。首先，《拔本塞源论》主要内容是阐发万物一体观念的；其次，《拔本塞源论》的基本立场是批判的，在这个意义上，它可与孟子和贾谊并列，当然，这种批判不仅是理论的，也切中时弊；第三，《拔本塞源论》的目的是恢复人心的本体，就是良知，在这个意义上是对儒学真道统的承续。

但在我们进入《拔本塞源论》讨论之前，这里有一个最为基本的问题需要梳理，拔本塞源到底是什么意思？按照最具有代表性和影响力的陈荣捷先生的说法，阳明先生的“拔本塞源，已非《左传》‘专弃谋主’消极意义，而是克私去蔽以复心体之同然”（《中国哲学辞典大全》“拔本塞源”条）。因为拔本塞源一词最早见于《左传》，其基本的含义就是拔起树根，塞住水源，用来表示数典忘祖，背叛根本和传统的意思。阳明对拔本塞源的理解，其实并不像陈先生所代表的观念，认为是正本清源的意思，恰恰是在《左传》的原义上对自先秦以来的后世儒学传统所作的一个总体批判。因此，所谓拔本塞源，指的是就后世儒家的行为来说，后世儒家对于圣人之学都是“拔本塞源”的，也就是抛弃了圣人之学最为根本的立场。而不是像陈先生所理解的那样，是阳明自己要做一个拔本塞源的工作。这里面的差别还是明显的，在视后世儒者为拔本塞源的意义上，阳明的批判立场和批判意识就非常鲜明了，由此，拔本塞源论就是阳明站在圣人之学的立场上，对后世儒学的发展做的一个批评：

> 夫拔本塞源之论，不明于天下，则天下之学圣人者，将日繁日难。斯人沦于禽兽夷狄，而犹自以为圣人之学。吾之说虽或暂明于一时，终将冻解于西，而冰坚于东。雾释于前，而云滃于后。呶呶焉危困以死，而卒无救于天下之分毫也已。（《传习录》中，第142条）

这段文字很直接地表达了阳明写这篇文字的根本立场，就是要阐明拔本塞源的重要性。那么，拔本塞源带来的后果是什么？拔本塞源的后果就是使得后世不知道圣人之学到底是什么，也就是说，拔本塞源的结果就是导致了真正的圣人之学被掩盖。所以，如果我不能把这个问题说清楚，那么我对真正的圣人之学的阐发也就没有根本性的意义，它终将被掩盖，如此，对于拯救天下人心来说，就发挥不到任何意义。这就是阳明写这篇文字的基本立场，它所批判的就是后世儒学对圣人之学的拔本塞源，使得圣人之学不明于天下。

> 夫圣人之心，以天地万物为一体。其视天下之人，无外内远近，凡有血气，皆其昆弟赤子之亲。莫不欲安全而教养之，以遂其万物一体之念。天下之人心，其始亦非有异于圣人也。特其间于有我之私，隔于物欲之蔽。大者以小，通者以塞。人各有心，至有视其父子兄弟如仇雠者。圣人有忧之，是以推其天地万物一体之仁以教天下。使之皆有以克其私，去其蔽，以复其心体之同然。其教之大端，则尧舜禹之相授受。所谓道心惟微，惟精惟一，允执厥中。而其节目，则舜之命契，所谓父子有亲，君臣有义，夫妇有别，长幼有序，朋友有信五者而已。（《传习录》中，第142条）

既然说拔本塞源是对圣人之学的掩盖，对圣人之道的抛弃，那么，阳明首先需要确立什么是圣人之学？在阳明这里，圣人之学就是圣人以万物为一体的仁心的表达，从根本上来说，天地万物是一体的，这种一体源于人心，但是因为有物欲之蔽的存在，圣人担忧物欲对一体之仁的遮蔽，所以，圣人在一体之仁的基础上形成了圣人之学。圣人之学的基本表达就是“道心惟微，惟精惟一，允执厥中”，也就是后来经常说的精一之学，它的具体内容就是“父子有亲，君臣有义，夫妇有别，长幼有序，朋友有信”，也就是处理人伦关系最为基本的要求，以为人的现实生活确立基础，这样做的目的是为了克除私欲对于人的影响，以达到恢复、保证人的“心体之同然”，即基于良知的一体之仁。

很清楚，圣人之学的产生乃基于万物一体之仁，或者就是在万物一体观念作为基础的前提下。而且，阳明接下来说，在现实中，这种圣人之学得到了很好的实现。

> 唐虞三代之世，教者惟以此为教，而学者惟以此为学。当是之时，人无异见，家无异习。安此者谓之圣。勉此者谓之贤。而背此者，虽其启明如朱，亦谓之不肖。下至闾井田野，农工商贾之贱，莫不皆有是学，而惟以成其德行为务。何者？无有闻见之

杂，记诵之烦，辞章之靡滥，功利之驰逐。而但使孝其亲，弟其长，信其朋友，以复其心体之同然。是盖性分之所固有，而非有假于外者。则人亦孰不能之乎？学校之中，惟以成德为事。而才能之异，或有长于礼乐，长于政教，长于水土播植者，则就其成德，而因使益精其能于学校之中。迨夫举德而任，则使之终身居其职而不易。用之者惟知同心一德，以共安天下之民，视才之称否，而不以崇卑为轻重，劳逸为美恶。效用者，亦惟知同心一德，以共安天下之民。苟当其能，则终身处于烦剧，而不以为劳，安于卑琐，而不以为贱。当是之时，天下之人，熙熙皞皞，皆相视如一家之亲。其才质之下者，则安其农工商贾之分。各勤其业，以相生相养。而无有乎希高慕外之心。其才能之异，若皋夔稷契者，则出而各效其能。若一家之务，或营其衣食，或通其有无，或备其器用。集谋并力，以求遂其仰事俯育之愿。惟恐当其事者之或怠，而重己之累也。故稷勤其稼，而不耻其不知教，视契之善教，即己之善教也。夔司其乐，而不耻于不明礼，视夷之通礼，即己之通礼也。盖其心学纯明，而有以全其万物一体之仁。故其精神流贯，志气通达，而无有乎人己之分，物我之间。譬之一人之身，目视耳听，手持足行，以济一身之用。目不耻其无聪，而耳之所涉，目必营焉。足不耻其无执，而手之所探，足必前焉。盖其元气充周，血脉条畅，是以痒疴呼吸，感触神应，有不言而喻之妙。此圣人之学所以至易至简，易知易从，学易能而才易成者，正以大端惟在复心体之同然，而知识技能非所与论也。（《传习录》中，第142条）

这段很长的描述，是阳明对传统的所谓三代之治的讨论。因为是讨论三代之治，而由于三代之治在儒家传统中有特殊意义，是儒家政治理想的代表，所以，有很多人关注到阳明这段文字时，很自然地把这段文字和阳明对理想社会的建构联系在一起，由此确立阳明的万物一体观念事实上是对政治建构的一种重新努力。但我认为阳明的这段描述中，其政治建构的意义少于对圣人之学的具体阐述。换言之，阳明在这里要突出的不是三代的理想治理状况，而是要讨论：在三代的意义上，圣人之学是如何被有效地实践的。从这个角度来说明圣人之学并不仅仅是一种理想化描述，而是切实可以行的，

“以至易至简，易知易从，学易能而才易成者”，也就是说圣人之学，对于人心有着有效的治理和实现的意义，在三代，确实被实现出来了，而且是极为简易的一种方式。圣人之学的简易，阳明必须传递。为什么是简易？因为就是从一体之仁出发的，由此，“当是之时，天下之人，熙熙皞皞，皆相视如一家之亲。其才质之下者，则安其农工商贾之分。各勤其业，以相生相养。而无有乎希高慕外之心。其才能之异，若皋夔稷契者，则出而各效其能。若一家之务，或营其衣食，或通其有无，或备其器用。集谋并力，以求遂其仰事俯育之愿。惟恐当其事者之或怠，而重己之累也”（《传习录》中），这就是当时圣人之学所达到的良好效果。这种效果主要是从成就个体的意义上来说，而不是从政治建构的意义上来说。对个体来说，圣人之学达到的效果就是每个人都按照自己的能力特点来实现自己，都是能为整个群体而竭尽己能。为什么？因为每个人“皆相视如一家之亲”，这是从圣人之学的本质上来说的。那么，从圣人之学在这个时代之所以能够得到很好的实现来看，主要是因为圣人之学强调德性，“无有闻见之杂，记诵之烦，辞章之靡滥，功利之驰逐。”换句话说，后世圣人之学之所以被掩盖不明，主要是因为“闻见之杂，记诵之烦，辞章之靡滥，功利之驰逐”，这就是弊端之所在。

> 三代之衰，王道熄而霸术焻；孔孟既没，圣学晦而邪说横。教者不复以此为教，而学者不复以此为学。霸者之徒，窃取先王之近似者，假之于外，以内济其私己之欲，天下靡然而宗之。圣人之道，遂以芜塞。相仿相效，日求所以富强之说，倾诈之谋，攻伐之计，一切欺天罔人，苟一时之得，以猎取声利之术。若管、商、苏、张之属者，至不可名数。既其久也，斗争劫夺，不胜其祸。斯人沦于禽兽夷狄，而霸术亦有所不能行矣。世之儒者，慨然悲伤，搜猎先圣王之典章法制，而掇拾修补于煨烬之余。盖其为心，良亦欲以挽回先王之道。圣学既远，霸术之传积渍已深，虽在贤知，皆不免于习染，其所以讲明修饰，以求宣畅光复于世者，仅足以增霸者之藩篱。而圣学之门墙，遂不复可睹。（《传习录》中，第143条）

但是，三代以后，霸道掩盖了王道。孔孟以后，圣人之学被邪说掩盖。于是，用先王之道中的某些话语来成就一己私利，也就成了一种普遍的行为方式，就像司马迁说的，“天下熙熙，皆为利来。天下攘攘，皆为利往”。对功利的追求成了后世学者的基本价值，于是圣人之学日益被掩盖。虽然其间有很多贤人为了改变这种局面做了些努力，但终因圣人之学已被掩盖不明，世人染于功利之学既久且深，于是，虽然其有心恢复圣学，但莫不沦为霸道所用，由此，圣人之学被掩盖的程度日益加剧。

> 于是乎有训诂之学，而传之以为名。有记诵之学，而言之以为博。有词章之学，而侈之以为丽。若是者，纷纷籍籍，群起角立于天下。又不知其几家。万径千蹊，莫知所适。世之学者，如入百戏之场，欢谑跳踉，骋奇斗巧。献笑争妍者，四面而竞出，前瞻后盼，应接不遑。而耳目眩瞀，精神恍惑。日夜遨游淹息其间。如病狂丧心之人，莫自知其家业之所归。时君世主，亦皆昏迷颠倒于其说，而终身从事于无用之虚文，莫自知其所谓。间有觉其空疏谬妄，支离牵滞，而卓然自奋，欲以见诸行事之实者。极其所抵，亦不过为富强功利五霸之事业而止。圣人之学日远日晦。而功利之习愈趣愈下。其间虽尝瞽惑于佛老。而佛老之说，卒亦未能有以胜其功利之心。虽又尝折衷于群儒，而群儒之论，终亦未能有以破其功利之见。（《传习录》中，第143条）

于是，种种异端之学并起，有训诂之学、记诵之学、辞章之学等，这些大体上可以代表儒学自汉代经学以来到宋明理学的诸种表现形式。但是，在阳明看来，这些都只是出于一己私欲而已，实际上所追求的还是霸道和功利罢了，从根本上说，还只是一己私欲的表达，对圣人之道来说，没有任何恢复的效果。其间又有佛道二教学说的兴起，以及在此情况下，又有晚唐以来的儒学复兴运动，这里阳明很明显地指向了对宋明以来现实的批判，这些努力都没有在消除功利的影响、恢复儒学正道的意义上起到良好的作用。相反，在一定意义上，同样促进了功利之学的流播。

> 盖至于今，功利之毒沦浃于人之心髓，而习以成性也，几

千年矣。相矜以知，相轧以势，相争以利，相高以技能，相取以声誉。其出而仕也，理钱谷者则欲兼夫兵刑，典礼乐者又欲与于铨轴，处郡县则思藩臬之高，居台谏则望宰执之要。故不能其事，则不得以兼其官，不通其说，则不可以要其誉。记诵之广，适以长其敖也；知识之多，适以行其恶也：闻见之博，适以肆其辩也；辞章之富，适以饰其伪也。是以皋夔稷契所不能兼之事，而今之初学小生皆欲通其说，究其术。其称名借号，未尝不曰吾欲以共成天下之务。而其诚心实意之所在，以为不如是，则无以济其私而满其欲也。(《传习录》中，第143条)

这种功利的流毒，到阳明时代愈加明显，“记诵之广，适以长其敖也；知识之多，适以行其恶也：闻见之博，适以肆其辩也；辞章之富，适以饰其伪也”，各种学术方式，从根本说，都成了人满足私欲的借口，由此，阳明痛心地认为“功利之毒沦浃于人之心髓，而习以成性也”，即功利之说流毒已经深入心髓，似乎成为人的一种本性了。对这种情形，阳明有着切身之痛。

呜呼！以若是之积染，以若是之心志，而又讲之以若是之学术，宜其闻吾圣人之教，而视之以为赘疣枘凿。则其以良知为未足，而谓圣人之学为无所用，亦其势有所必至矣。呜呼！士生斯世，而尚何以求圣人之学乎？尚何以论圣人之学乎？士生斯世，而欲以为学者，不亦劳苦而繁难乎？不亦拘滞而险艰乎？呜呼！可悲也已！所幸天理之在人心，终有所不可泯，而良知之明，万古一日。则其闻吾拔本塞源之论，必有恻然而悲，戚然而痛，愤然而起，沛然若决江河，而有所不可御者矣。非夫豪杰之士，无所待而兴起者，吾谁与望乎？(《传习录》中，第143条)

这是《拔本塞源论》的最后一段，阳明以一连串的反问表达出对圣人之学拔本塞源而导致严重后果的悲愤。若要恢复圣人之学，在这种情形下，其艰难程度可想而知。但悲愤之余，阳明从良知角度重新确立起了恢复圣人之学的信心，“所幸天理之在人心，终有所不可泯，而良知之明，万古一日”，所以良知之说，终究是阳明心目中最为强大的武器。

从上述阳明的论述中，我们可以看到阳明对建立在万物一体之上的圣人之学，有着极为重要的推崇，因为那恰恰是良知的呈现，而且是每个人都切切实实可以实现的一种万物一体的事实状态，在上古三代就真实地实现了。所以，万物一体经由个体良知的发明，必然会在现实社会中实现出来。然而后来社会和思想发展的历程，却是一个拔本塞源的过程，即在这个过程中，良知之学被功利之学取代，人溺于欲望，那个本然一体之心被遮蔽。于是，后来在中国社会中所出现的种种问题都经由这个原因而来。阳明之拔本塞源论，实际上就是批判后世学者（从孔孟之后到他所处的时代）拔本塞源的行为，导致对圣人之学的掩盖，以及导致社会混乱的结果，因此，这是一种很明显地基于道德立场（良知、一体之仁）的思想史和社会现实的批判。这种批判的目标在于恢复圣人之学，即恢复基于良知而来的万物一体，由此重新恢复现实社会中的道德生活。

四、仁者境界

我们说阳明的万物一体，与之前的程颢、张载相比，其主要是作为一种精神境界的立场不太一样，阳明主要强调的是建立在良知基础上的现实的道德生活。由此，这样的万物一体，实际上有着非常强烈的社会改造意义，而非主要是政治重建的意义。因为社会生活的改造有着远远比政治重建更为深刻、广泛的意义，它的实现恰恰是建立在每个人对自我良知本体的发明，从而扩充良知本体，由此而实现真正的万物一体的和谐、圆融的状态，这才是具有改变世道人心的真实意义，也是阳明的真切关怀所在。

当然，我们这么说的时候，并不是意味着阳明对作为精神境界意义的万物一体的取消、放弃，在阳明那里，作为仁者所能达到的境界——万物一体依旧保持着它既有的意义。

> 自格物致知至平天下，只是一个明明德，虽亲民亦明德事也。明德是此心之德，即是仁。“仁者以天地万物为一体”，使有一物失所，便是吾仁有未尽处。（《传习录》上，第89条）
>
> 昔者孔子之在当时，有议其为谄者，有讥其为佞者，有毁其未贤，诋其为不知礼，而侮之以为东家丘者，有嫉而沮之

者，有恶而欲杀之者。晨门荷蒉之徒，皆当时之贤士，且曰："是知其不可而为之者欤？""鄙哉硁硁乎！莫己知也，斯已而已矣。"虽子路在升堂之列，尚不能无疑于其所见，不悦于其所欲往，而且以之为迂。则当时之不信夫子者，岂特十之二三而已乎？然而夫子汲汲遑遑，若求亡子于道路，而不暇于暖席者，宁以蕲人之知我信我而已哉？盖其天地万物一体之仁，疾痛迫切，虽欲已之而自有所不容已，故其言曰："吾非斯人之徒与而谁与？""欲洁其身，而乱大伦。""果哉末之难矣！"呜呼！此非诚以天地万物为一体者，孰能以知夫子之心乎？若其"遁世无闷""乐天知命"者，则固"无入而不自得""道并行而不相悖"也。(《传习录》中，第182条)

仁者以万物为体。不能一体，只是己私未忘。全得仁体，则天下皆归于吾仁，就是"八荒皆在我闼"意。天下皆与，其仁亦在其中。(《传习录》下，第285条)

从《传习录》上述三条记载中，很明显这是从仁者的角度来说万物一体的精神境界。在仁者那里，万物一体得到了非常切实的体现，无论是宽泛地说仁者，还是具体地指孔子而言，都在其已完善的境界意义上来讨论。由此呈现出来的是仁者的境界和一般人境界的差别，这种差别主要由物欲而来，由此，从最高的完善的意义上来说万物一体。

这种对万物一体的言说方式，如前所言，也是程颢和张载的方式。这个进路，在阳明这里也被保留。道理很简单，虽然阳明更重视从现实道德生活的事实意义上来谈万物一体。但圣人和一般人的现实差别，无疑是必须被确认的一个事实。

五、仁爱与差等之爱

当阳明讨论天地万物一体之仁时，儒家自身的义理框架中就涉及一个非常重要的问题需要解释，就是在这样的背景下讨论仁爱，是不是和原来的差等之爱的说法存在着矛盾？换而言之，这种对于爱的言说方式，怎么和类似于墨家的兼爱观念划清界限？

这个问题在中国思想史上由来已久，先秦时代，儒墨之间关于

“兼爱”和“仁爱”问题便发生了原则性分歧。墨子主张“视人之国若视其国，视人之家若视其家，视人之身若视其身”（《墨子·兼爱中》），通常意义上，墨家的兼爱被理解为博爱。而孟子则非常明显地表达其爱有差等的立场，“君子之于物也，爱之而弗仁；于民也，仁之而弗亲。亲亲而仁民，仁民而爱物”（《孟子·尽心上》），孟子之斥墨子为“无君无父”，多多少少有这个方面的意思。

因此，当阳明讲万物一体之仁时，他也必然会面临差等之爱和博爱之间的这种矛盾：

> 博爱之说，本与周子之旨无大相远。樊迟问仁，子曰：“爱人。”爱字何尝不可谓之仁欤？昔儒看古人言语，亦多有因人重轻之病，正是此等处耳。然爱之本体固可谓之仁，但亦有爱得是与不是者，须爱得是方是爱之本体，方可谓之仁。若只知博爱而不论是与不是，亦便有差处。吾尝谓博字不若公字为尽。（王阳明《与黄勉之二·甲申》）

很清楚，阳明反对博爱之说，主张用“公”字来代替“博”，那么，公是什么意思？在阳明的思想系统中，就是良知的特点，换言之，爱是要基于良知而来的。这样，阳明上述这段关于爱的讨论，旗帜鲜明地把自己的立场和博爱的立场划清了界限。在阳明这里，首先对爱有了一个限定，在阳明看来，爱必须视基于公和仁来说的，也就是说所谓的爱，它的基础就在于良知。基于良知的爱，那也就是一体之仁的爱，也就是儒家的仁爱，但不是博爱。其次，仁爱不是博爱，是因为在儒家的仁爱观念中对爱有具体的限定，那就是爱的是，还是爱的不是？

如果用是与不是来讨论爱，那就是在爱的事实表达上来看，在这个层面上，阳明强调了一个“义”字：

> 问：“大人与物同体，如何《大学》又说个厚薄？”先生曰：“惟是道理自有厚薄。比如身是一体，把手足捍头目，岂是偏要薄手足，其道理合如此。禽兽与草木同是爱的，把草木去养禽兽，又忍得。人与禽兽同是爱的，宰禽兽以养亲与供祭祀，燕宾客，心又忍得。至亲与路人同是爱的，如箪食豆羹，

得则生，不得则死，不能两全，宁救至亲，不救路人，心又忍得。这是道理合该如此。及至吾身与至亲，更不得分别彼此厚薄。盖以仁民爱物，皆从此出。此处可忍，更无所不忍矣。《大学》所谓厚薄，是良知上自然的条理，不可逾越，此便谓之义。顺这个条理，便谓之礼。知此条理，便谓之智。终始是这条理，便谓之信。”（《传习录》下，第276条）

这里讨论的重点在于《大学》所说的厚薄问题，《大学》有所谓“其所厚者薄，而其所薄者厚，未之有也”的说法。很明显，对人的情感来说，自有厚、薄之分，可是，这里阳明弟子的问题恰恰就在于，如果是一体之仁，又怎么要分一个厚薄呢？毫无疑问，厚薄问题，在《大学》里是一个价值选择的问题（因为它与本末问题并提）。那么问题就很清楚了，如果爱基于良知而来，良知是一体之仁，怎么能够有厚薄的分别？这个问题可以由一系列的伦理责问构成，既然对禽兽与草木同是爱的，那为什么要把草木拿去养禽兽？既然对人与禽兽同是爱的，为什么要宰禽兽以养亲与供祭祀、燕宾客？既然对至亲与路人同是爱的，为什么在只剩箪食的情况下，宁救至亲而不救路人？这对儒家来说是一种价值选择上的两难问题，也是必须解决的问题。阳明在回答这一系列责问的时候，都用了一个非常重要的词，叫“忍得”。“忍得”就意味这是在不得已的情况下所做的价值选择，不是在良知本体的意义上讨论问题了，而是在具体的道德选择情境中展开的。对被选择的双方，从良知本体的意义上，毫无疑问都是爱的，但在现实情境下，我们必须要做出选择的时候，该放弃哪一个？取决于它们在价值序列上的等级区分，即厚薄，虽然不得已，但是必须忍得。忍得就意味着牺牲较为薄的那一层面，成就较为厚的那一层面。这个就是前文所说的，爱在现实情境中，有爱的是与不是的差别，是与不是就是一种价值判断。在阳明看来，这种判断，恰恰是在良知实现过程中的自然条理，也就是义。这种说法表明，良知在发用流行的过程中，自然会有合适与不合适的价值判断存在，这就是义，也就是恰当的行为选择。所以，从这个角度来说，差等之爱的存在是良知的自然之理，对于差等的选择，则是良知基于价值序列所做出的一种必然的、也是必要的选择。

在这种解释背景之下，差等之爱就是儒家基于价值序列所做出来的一种对于爱的是与不是的选择。在阳明看来，虽然是不得已的，但是必须忍得。因为这就是良知所必然之理，是儒家仁民爱物的整个系列所成立的基点，所谓“盖以仁民爱物，皆从此出。此处可忍，更无所不忍矣”。

> 问：“程子云：‘仁者以天地万物为一体。’何墨氏兼爱，反不得谓之仁？”先生曰：“此亦甚难言，须是诸君自体认出来始得。仁是造化生生不息之理，虽弥漫周遍，无处不是，然其流行发生，亦只有个渐，所以生生不息。如冬至一阳生。必自一阳生，而后渐渐至于六阳，若无一阳之生，岂有六阳？阴亦然。惟有渐，所以便有个发端处。惟其有个发端处，所以生。惟其生，所以不息。譬之木。其始抽芽，便是木之生意发端处。抽芽然后发干。发干然后生枝生叶。然后是生生不息。若无芽，何以有干有枝叶？能抽芽，必是下面有个根在。有根方生，无根便死。无根何从抽芽？父子兄弟之爱，便是人心生意发端处。如木之抽芽。自此而仁民，而爱物，便是发干生枝生叶。墨氏兼爱无差等，将自家父子兄弟与途人一般看，便自没了发端处。不抽芽，便知得他无根，便不是生生不息，安得谓之仁？孝弟为仁之本，却是仁理从里面发生出来。”（《传习录》上，第93条）

这段话与前面讨论的问题焦点一致，就是仁爱和差等之爱的关系问题。差别在于这里用来比较的对象换成了墨家的兼爱。在这里，阳明是从仁爱的实现方式来说差等之爱。在阳明看来，差等之爱是实现兼爱的有效保证，这就是一个“渐”（逐渐实现）的过程。如何理解阳明说的“渐”？

大概有三层重要的意思。首先，说渐，表明在儒家这里无论是差等之爱还是仁爱，事实上都是良知的体现，中间没有间断，这意味着良知构成了爱最为基本的基础，也正是在良知生生不息的特征之下，差等之爱具有了渐于仁爱的（也就是一体之仁）可能性。其次，说渐，表明从差等之爱到一体之仁的实现，具有先后次序，这个先后次序，就取决于前文所言的价值优先。最后，说渐，表明从差等之爱到一体之仁的实现是一个爱的不断扩充的过程。由此，差等之爱恰恰是保证仁爱之实现的有效方式。

『无善无恶心之体，有善有恶意之动，知善知恶是良知，为善去恶是格物。』这『四句教』无论是对理解阳明思想来说，还是对心学的传播来说，都具有重要意义。可是因为它在思想史上的影响力实在太大，所以，围绕着『四句教』的种种争议自明代以来就有着诸多的表现，正如梁启超称『此是王门一大公案，所谓「四有句」「四无句」之教也。后此王学流派纷争，皆导源于此。』

第十章

四句教

“四句教”无论是对理解阳明思想来说，还是对心学的传播来说，都具有重要意义。可是因为它在思想史上的影响力实在太大，所以，围绕着“四句教”的种种争议自明代以来就有着诸多的表现，梁启超称：“此是王门一大公案，所谓‘四有句’‘四无句’之教也。后此王学流派纷争，皆导源于此。”（转引自陈荣捷《王阳明传习录详注集评》）

在黄宗羲撰写的《明儒学案》中，引用其师刘宗周的说法，直接否定了四句教为阳明所说：

> 四句教法，考之阳明集中，并不经见。其说乃出于龙溪。则阳明未定之见，平日间尝有是言，而未敢笔之于书，以滋学者之惑。至龙溪先生始云四有之说，猥犯支离。势必进之四无而后快。既无善恶，又何有心意知物？终必进之无心、无意、无知、无物而后元。如此，则“致良知”三字，著在何处？先生独悟其所谓无者，以为教外之别传，而实亦并无是无。有无不立，善恶双泯，任一点虚灵知觉之气，从横自在，头头明显，不离著于一处，几何而不蹈佛氏之坑堑也哉！夫佛氏遗世累，专理会生死一事，无恶可去，并无善可为，止余真空性地，以显真觉，从此悟入，是为宗门。若吾儒日在世法中求性命，吾欲薰染，头出头没，于是而言无善恶，适为济恶之津梁耳。先生孜孜学道八十年，犹未讨归宿，不免沿门持钵。习心习境，密制其命，此时是善是恶？只口中劳劳，行脚仍不脱在家窠臼，孤负一生，无处根基，惜哉！王门有心斋、龙溪，学皆尊悟，世称二王。心斋言悟虽超旷，不离师门宗旨。至龙溪，直把良知作佛性看，悬空期个悟，终成玩弄光景，虽谓之操戈入室可也。(《明儒学案》卷首《师说》)

这是刘宗周对王龙溪的评价中提到的关于四句教的问题，从刘宗周的述说中，我们首先可以很清楚地理解，所谓的四句教指四有（“无善无恶心之体，有善有恶意之动。知善知恶是良知，为善去恶是格物”）以及四无（“心是无善无恶之心，意是无善无恶之意，知是无善无恶之知，物是无善无恶之物”），四有、四无构成了通常意义上所说的“四句教”。而这段话中，更为重要的是，刘宗周认为四句教并不是阳明的成说，而完全是王龙溪根据自己的想法提出来的。换言之，四句教是王龙溪的而不是阳明的。同时，刘宗周指出四句教有极为严重的后果，“直把良知作佛性看”，这样一来，至少在刘宗周看来，王龙溪对阳明思想的这种不恰当的解读，是阳明思想在后来走向空疏、流向狂禅的“罪魁祸首”。

诚如刘宗周所言，如果从阳明的作品中去考察，自然可以找到跟四句教相类似的说法，这一点，刘宗周的弟子黄宗羲在《明儒学案》卷十《姚江学案》的前言中曾经提道：

> 《天泉问答》：“无善无恶者心之体，有善有恶者意之动，知善知恶是良知，为善去恶是格物。”今之解者曰：“心体无善无恶是性，由是而发之为有善有恶之意，由是而有分别其善恶之知，由是而有为善去恶之格物。”层层自内而之外，一切皆是粗机，则良知已落后着，非不虑之本然，故邓定宇以为权论也。其实无善无恶者，无善念恶念耳，非谓性无善无恶也。下句意之有善有恶，亦是有善念有恶念耳，两句只完得动静二字。他日语薛侃曰：“无善无恶者理之静，有善有恶者气之动。”即此两句也。（《明儒学案》卷十《姚江学案》）

但是，阳明自己毕竟没有提出四句教，这就使得围绕着四句教的种种争议不断出现。从现存文献的角度来看，梳理清楚四句教的问题已经比较困难了。但在阳明思想的讨论过程中，又不可能离开四句教。因为无论对阳明思想的理解来说，还是对阳明心学的传播来说，四句教都有着非常重要的意义。

我们对四句教的讨论，主要以《传习录》《王阳明年谱》以及王畿的《天泉证道纪》三种文献为基础，从文本上来梳理四句教的当事人对四句教的不同反映，并在此基础上来理解四句教及其对于阳明思想的意义。从现存文献来看，当时与此相关联的文献还是不少。但是，我们主要是在阳明思想内涵讨论的意义上来理解这个问题，所以，不做过多的思想史意义上的梳理，仅从与当事人关系最为密切的三种文献出发。上述三种文献，《传习录》卷下是钱德洪所编；《王阳明年谱》由钱德洪编，罗洪先修订，王畿亦参与其事，在王门中的公认度很高，具有权威性；《天泉证道纪》，虽然是王畿弟子记录的，但基本上反映王畿的观念。

一、钱德洪理解中的四句教

钱德洪，毫无疑问是这个争论中的重要当事人之一，因为作为后来所说的四句教，钱德洪被认为是四有句的坚持者。由于钱德洪在阳明弟子中的特殊地位，其对阳明学的传播也有着重要的影响，是浙中王门的代表人物之一。黄宗羲在《明儒学案》中对钱德洪有如下记述：

> 姚江之教，自近而远，其最初学者，不过郡邑之士耳。龙场而后，四方弟子始益进焉。郡邑之以学鸣者，亦仅仅绪山、龙溪，此外则椎轮积水耳。(《明儒学案》卷十一《浙中王门学案一》)

这段话很直接地表明了钱德洪与王畿在王阳明弟子中的特殊性，他们既是阳明的高弟，又是同乡，后来的浙中王门就是以钱德洪、王畿作为重要的传播者，对阳明思想的传播来说，有着非常重要的作用。当然，两人对于阳明思想的理解不一样，这一点，黄宗羲也非常明确地指出：

> 阳明“致良知”之学，发于晚年。其初以静坐澄心训学者，学者多有喜静恶动之弊，知本流行，故提掇未免过重。然曰：“良知是未发之中”，又曰“慎独即是致良知”，则亦未尝不以收敛为主也。故乡东廓之戒惧，罗念庵之主静，此真阳明之的传也。先生与龙溪亲炙阳明最久，习闻其过重之言。龙溪谓：“寂者心之本体，寂以照为用，守其空知而遗照，是乖其用也。”先生谓：“未发竟从何处觅？离已发而求未发，必不可得。”是两先生之“良知”，俱以见在知觉而言，于圣贤凝聚处，尽与扫除，在师门之旨，不能无毫厘之差。龙溪从见在悟其变动不居之体，先生只于事物上实心磨炼，故先生之彻悟不如龙溪，龙溪之修持不如先生。乃龙溪竟入于禅，而先生不失儒者之矩矱，何也？龙溪悬崖撒手，非师门宗旨所可系缚，先生则把缆放船，

虽无大得亦无大失耳。念菴曰："绪山之学数变，其始也，有见于为善去恶者，以知为致良知也。已而曰：'良知者，无善无恶者也，吾安得执以为有而为之而又去之？'已又曰：'吾恶夫言之者之淆也，无善无恶者见也，非良知也。吾惟即吾所知以为善者而行之，以为恶者而去之，此吾可能为者也。其不出于此者，非吾所得为也。'又曰：'向吾之言犹二也，非一也。夫子尝有言矣，曰至善者心之本体，动而后有不善也。吾不能必其无不善，吾无动焉而已。彼所谓意者动也，非是之谓动也；吾所谓动，动于动焉者也。吾惟无动，则在吾者常一矣。'"按先生之无动，即慈湖之不起意也。不起意非未发乎？然则谓"离已发而求未发，必不可得"者，非先生之末后语矣。（《明儒学案》卷十一《浙中王门学案一》）

在黄宗羲这段对阳明后学的评价中，大致可以看到这几个结论：

首先，在阳明弟子中，邹守益和罗念庵得阳明先生真传，而钱德洪和王畿，因为在阳明门下时间最长，受阳明因纠偏而发的过重言论的影响，对于良知都是从知觉角度来说的，黄宗羲认为这是偏颇之处。其次，钱德洪与王畿相比，"溪从见在悟其变动不居之体，先生只于事物上实心磨炼，故先生之彻悟不如龙溪，龙溪之修持不如先生。乃龙溪竟入于禅，而先生不失儒者之矩矱"。最后，从黄宗羲所引罗洪先对钱德洪之学"三变"的描述看，撇开其学的具体内容，单就罗洪先的述说而言，四句教在钱德洪身上有着非常明显的体现。

当然，钱德洪是不是主张过四有说，就目前文献看，已经无法确证了，"在阳明后学者的研究中，钱德洪是较为棘手的一个，这主要是由于缺乏第一手文献资料所致。无论是其次子钱应乐编的《绪山会语》二十五卷，还是其弟子徐用检编的《绪山先生续训》和其后学王金如编的《钱绪山先生要语》，以及乾隆《余姚志》所记的《绪山语录》一卷，今俱已失传"（钱明《徐爱　钱德洪　董沄集》编校说明）。也就是说我们现在很难回复到历史的事实情境中去看待这个问题，只能从现有的文献角度来作恰当的解读。

钱德洪到底在四句教的形成和发展过程中有着怎样真实的作用，很难确证。但从目前的文献材料来看，钱德洪无疑是这个争议的核心人物，不管这种核心的事实是怎么造成的，至少钱德洪已经是被投到了四句教的争议核心之中。所以，我们首先按照文献的描述，来看看钱德洪是怎么理解四句教问题的：

> 丁亥年九月，先生起，复征思、田。将命行时，德洪与汝中论学。汝中举先生教言曰："无善无恶是心之体，有善有恶是意之动，知善知恶是良知，为善去恶是格物。"德洪曰："此意如何？"汝中曰……德洪曰："心体是天命之性，原是无善无恶的。但人有习心，意念上见有善恶在。格致诚正修，此正是复那性体功夫。若原无善恶，功夫亦不消说矣。"（《传习录》下，第315条）
>
> 九月壬午，发越中。是月初八日，德洪与畿访张元冲舟中，因论为学宗旨。畿曰："先生说知善知恶是良知，为善去恶是格物，此恐未是究竟话头。"德洪曰："何如？"畿曰……德洪曰："心体原来无善无恶，今习染既久，觉心体上见有善恶在，为善去恶，正是复那本体功夫。若见得本体如此，只说无功夫可用，恐只是见耳。"畿曰："明日先生启行，晚可同进请问。"（《王阳明年谱》嘉靖六年）
>
> 阳明夫子之学，以良知为宗，每与门人论学，提四句为教法："无善无恶心之体，有善有恶意之动，知善知恶是良知，为善去恶是格物。"学者循此用功，各有所得。绪山钱子谓："此是师门教人定本，一毫不可更易。"先生谓……绪山子谓："若是，是坏师门教法，非善学也。"先生谓："学须自证自悟，不从人脚跟转。若执着师门权法以为定本，未免滞于言诠，亦非善学也。"（王畿《天泉证道纪》）

所谓的四句教（"无善无恶心之体，有善有恶意之动，知善知恶是良知，为善去恶是格物"）的说法，从上述三种文献的记载来看，都是王畿提出来的，查此前阳明文献中，没有类似的说法，这点可能就像刘宗周说的，这个确实是与王畿有着莫大的关系，这一点暂且不论，现在的讨论是针对四句教作为一个事实来展开。

> 无善无恶心之体，有善有恶意之动，知善知恶是良知，为

善去恶是格物。(《传习录》下，第315条)

当钱德洪和王畿在讨论这个所谓的师门为学宗旨时，钱德洪对这个问题的看法，按照三种文献的说法，大致可以得出几个结论：

首先，如果这个真的就是王门教法的概括，钱德洪对这一点是非常坚定支持的，从《天泉证道纪》来说，钱德洪就非常肯定地认为这个就是师门教人的“定本”（确定无疑、必须遵守）。如果对于上述的说法有改变，那就是违背师门的教法，不可以被接受。这一点可以说是两者在立场上的根本冲突，在钱德洪那里，如同前文黄宗羲所说的，对于师门的教法，还是恪守的。所以，钱德洪认为王畿的说法违背师门的教法，并不是一种值得认可的行为。

其次，钱德洪对于四句教的理解，《天泉证道纪》中没有详细展开，《传习录》和《年谱》中都有所展开。不过无论是《传习录》里说的“心体是天命之性，原是无善无恶的。但人有习心，意念上见有善恶在。格致诚正修，此正是复那性体功夫。若原无善恶，功夫亦不消说矣”，还是在《年谱》中说的“心体原来无善无恶，今习染既久，觉心体上见有善恶在，为善去恶，正是复那本体功夫。若见得本体如此，只说无功夫可用，恐只是见耳”，虽然在表述上略有差别，但根本意思没有太多变化。钱德洪的理解，简单说，心体是无善无恶的（这也就是至善，在《传习录》中，对于心体是无善无恶、无善无恶就是至善这一点，阳明也多次确认），善恶是在人的意念发动的意义上才有的，也就是说，本心无不善而意念有善恶。对善恶的判断，这就是良知（阳明说良知是是非之心），而格物的功夫就是要在具体的事上去做为善去恶的功夫。按照钱德洪的这个说法，从本体至善，到意念善恶有别，再用致良知功夫，切切实实地去事上做功夫，这样就形成了一个比较完整的系统，有本体的根据，也有功夫的发用流行。而需要指出的是，这些说法虽然作为一个完整的四句提法，在阳明那里没有，但是，钱德洪的理解与阳明平日所说亦无出入。

当然，顺便指出，虽然我们通常都把钱德洪的这种理解（“无善无恶心之体，有善有恶意之动，知善知恶是良知，为善去恶是格物”）称为四有说，如果从文字来看，只能是三有说。称四有说，大体上有两个比较重要的原因。首先是可以和后面王畿的四无并列，从文字的对应来说，四有对四无是比较工整的形式。其次，这也不仅仅是形式上的意义，而是有着非常重要的内涵上的确认，很清楚，四有确立出来的就是对于事上功夫（或者说事上磨炼）的强调，这是一种有的功夫。

二、王畿理解中的四句教

如果说四句教公案的源头在于王畿，那么王畿对这个四句教的理解就非常重要了，也就是说，如果四句教真的就是王畿自己提出来的话，那么，王畿这么做想要达到什么效果？

由于文献资料的问题，我们现在可以做的，大概只能是从现有的文献中去看王畿透过这样的解释想要说明什么。王畿对这个问题的讨论，我们同样根据上引的三种材料来展开：

> 丁亥年九月，先生起，复征思、田。将命行时，德洪与汝中论学。汝中举先生教言曰："无善无恶是心之体，有善有恶是意之动，知善知恶是良知，为善去恶是格物。"德洪曰："此意如何？"汝中曰："此恐未是究竟话头。若说心体是无善无恶，意亦是无善无恶的意，知亦是无善无恶的知，物亦是无善无恶的物矣。若说意有善恶，毕竟心体还有善恶在。"（《传习录》下，第315条）
>
> 九月壬午，发越中。是月初八日，德洪与畿访张元冲舟中，因论为学宗旨。畿曰："先生说知善知恶是良知，为善去恶是格物，此恐未是究竟话头。"德洪曰："何如？"畿曰："心体既是无善无恶，意亦是无善无恶，知亦是无善无恶，物亦是无善无恶。若说意有善有恶，毕竟心亦未是无善无恶。"德洪曰……畿曰："明日先生启行，晚可同进请问。"（《王阳明年谱》嘉靖六年）
>
> 阳明夫子之学，以良知为宗，每与门人论学，提四句为教法："无善无恶心之体，有善有恶意之动，知善知恶是良知，为善去恶是格物。"学者循此用功，各有所得。绪山钱子谓……先生谓："夫子立教随时，谓之权法，未可执定。体用显微，只是一机；心意知物，只是一事。若悟得心是无善无恶

> 之心，意即是无善无恶之意，知即是无善无恶之知，物即是无善无恶之物。盖无心之心则藏密，无意之意则应圆，无知之知则体寂，无物之物则用神。天命之性，粹然至善，神感神应，其机自不容已，无善可名。恶固本无，善亦不可得而有也，是谓无善无恶。若有善有恶，则意动于物，非自然之流行，着于有矣。自性流行者，动而无动。着于有者，动而动也。意是心之所发，若是有善有恶之意，则知与物一齐皆有，心亦不可谓之无矣。”绪山子谓：“若是，是坏师门教法，非善学也。”先生谓：“学须自证自悟，不从人脚跟转。若执着师门权法以为定本，未免滞于言诠，亦非善学也。”（王畿《天泉证道纪》）

在这三段述说中，王畿对四句教（“无善无恶心之体，有善有恶意之动，知善知恶是良知，为善去恶是格物”）提出了不同的看法，也就是著名的四无说，“心是无善无恶之心，意是无善无恶之意，知是无善无恶之知，物是无善无恶之物”。

从讨论的具体内容来看，上述三条记载，没有根本性的不同，当然详略、角度还是存在着稍微的差别，从这些论说中，在王畿这里，我们可以得到如下的结论：

首先，对王畿来说，阳明先生的教法不是一成不变的，而是有着差异的。这个差异，简单地说，四有教是权法，四无是究竟话头。这个话的意思是，四有教法，那不过是阳明先生应机说法而已，也就是针对着某些具体的情形来讨论的，而并不是阳明思想的根本。那么，根本在哪里？就在于王畿所说的四无，王畿认为这才是究竟话头。从这个角度看，四有说和四无说有了性质和立场的不同。四有说只是权法，是暂时的，相对的；而四无说，是究竟的，根本的。

其次，王畿讨论四句教的基本立场在于“心”。虽然四句教无论是从四有，还是四无的角度来说，都涉及对《大学》里所说的心意知物的讨论，但两者的侧重点不同。钱德洪的立场，如前所言，是从心意知物作为具体的功夫层面的区分来说的，强调功夫次第的重要性。

而王畿实际上直接是从心的本体意义来考察的，因为如果作为本体的心被确立，心必然是无善无恶的话，那么，由本体所决定的意知物，自然也都如同本体一样无善无恶，这样论证的基本逻辑依据是

“体用显微，只是一机”，也就是二程说的“体用一源，显微无间”。就本体而言，自然一切皆是本体之发用，本体之善，发用莫不善。所以，如果说钱德洪是从功夫立论，那么，王畿是从本体立论。

最后，从王畿的角度来看，钱德洪以权法为定本，执着于“言诠”之上。如果说钱德洪的理解是在言诠，即以阳明的言语作为定论。那么，王畿明显就是认为自己是在融会贯通的意义上，超出了对言语的执定，是反求诸心的结果，从这个方法来说，倒也是合乎心学立说的基本方式。当然，至于这样的方法被推到极致之后会产生什么样的结果，那是题外之意了。

三、阳明对于钱、王的判定

前文就钱德洪和王畿对四句教的不同看法做了梳理，钱德洪重功夫，恪守师门之教；王畿重本体，重内心体验。四有和四无之别，由此而产生。那么作为此事的另外一个重要的当事人，阳明先生对于这个问题又有什么看法？

从某种意义上来说，钱德洪和王畿的不同理解，都是针对阳明思想而来的，那么，两者之间孰是孰非，阳明自然是最佳的判定者。于是，在钱德洪和王畿关于四句教的争论之后，就有了“天泉证道”，即由阳明先生对于这个讨论做一个盖棺定论的评判。那么，阳明先生怎么看待钱德洪和王畿的分歧？我们依旧从三个文献的不同记载角度出发来看待这个问题：

> 是夕侍坐天泉桥，各举请正。先生曰：“我今将行，正要你们来讲破此意。二君之见，正好相资为用。不可各执一边。我这里接人，原有此二种。利根之人，直从本源上悟入人心。本体原是明莹无滞的。原是个未发之中。利根之人，一悟本体，即是功夫。人己内外，一齐俱透了。其次不免有习心在，本体受蔽。故且教在意念上实落为善去恶。功夫熟后，渣滓去得尽时，本体亦明尽了。汝中之见，是我这里接利根人的。德洪之见，是我这里为其次立法的。二君相取为用，则中人上下，皆可引入于道。若各执一边，眼前便有失人，便于道体各有未尽。”既而曰：“已后与朋友讲学，切不可失了我的宗旨。无善

无恶是心之体，有善有恶是意之动，知善知恶的是良知，为善去恶是格物。只依我这话头，随人指点，自没病痛。此原是彻上彻下功夫。利根之人，世亦难遇。本体功夫，一悟尽透，此颜子、明道所不敢承当岂可轻易望人？人有习心，不教他在良知上实用为善去恶功夫，只去悬空想个本体。一切事为，俱不着实。不过养成一个虚寂。此个病痛不是小小，不可不早说破。”是日德洪、汝中俱有省。（《传习录》下，第315条）

是日夜分，客始散，先生将入内，闻洪与畿候立庭下，先生复出，使移席天泉桥上。德洪举与畿论辩，请问。先生喜曰：“正要二君有此一问！我今将行，朋友中更无有论证及此者，二君之见正好相取，不可相病。汝中须用德洪功夫，德洪须透汝中本体。二君相取为益，吾学更无遗念矣。”德洪请问。先生曰：“有只是你自有，良知本体原来无有，本体只是太虚。太虚之中，日月星辰，风雨露雷，阴霾饐气，何物不有？而又何一物得为太虚之障？人心本体亦复如是。太虚无形，一过而化，亦何费纤毫气力？德洪功夫须要如此，便是合得本体功夫。”畿请问。先生曰：“汝中见得此意，只好默默自修，不可执以接人。上根之人，世亦难遇。一悟本体，即见功夫，物我内外，一齐尽透，此颜子、明道不敢承当，岂可轻易望人？二君已后与学者言，务要依我四句宗旨：无善无恶是心之体，有善有恶是意之动，知善知恶是良知，为善去恶是格物。以此自修，直跻圣位；以此接人，更无差失。”畿曰：“本体透后，于此四句宗旨何如？”先生曰：“此是彻上彻下语，自初学以至圣人，只此功夫。初学用此，循循有入，虽至圣人，穷究无尽。尧舜精一功夫，亦只如此。”先生又重嘱付曰：“二君以后再不可更此四句宗旨。此四句中人上下无不接着。我年来立教，亦更几番，今始立此四句。人心自有知识以来，已为习俗所染，今不教他在良知上实用为善去恶功夫，只去悬空想个本体，一切事为，俱不著实。此病痛不是小小，不可不早说破。”是日洪、畿俱有省。（《王阳明年谱》嘉靖六年）

时夫子将有两广之行，钱子谓曰：“吾二人所见不同，何以同人？盍相与就正夫子？”晚坐天泉桥上，因各以所见请质。夫子曰：“正要二子有此一问，吾教法原有此两种。四无之说，为上根人立教；四有之说，为中根以下人立教。上根之人，悟得无善无恶心体，便从无处立根基，意与知物，皆从无生，一了百当，即本体便是工夫，易简直截，更无剩欠，顿悟之学也。中根以下之人，未尝悟得本体，未免在有善有恶上立根基，心与知物，皆从有生，须用为善去恶工夫，随处对治，使之渐渐入悟，从有以归于无，复还本体。及其成功一也。世间上根人不易得，只得就中根以下人立教，通此一路。汝中所见，是接上根人教法。德洪所见，是接中根以下人教法。汝中所见，我久欲发，恐人信不及，徒增躐等之病，故含蓄到今。此是传心秘藏，颜子、明道所不敢言者。今既已说破，亦是天机该发泄时，岂容复秘？然此中不可执着。若执四无之见，不通得众人之意，只好接上根人，中根以下人无从接授。若执四有之见，认定意是有善有恶的，只好接中根以下人，上根人亦无从接授。但吾人凡心未了，虽已得悟，不妨随时用渐修工夫。不如此，不足以超凡入圣，所谓上乘兼修中下也。汝中此意，正好保任，不宜轻以示人。概而言之，反成漏泄。德洪却须进此一格，始为玄通。德洪资性沉毅，汝中资性明朗。故其所得，亦各因其所进。若能互相取益，使吾教法上下皆通，始为善学耳。”自此，海内相传天泉证悟之论，道脉始归于一云。（王畿《天泉证道纪》）

这就是在三个文献中所记录的对四句教理解的分歧，阳明先生所做的判定，跟前面不同的是，在前面讨论钱德洪和王畿对四句教的理解时，三个文献的记载大同小异。但在阳明对两者做一个衡定的时候，也就是天泉证道时，三个文本之间的说法有了差别，甚至差异较大，这是为什么？

为更好地理解阳明在这些不同文献中呈现出的差异，我们先从不同的文本角度来看阳明究竟在不同的文本中表达了什么样的意思。按照钱德洪所整理的《传习录》记载，阳明在天泉证道上主要表达了如下几个意思。首先，对于钱德洪和王畿的两种不同理解，阳明都给予了肯定，这是他自己本来就认同的两种方法。无非是这两种方法有差异，王畿的理解是针对上根之人的方法，钱德洪的理解是针对中下根人的方法，两者必须要结合在一起，相互为用，才是最佳的方式，不能各执一边。其次，阳明明确认“无善无恶心之体，有善有恶意之动，知善知恶是良知，为善去恶是格物”就是自己立言的宗旨，不可以改变，这是从“利根之人，世亦难遇”的事实出发的，也是出于为了让功夫有切实落实之处而不至于流于空想虚寂的目的来说的。

从《年谱》来看，除了上述两条意见之外。阳明对钱德洪和王畿做了具体的评论，关于钱德洪的四有说，阳明说“有只是你自有，良知本体原来无有，本体只是太虚”，从这个话来说，阳明对钱德洪对于四有的执定有非常大的批评，因为从良知本体来说，就是太虚，就是无，怎么可能是有呢？所以，在这个意思下，有只是钱德洪自己所执着的，并不是对良知本体的真实描述。如果说阳明在批评钱德洪，那么大概其批评所指，就是希望用本体之无来消解钱德洪对四有说的过分执定，并由此将两种方法打通。关于王畿的四无说，阳明强调在见得本体之后，还需要“默默自修”，不能直接用这种方式去教化人，因为上根之人，毕竟可遇不可求，而只有在现实功夫完善的意义上，才是真正彻上彻下的功夫。从《年谱》中所增加的对钱德洪和王畿的评论来看，大体上还是比较公允的说法，这和《年谱》作为阳明门人公认的权威作品分不开，因为它是阳明几个重要弟子共同努力的结果，因此，其客观性和权威性在这个意义上可以保证。

最后我们看王畿《天泉证道纪》的说法，这里的内容明显丰富了很多。跟前两者相比，在确定《传习录》中的那两条基本观念上，还是与前两者保持一致。但在《天泉证道纪》中没有了对钱德洪的上述评论，相反对王畿的评论在这里不仅篇幅更多，而且在倾向性上有了明显的变化。对王畿的评价，主要是两段文字，首先是“汝中所见，我久欲发，恐人信不及，徒增躐等之病，故含蓄到今。此是传心密藏，颜子、明道所不敢言者。今既已说破，亦是天机该发泄时，岂容复秘”，这句话非常明显地表明，四无之说，是阳明心中所想，但限于现实，阳明始终未明说，而藉由王畿之口说了出来，对此阳明比较满意，所谓“天机该发泄时”，这是对王畿很高的评价和认同。第二段是“汝中此意，正好保任，不宜轻以示人。概而言之，反成漏泄。德洪却须进此一格，始为玄通”，如果说从对两人方法的融合来说，这段文字跟前面两段没有太大差别，那么“德洪须进此一格”的说法，放在钱德洪和王畿的比较意义上，王畿明显超越了钱德洪。从这个角度来说，《天泉证道纪》更加重视王畿对阳明先生真意的阐发，由此，确立出来的结果是，“自此，海内相传天泉之论，道脉始归于一云”。《天泉证道纪》是王畿弟子整理的，从上述这个说法来看，“道脉始归于一”，那就是非常明显地确立出以王畿作为阳明思想真传的地位。

当然，这样梳理之后，关于四句教存在的问题还是没有能够得到很好地解决。其实从《天泉证道纪》的这种说法来看，事实上对这件事情最为有利的（或者试图最为有利的），毫无疑问是王畿，通过《天泉证道纪》的这种说法，事实上，王畿就承续了阳明先生的真传。那么，我们把四句教的说法由来归之于王畿（或者王畿的门人），从理路上来说是合适的。因为目前所提到的关于四句教的说法，不管是《传习录》《年谱》，还是《天泉证道纪》的记载，都是王畿首先说出来的，而且更为重要的是，这样的说法经阳明先生的判定而成为阳明的为学宗旨。但是，如果从《传习录》和《年谱》这两种钱德洪作为重要编撰者的作品来看，四句教和天泉证道被作为一个确定无疑的事实在阳明学的传承中得到确认，即四句教就是阳明的为学宗旨，所以在上述两种作品中，反复强调“已后与朋友讲学，切不可失了我的宗旨”（《传习录》）、“以后再不可更此四句宗旨”（《年谱》），而在《天泉证道纪》中则没有这样的明显提法。这又是为什么？

如果我们认为是王畿（或者其门人）提出了四句教的这种说法的话，在《天泉证道纪》和《传习录》《年谱》这三部文献中，对阳明的教法做了比较全面的贯通，不是执定在四有或者四无之上，这种处理方式，是和阳明立言的特点有着非常相似的特点，由此，对四句教的讨论才有可能被视为“宗旨”。这就意味着，四句教如果是王畿造出来的，那么它基本上也得到了王门弟子的认可，这从《年谱》上的确定可以看出，由此成为王门弟子的共识。这种共识何以能够形成？那就是钱德洪的功劳，无论是《传习录》还是《年谱》中，都始终强调不可放弃这个宗旨，这就很好地树立起其在于门人中的影响力。钱德洪之维护师门传统的形象，也是后来黄宗羲所称赞的。由此，从理论立场来说（因为历史的事实可能已经很难还原），四句教是王畿和钱德洪共同努力的结果。当然，四句教对钱德洪和王畿的意义是不同的。对钱德洪来说，这是恪守师门的宗旨。对王畿来说，这是自己阳明思想真传的合法性所在。

四、阳明晚年定论

阳明在倡扬自己心学思想时，出于现实考虑，希望在尊朱和辟朱的夹缝中找到自己存在的空间，由此编定《朱子晚年定论》，从而掀起了轩然大波。当然，前面说过对阳明来说，不管怎样，必须得有一个《朱子晚年定论》存在，这对于阳明来说，具有关键性的意义。

如果以晚年定论，作为对一种思想形态的最终说明，那么，在阳明这里是不是有存在晚年定论？从目前的文献中，可以看到一些关于这个问题的线索：

> 前年秋，夫子将有广行，宽、畿各以所见未一，惧远离之无正也，因夜侍天泉桥而请质焉。夫子两是之，且进之以相益之义。冬初，追送于严滩请益，夫子又为究极之说。由是退与四方同志更相切磨，一年之别，颇得所省，冀是见复得遂请益也，何遽有是邪！呜呼！别次严滩，逾年而闻讣复于是焉，云何一日判手，遂为终身永诀已乎！（钱德洪《讣告同门》）

就历史事实说，这就是通常说的发生在天泉证道之后的严滩问答。天泉证道和严滩问答，发生在嘉靖六年（1527），就是阳明先生去世前一年，从这个意义上来说，天泉证道、严滩问答中所表达出来的，肯定属于阳明晚年之论，这没有什么疑问。从钱德洪的这段记载上，更为重要的是，他明显地提出了，在严滩问答的时候，阳明“又为究极之说”，这里需要注意的是“又”和“究极之说”。如果从时间的延续性来说，“又”指的是对天泉证道的延续。“究极之说”，就是阐发根本意旨，从阳明一生的事实来看，大体上有了盖棺论定的味道，则其中所含晚年定论的这种意味是清楚的。

换言之，天泉证道和严滩问答，可以视为阳明对于自己思想旨趣的最终定论。那么，现在重要的是严滩问答上，阳明说了什么？这个在钱德洪的《讣告同门》中并没有提及，但是在《传习录》中和王畿的《刑部陕西司员外郎绪山钱君行状》中却有着比较详细的记载：

> 先生起行征思、田，德洪与汝中追送严滩。汝中举佛家实相幻相之说。先生曰："有心俱是实，无心俱是幻。无心俱是实，有心俱是幻。"汝中曰："有心俱是实，无心俱是幻，是本体上说工夫。无心俱是实，有心俱是幻，是工夫上说本体。"先生然其言。洪于是时尚未了达，数年用功，始信本体工夫合一。但先生是时因问偶谈，若吾儒指点人处，不必借此立言耳。"（《传习录》下，第337条）
>
> 夫子赴两广，予与君送至严滩，夫子复申前说，二人正好互相为用，弗失吾宗。因举"有心是实相，无心是幻相。有心是幻相，无心是实相"为问。君拟议未及答，予曰："前所举是即本体证功夫，后所举是用功夫合本体。有无之间，不可以致诘。"夫子莞尔笑曰："可哉！此是究极之说，汝辈既已见得，正好更相切劘，默默保任，弗轻漏泄也。"二人唯唯而别。过江右，东廓、南野、狮泉、洛村、善山、药湖诸同志二三百人候于南浦请益，夫子云："军旅匆匆，从何处说起？我此意畜之已久，不欲轻言，以待诸君自悟。今被汝中拈出，亦是天机该发泄时。吾虽出山，德洪、汝中与四方同志相守洞中，究竟此件事。诸君只裹粮往浙，相与聚处，当自有得，待予归未晚也。"（王畿《刑部陕西司员外郎绪山钱君行状》）

这两段的描述虽然详略程度不同，但基本内容大体没有差异，就是围绕佛教中的实相和幻相展开的。这里重点在于如何理解"有心俱是实，无心俱是幻。无心俱是实，有心俱是幻"的意思。从字面上来看，在这里只是做了语言表达上的细微调整，似乎是一种文字游戏而已，但在阳明这里，这可是究极之说，当然不是文字游戏了。对这段话的理解，则是由王畿阐发的，王畿的回答两段的记载虽文字不同，但实际上是一样的，按照王畿的理解，"有心俱是实，无心俱是幻，是本体上说工夫。无心俱是实，有心俱是幻，是工夫上说本体。"这个问题如果从天泉证道阳明对四有、四无两种说法的分梳以及认定来说，其实还是在一个脉络上讨论问题，就是如何处理本体和工夫的问题。依照王畿的理解，"有心俱是实，无心俱是幻"

是从本体上说工夫，即侧重在工夫之上，有心指的是为善去恶之心，也就是前面说的知善知恶是良知，而如果取消掉工夫来说本体，那就是一种虚幻的说法，也就是阳明经常批评的空寂，或者光景工夫。“无心俱是实，有心俱是幻”是工夫上说本体，是说我们对本体的把握，需要在工夫的意义上呈现出来，心体无善无恶，而一切无非良知的自然发用流行，从这个角度来说，若执定有意念上的善恶，则是对于心体的不了解。

由此，如果我们要做一个概观的结论，从天泉证道到严滩问答，阳明事实上要明确的就是良知本体和事上磨练之间的关系，在阳明这里，最终所强调的是两者的相互结合，形成一个圆融的整体。所以，从这个角度来说，不管四句教是否是后世造出来的，它是在阳明基本的义理框架之内的，它的出现和严滩问答一起构成了阳明的最后陈述。这种最后陈述，并不一定是在历史的意义上来说（比如我们可以否定四句教在阳明那里作为一种历史真实的存在），而更为重要的是从思想系统的最终确认（即从思想旨趣的确定）上来说的。也就是说，经由这两次讨论，阳明学的思想特质被非常明白地表述为本体工夫一致。

当然，这里需要指出的是在王畿的《刑部陕西司员外郎绪山钱君行状》中对严滩问答的记录，如果联系前文关于四句教和本体工夫的记载，王畿在这些文字中所表达出来的言说方式是一致的。首先，王畿的文字都是肯定出阳明对两个工夫的综合、统一；其次，都突出阳明对王畿的“顿悟”（利根之人）特点的确认，表明王畿之学直接从本体悟入；第三，直接从本体悟入，是阳明思想的真传，而王畿得之。所以，从这个角度出发，我们可以得出的结论是：首先，王畿本身对阳明学有全面、准确的把握。其次，阳明学后来的空疏之病，以及受到的种种责难，都跟王畿有着或多或少的关联。

参考文献

陈荣捷:《王阳明传习录详注集评》,华东师范大学出版社2009年版。

邓艾民:《传习录注疏》,上海古籍出版社2012年版。

吴震:《传习录精读》,复旦大学出版社2011年版。

朱熹:《四书章句集注》,中华书局1983年版。

黎靖德编:《朱子语类》,王星贤点校,中华书局1986年版。

陆九渊:《陆九渊集》,钟哲点校,中华书局1980年版。

王守仁:《王阳明全集》,吴光、钱明、董平等编校,上海古籍出版社2011年版。

王畿:《王畿集》,吴震编校整理,凤凰出版社2007年版。

蔡仁厚:《王阳明哲学》,(台湾)三民书局1974年版。

蔡仁厚:《宋明理学(南宋篇)》,台湾学生书局1980年版。

陈来:《有无之境——王阳明哲学的精神》,人民出版社1991年版。

陈来:《宋明理学》,辽宁教育出版社1991年版。

陈来:《中国近世思想史研究》,商务印书馆2003年版。

陈来:《宋明儒学论》,复旦大学出版社2010年版。

陈荣捷:《王阳明与禅》,台湾学生书局1984年版。

岛田虔次:《中国近代思维的挫折》,江苏人民出版社2005年版。

岛田虔次:《朱子学与阳明学》,陕西师范大学出版社1986年版。

东方朔:《刘蕺山哲学研究》,上海人民出版社1997年版。

董平:《王阳明的生活世界》,中国人民大学出版社2009年版。

冈田武彦:《王阳明与明末儒学》,上海古籍出版社2000年版。

沟口雄三:《中国前近代思想的演变》,中华书局2005年版。

荒木见悟:《明末清初的思想与佛教》,上海古籍出版社2010年版。

嵇文甫:《晚明思想史论》,河南大学出版社2008年版。

姜允明:《心学的现代诠释》,(台湾)东大图书股份有限公司1988年版。

林继平:《王学探微十讲》,(台湾)兰台出版社2001年版。

林月惠：《诠释与工夫：宋明理学的超越蕲向与内在辩证》，台北“中央研究院”中国文哲研究所2008年版。

牟宗三：《从陆象山到刘蕺山》，吉林出版集团有限责任公司2010年版。

牟宗三：《心体与性体》，上海古籍出版社1999年版。

钱明：《王阳明及其学派论考》，人民出版社2009年版。

钱穆：《宋明理学概述》，九州出版社2010年版。

钱穆：《阳明学述要》，九州出版社2010年版。

秦家懿：《王阳明》，生活·读书·新知三联书店2011年版。

容肇祖：《明代思想史》，上海书店出版社1990年版。

吴光：《阳明学综论》，中国人民大学出版社2009年版。

吴震：《阳明后学研究》，上海人民出版社2003年版。

吴震：《明代知识界讲学活动系年：1522—1602》，学林出版社2003年版。

杨国荣：《王学通论——从王阳明到熊十力》，华东师范大学出版社2003年版。

杨国荣：《心学之思——王阳明哲学的阐释》，生活·读书·新知三联书店1997年版。

张学智：《明代哲学史》，北京大学出版社2000年版。

跋

先生游南镇，一友指岩中花树问曰："天下无心外之物，如此花树在深山中自开自落，于我心亦何相关？"先生曰："你未看此花时，此花与汝心同归于寂；你来看此花时，则此花颜色一时明白起来；便知此花不在你的心外。"（《传习录下》）

这就是著名的"岩中花树"，在阳明先生的思想中，至为重要。而自二十年前开始接触阳明先生的时候，我就为这段话所感动，当然，是不是由此而进入了阳明心学之门，我就不敢妄言了。或者，直到今天我依旧还是在心学的门外徘徊着也不一定。但是，这并不那么重要。至少从这里出发，我开始对中国的思想传统逐渐有了自己的理解和接受方式。如果说，在阳明先生这里，关心的不是所谓事物的客观存在，那么他关心的是什么？阳明先生通过心外无物想要告诉我们什么？其实在这里，中西传统的差别就很清楚地表达了出来。就中国思想传统来说，我们更多关注的是事物的存在对于人而言所具有的意义，而不是事物本身是否是一种客观存在。纯粹客观的存在，并无太多的意味，一如花自飘零水自流，或者如同冒名仓央嘉措的那句广为流传的诗句所言，"你见，或者不见我，我就在那里，不悲不喜"，如是之花树在岩中自开自落，对于我来说，又有着什么样的意义呢？而中国思想（尤其是心学传统）则是要确立这种自然的存在物对于人而言所具有的特殊的意义，当人来看花的时候，花的颜色一时明白起来，并不是说，当我们看花的时候，花发生了物质性的改变，而只是说，我们赋予了花以存在的意义，在"看"之中，花的存在具有了意义，因为它进入了人的世界。人心所具有的强大的赋义功能，我们所存在的世界的意义，对于我们来说是由我们的心来确立的，或者经由我们的心才得以显现的。当然，我们不在的时候，世界毫无疑问依然存在，只是，"我们的"世界不存在而已。

由此，我一直把心学传统视为中国思想最为重要的传统，或者说真正具有中国思想特质的传统。在我看来，这个转变在轴心时期的中国就已经确立。轴心时期中国思想的最大突破，可以用两个转向来描述，一个是由天转向道，一个转向是由道转向心。经由这两个转向，外在的、具有人格神意义的那种天的观念被既极具哲学意蕴又生动真实的道的观念取代，而道最终落实到人心之中，由此，一种以内向反省、追求意义和境界为主导的思想传统才得以可能。而从孟子开始，经由陆九渊到阳明先生这里，这种心学传统，得到了极为有效的承续，这个单就精神气象来说，就可以很好地展现出来，从孟子的“浩然正气”“舍我其谁”到陆九渊的“吾心即是宇宙，宇宙即是吾心”，再到阳明的“此心光明，亦复何言”，我们看到的是什么？是——浩然正气，一心贯之。以前，我一直在想，为什么阳明先生在他那个时代，能够成为圣人？从某种意义上来说，阳明先生生活的时代是一个按部就班、循规蹈矩的时代，在这样的时代中，几乎每个人的生存方式都是被固定化的，而被固定化就意味着很难实现超越，而阳明先生恰恰实现了，其中缘由究竟在哪里？其实，这就是心所带来的意义，在心灵转化、突破的意义上，阳明先生在一个几乎不可能产生圣人的时代里而成为圣人。由此，心体的光明带给人的是无限超越的现实可能。从这个意义上来说，人和人之间的差距，实际上就是心体的差距，用孟子的话来说，就是心是不是被放掉的差别。所以，俗言“心有多大，世界就有多大”，其道理也是在于此。从这个意义上来说，我也一直说，人总是在不断地成为自己想要成为的那个人。而其中的关键就是人心的赋义，而赋义能力，就是对于被放掉的心的重新发现。

每次读阳明先生作品时，都会有一种特殊的感觉，这种感觉不仅仅是说可能我是从阳明先生这里进入了中国传统思想，由此对阳明先生的作品有了一种特殊的情感。而更多的是说，每一次读的时候，我都觉得就自己而言，是对中国传统思想理解的重新开始，常读常新的感觉，实在奇妙。所以，很多时候，我都喜欢读读阳明先生的文字，即便不写一字。其实，在我将近二十年前第一次读阳明先生的文字，然后撰写的一篇小文讨论“心外无物”的问题，这也是到目前为止，我写的关于阳明先生的唯一一篇文字，当然，这不影响我对于阳明先生的理解，也不妨碍我继续默默阅读阳明先生的文字。有的时候仅仅读读就好，并不一定非要有什么样的结果。

而这本小册子，其实叫什么真的不重要，以佛理言之，均是假名。所说的，无非是我对阳明先生的一些粗浅理解而已。世间诸事，大抵无出因缘二字，这本小册子也是如此。因暑假期间，在贵阳孔学堂讲了十讲《传习录》，于是，慢慢地也就有了这个稿子。此事之促成，当感谢孔学堂的周兄之江先生，因为和贵阳孔学堂的缘分，也是一直和之江兄联系在一起，从最早的孔学堂和浙江大学合作的磋商开始，到正式合作，直到今天，一直是之江兄在其中斡旋、玉成。当然，拙著能够成书出版，孔学堂书局诸位编辑，没有你们的信任和辛勤付出，这个小册子也不会如此顺利面世。当然，还应该感谢很多孔学堂的朋友们，正是因为你们的存在，才有了我的小册子。一切都是因为恰好如此，恰好因为你们的支持，因为你们的付出。所以，对于孔学堂的所有，我都表示由衷的谢意。落其实者思其树，饮其流者怀其源。我在中国传统思想研究的道路上，一路走来，离不开诸多师友的帮助和鼓励，徐洪兴老师、董平老师对我的成长帮助尤多，心中甚是感念！

应该感谢孔学堂的胜意，将我的小册子重新收入阳明文库再次出版，这当然不是说我的小册子有多么重要的学术意义和价值，从本质上来说，我们都是在前人的基础上迈出了一小步而已！所有的一切，都应当归功于阳明，我一直都觉得，阳明的心学对于今日生活中的我们，有着不可忽略的积极意义！

《法华经》言："诸佛世尊，唯以一大事因缘现于世间"，我想，阳明及其心学也是"以一大事因缘现于世间"，这"大事因缘"就是唤起我们内心的那个自我，收拾精神，自作主宰。这一点对于我们在凡尘俗世中生活的每一个人来说，都是极为重要的。我想，若是我的小册子能够对此略有助益的话，那也将是一种极大的快乐！

何善蒙

2022年5月20日于浙江大学